高等院校应用创新教材

实用统计学方法

（修订版）

李兆元　刘　萍　著

科学出版社

北　京

内 容 简 介

　　本书以非参数统计方法为主，针对不同数据类型和性质及不同检验目的，介绍了计算中常用的统计方法。这些方法计算过程简单，对数据质量要求低，适用于各种数据类型。在介绍具体方法前，本书简要介绍了方法中涉及的基本概念，以帮助读者理解"数据"，去除"数据"的神秘性。本书重点不在方法的数理推导，而在如何选择正确的方法以供研究使用。全书尽量避免使用数学语言，回避繁杂的数理推演。书中增加检索表形式引导读者寻找所需方法，书末提供术语检索，方便读者随时翻阅相关定义。

　　本书可作为生物科学、行为科学、医学和社会科学等专业本科生、研究生的教材，也可作为研究者的案头工具书。

图书在版编目(CIP)数据

实用统计学方法（修订版）/李兆元，刘萍著. —北京：科学出版社，2018
（高等院校应用创新教材）
ISBN 978-7-03-053812-3

Ⅰ. ①实…　Ⅱ. ①李…　②刘…　Ⅲ. ①统计方法-高等学校-教材
Ⅳ. ①C81

中国版本图书馆 CIP 数据核字（2017）第 141178 号

责任编辑：周艳萍　韩　东 / 责任校对：王万红
责任印制：吕春珉 / 封面设计：东方人华平面设计部

科学出版社 出版
北京东黄城根北街 16 号
邮政编码：100717
http://www.sciencep.com
北京九州迅驰传媒文化有限公司 印刷
科学出版社发行　各地新华书店经销

*

2018 年 3 月第 一 版　　开本：B5（720×1000）
2023 年 3 月修 订 版　　印张：18 1/2
2023 年 3 月第二次印刷　　字数：444 000
定价：68.00 元
（如有印装质量问题，我社负责调换〈九州迅驰〉）
销售部电话 010-62136230　编辑部电话 010-62151061

前　　言

　　教育是国之大计、党之大计，教育、科技、人才是全面建设社会主义现代国家的基础性、战略性支撑。全面建设社会主义现代化国家，必须坚持科技是第一生产力、人才是第一资源、创新是第一动力，深入实施科教兴国战略、人才强国战略、创新驱动发展战略。高等教育人才培养要树立质量意识、抓好质量建设，全面提高人才自主培养质量。

　　统计学帮助人们从或然性大、变异性高的数据中寻找规律。传统统计学是参数统计，对数据信息量、样本量、数据分布类型有较高的要求。然而，在生物学、医学、心理学、行为学、政治学、社会学、旅游学，以及其他学科中，研究者经常面临的现象重复率低、随机干扰因素多、数据信息含量低、不符合理论分布类型等问题，导致数据难以用参数统计方法进行检验。另外，传统教材大量使用数学术语和数理推演，导致使用者难以理解。

　　作者在多年的教学和科研工作中发现，缺乏统计学的相关知识，制约着许多人的学术发展。例如，一些研究人员投稿到国际学术期刊后，因返修意见常常提到统计学方法的问题而烦恼；再者，一些已发表的文章中因统计学方法有误，致使其他人不敢引用其结论。而每年毕业生论文答辩的情况更不容乐观，论文要么完全没有统计分析，导致数据价值无法实现；要么是统计方法用错，导致结论错误。甚至还有人认为，社会科学不需要统计学，这种观点误导了大批教育者及受教育者。

　　以上问题，究其原因有三。第一，知道应用统计学方法处理数据，但是不会用。许多人学过统计学，但在上课时，老师大多用数学语言进行数理推导，学生往往听得云里雾里，结果仍然不会用，甚至对统计学"谈虎色变"。第二，老师介绍的是参数统计方法，对数据质量要求很高；学生采集的数据不符合要求，但仍然使用，导致研究结论出错。第三，由于不了解统计学，以为用统计学便是用物理学、化学中的那些公式，而自己的数据变异性大，重复率低，无法使用那些公式，便认为自己的研究领域不需要统计学。

写作本书的目的在于引导读者正确选择和使用统计方法，因而写作过程中坚持的第一个原则是易读性和易操作性。在不影响对统计学思想的理解及方法运用的前提下，尽可能少地使用数学术语，使晦涩的统计学变得通俗易懂；同时，回避公式推导过程，只陈述如何选择和使用。第二个原则是实用性。为此，书中介绍的方法大多是非参数统计方法，对各种质量的数据都适用。

本书主要参考了相关文献（Siegel et al.，1988；Fowler et al.，1998），并结合了作者的以及文献中的研究案例。

作者在写作过程中，得到西南林业大学胥辉教授、西北大学李保国教授、西南林业大学赵龙庆教授的特别指导，以及合肥师范学院李进华教授、四川省民族研究所罗凉昭研究员、西南民族大学马尚林教授、云南师范大学杨士剑教授、西南林业大学杨晓军教授和西华师范大学周材权教授的支持，西南林业大学研究生郭凯飞和刘地为本书作图，地理学院也给予了支持，谨此致谢！

由于精力有限，书中难免存在不妥和疏漏之处，恳请读者批评指正。

目　　录

第1章

绪　　论

1.1　本书为谁写

　　一位研究生撰写毕业论文时，眉头紧锁 3 个月。当我们协助他在 2 小时内完成了全部数据的统计检验后，他突然眉开眼笑道："老师，原来统计学如此简单啊！我心烦了好几个月呢！"他与这些年来我们遇到的很多学生一样，对统计学心存畏惧，原因是在学习统计学课程时，老师无论是进行公式的数理推导，还是介绍公式的来龙去脉，使用的都是数学术语，使学生听得云里雾里，以致学完课程仍然不得要领。考试前，担心不及格夜不能寐，刻苦死记硬背，最多考个及格；考试结束，再也不愿意提及"统计学"这 3 个字。如果捧着此书的您就是这样一位，那这本书就是为您写的。

　　我国学术界目前有一种观点：社会科学不需要数学，因为社会科学中的现象重复率很低（有些人甚至认为不能重复）。这种观点与国际学术界的普遍观点非常不同。很显然，持此观点的人不了解统计学的奥妙和功能。低重复率、数据变异、规律的或然性是生物学和行为学的数据特征。这些学科可以用数学（Fowler et al.，1998；Siegel et al.，1988），社会科学也可以用数学，而且应该用。关于数学在社会科学中的地位，可以参阅相关的文献著作（威尔逊，1988；巴比，1987；Stern，1979）。现在广泛使用的统计学软件包 SPSS 的全名是 Statistical Program for Social Sciences，即社会科学的统计学程序。SPSS 最早就是提供给社会科学界使用的统计学工具。

　　如果您是一位在读研究生，正在写开题报告，建议您浏览一下本书，它可能会帮助您在进行数据采集时从某个不起眼的角落发现有价值的数据。当然，读了这本书，肯定能帮助您设计数据采集表格，确保外业的数据采集的操作过程符合规范，避免后期发现数据不符合要求时因无法弥补而导致时间和经费的浪费。

随着计算机的普及和软件的广泛使用，人们开始高度依赖计算机进行数据统计检验，而且认为因此可以免修统计学。但是，由于总是照葫芦画瓢，看着文献上别人用什么方法，自己就用该文献中的方法，因此许多人不知道如何选择恰当的方法。每种方法都有其使用的前提条件，采集数据时的客观条件不同，样本数据就不同，简单照搬别人的方法风险极高。例如，在进行因子相关分析中，因数据达不到参数统计要求而应该用斯皮尔曼相关检验（非参数统计方法）时，学生常常使用皮尔逊积距相关系数检验（参数统计方法）。当被问及用什么方法时，他们回答："相关性检验。"再问："哪种相关性检验？"便回答不上来，因为他们不知道有适用于不同情况的两种方法。另外，皮尔逊积距相关系数检验的结果输出为 r 和 p 值，学生普遍明白，p 等于/小于 0.05 表明有显著意义，但不明白为什么等于/小于 0.05。而知道 r 的含义的人就更少了。相应地，研究者从皮尔逊积距相关系数分析中获益甚少。因此，如果您有计算机和相关软件，建议先读本书；如果您没有计算机或相关软件，则可以借助本书完成统计处理。本书介绍的大多数方法，只需一个科学计算器（多数智能手机的普通计算器横过来使用，就变成了科学计算器）、一张纸和一支笔便可完成统计计算。如果利用 Microsoft Excel，则更容易完成。因此，本书可作为您的案头工具书。

1.2　为什么要学统计学

科学是人类用实证主义对自然现象和自然过程进行解释的一种认识世界的方法和活动。实证主义，就是一切理论、观点都建立在事实基础上。在科学研究早期，用于建立科学理论的事实来源于简单的观察。随着研究的深入，观察方法已经不足以解释那些似是而非的自然现象，这时开始使用实验方法。无论是观察方法还是实验方法，科学家一开始都是对自然现象进行简单描述，即定性描述。随着研究的进一步深入，定性描述也无法解释一些复杂的自然现象，定量研究方法应运而生。在科学方法史上，与观察方法相比，实验方法的优势在于研究者能够控制一些条件不变，从而清楚地界定特定因素对于一个自然现象或者自然过程的影响和贡献；与定性研究方法相比，定量研究方法更能精确地解释自然现象。例如，当年牛顿在苹果树下，那只掉在他头上的苹果经过若干次往上抛，总是往下掉；无论往上抛得多高，都无法将苹果抛到地球外，这是万有引力存在的证明。

但是，如果没有进一步的实验数据采集，从而建立起万有引力公式，那现在万有引力充其量只是人们茶余饭后的谈资，在科学领域里不会有一席之地，今天的太空旅行、宇宙飞船，甚至连飞机都无法想象。因此，数据和相应的数学工具在科学研究领域中的应用程度就标志着这门学科发展的水平。

人类在结绳记事的年代就开始使用数字。当我们以一些代码来代表自然现象的组成成分，以数字代表这些成分表现的程度后，就可以通过经验观察和反复试验获得一系列数据，并且通过数据的变化建立数学模型。在这些模型中，自然现象各组分间的关系得以通过数字间的关系体现。通过人为改变模型中自变量的数据，观察因变量的变化，来预测自然现象的变化趋势。然后进行实验数据采集，来检验和修正数学模型。经过反复检验修正后的模型能够准确反映自然现象的变化模式，科学理论就诞生了。

科学发展的过程是一个不断自我否定的过程。在这个过程中，错误理论的抛弃、正确理论的诞生周而复始。一个科学理论的正确与否，很大程度上取决于数据采集方法的客观、合理及数据处理方法的恰当与否。因此，研究方法（包括数据采集方法和处理方法）成为科学研究活动成败的关键因素。

在科学研究活动中，科学家们面对不同的自然现象，使用不同的方法。在物理学和化学领域，科学家们面对的自然现象有极高的重复性。例如，伽利略在比萨斜塔上做过的重力加速度实验，我们可以在巴黎埃菲尔铁塔上重复，也可以在上海东方明珠塔上重复，而且结果极端相似；瓦特当年在爱丁堡进行的蒸汽动力实验，可以在几百年后的上海江南造船厂获得同样的实验数据。现在，在世界各地中学的实验室中，每年都无数次地重复着氢氧化学反应的实验。在这些现象中，时间和空间维度的影响很小。因此，科学家们可以通过实验方法进行数据采集，通过线性代数或者其他复杂的数学工具进行数据分析。然而在生物学领域中，由于个体间存在着很大的遗传背景差异，个体间在各种生物现象中（形态解剖学、生理学、生物化学、行为学、生态学、心理学……）的表现存在着不同程度的差异，一些生物学过程（如演化历史）更是由于时间维度的严重影响而使其具备历史性（不可重复性）。这些特征使得生物学现象比物理学或化学现象复杂得多，研究活动中有时使用实验方法（生理学、生物化学），有时使用观察方法（形态解剖学），有时两种方法都使用（行为学）。在野外动物学研究中，大多数生物学现象和生物学过程不是确定的，而是具有概率性（或称不确定性）的。例如，长臂猿有晨鸣二重唱的习性，雌雄成对在晴朗的早上太阳上到山顶前后时分发出悦耳的鸣叫，这是长臂猿的行为的一部分。在这里，晨鸣二重唱与天气因素有显著相关性。这个显著相关性是说长臂猿的晨鸣二重唱95%在晴朗的早上会发生，5%不会发生。因此，这种行为与天气的关系不是绝对关系，而是概率关系。社会科学的

3

许多研究领域中的现象也有这种特征。例如，在西方政党竞选体制中，假定某个选区是保守党的票仓［在各国（地区）选举中，长期固定支持某个政党的票源即被称作其票仓］，如果研究者进行 10 次数据采集以检验该选区对保守党的支持率，10 个数据不会都一样，而是在某个平均数附近波动。由于这种概率关系，研究者们主要使用统计学方法进行数据处理，有时使用参数统计方法，有时使用非参数统计方法，具体使用哪一类方法，取决于一系列因素，详见第 2 章。

统计学家们已经研究出许多统计学方法，这些方法有不同的使用前提和条件，解决的问题也不同。本书着重介绍野外动物学、行为学及社会科学中常用的方法。由于研究方法是科学研究活动成败的关键，如何选择正确的研究方法，以及如何正确操作这些方法，是撰写本书的目的之一，也是本书的主要内容。那些将读者置于云里雾里的复杂纷繁的数理推论过程不在本书范围内，留给统计学家去讨论。为此，本书在撰写过程中，尽量避免使用晦涩的术语，而是使用非数学专业人士容易理解的语言。

一个成功的研究项目，首先开始于研究方案的制订。对于行为学和心理学的学生，制订研究方案时可以参阅文献（Cherulnik，1983）；生态学的学生参阅文献（叶智彰 等，1993）；社会科学的学生参阅文献（巴比，1987；Stern，1979）。在研究方案中，研究者首先要根据自己的研究目的提出一系列问题，然后进行数据采集，通过采集到的数据来解答这些问题。不同的数据如何整合在一起进行分析取决于研究者所要解答的问题。例如，当要研究某些生态因子之间的关系时，就要选择因子关系分析的方法。不同的统计学方法对数据类型、数据分布类型、样本数、样本量，以及数据的排列方式都有具体要求，因此研究者必须在数据采集前确定自己要使用的方法，并且按照这些方法制订数据采集计划（阅读本书有助于制订数据采集计划）。数据采集完成后，研究者面临较多的数据分析任务，这时可以再回到本书，参照书中相关计算过程对自己的数据进行分析和检验，这是我们撰写此书的另一目的。

第 2 章

统计学的基本概念和方法的选择

2.1 统计学的基本概念

2.1.1 总体、样本、采样单元

总体（population）：生物学中有物种、种群、群落及生态系统，还有包括一个物种或一个种群的行为类目；社会学中有人群、城市、国家……这些概念都有具体实体的界定。另外，有些概念没有实体界定，如医学上接受某种药物治疗的患者，心理学上某种情境中的研究对象。所有这些概念在统计学中统称为总体。总体通常是我们要研究的对象。然而，在研究中是否需要用统计学，要视总体的规模而定。例如，我们要分析某中学两个班学生的健康情况，每个班是一个总体，由于人数较少，直接测量计算学生各种健康指数并进行比较就可以了，不需要统计学检验。然而，如果我们要比较两个城市的中学生，涉及的人数太多，无法从每个学生身上采集健康数据，这时就需要用到统计学。统计学操作的第一步就是采样（sampling）。

样本（sample）：假设每个城市有 50 万中学生，我们随机抽取 2.5 万人进行数据采集，通过统计学检验，比较这两个城市中学生的健康水平。这时，总共有 2 个样本，我们称为样本数（number of samples）等于 2；每个样本有 2.5 万人，我们称为样本量或者样本规模（sample size）等于 25 000。样本中，每个学生被称为一个采样单元（sampling unit），因此采样单元数就是样本量或者样本规模。不同研究者对这几个概念给予的中文名称可能不同。例如，在行为学研究中，研究者常常通过观察进行数据采集，这时他们常把采样单元称为观察单元（observation unit）。为了方便后面的陈述，我们用样本数、样本量、采样单元来统一表述相关含义。

样本的作用在于通过在可以操作的小范围（样本自身）中采集数据来代表总体的情况。那么，如何确保样本能够代表总体呢？统计学上有两个要求：①采样单元必须是随机选出来的（保证采样单元相互的独立性），而不是主观臆断地决定从某个学生身上采集数据；②样本量应该等于或者大于总体的 5%，否则就会出现采样误差（sampling error），也就是俗语说的以偏概全。如果样本量足够大，样本中所包含的数据变异性就与总体所包含的数据变异性相似，样本对总体才具有代表性。人们常常很难达到这两个要求。例如，民意调查中，多数调查公司从互联网上进行调查，但整天在互联网上并有机会回答问题的人是总人群中喜欢互联网的人，他们可能代表社会中快速接受时尚或者新事物的人（一类性格的人群），并不能代表性格多种多样的社会人群总体。另外，调查人数常常只有几千人，对于几千万的上网人群，这个样本量还不到总体的 1%，更不用谈全国人（另一个更大的总体）。这种采样误差，导致误判的可能性就很大。例如，2014 年苏格兰独立公投，公投前的调查结果是赞成与反对两派的支持率之比大约是 50∶50（一些公司的结果是 48∶52 或 49∶51，另一些公司的结果是 51∶49 或 52∶48，最大差值仅为 4%），两派人看到这些结果都很兴奋，谁也没有做失败的思想准备。然而，实际公投结果是 45∶55，实际差值达到 10%。当然，在绝大多数研究案例中，研究者由于客观条件的限制无法达到 5% 的采样要求。不过，明白这个要求很重要，研究者要在条件允许的情况下尽力接近这个要求，在远离这个要求的情况下解析自己的研究数据时表述要有所保留，不能绝对化。

2.1.2 因子、变量

因子（factor）和变量（variable）：研究者在每个采样单元中根据自己的研究进行相应内容的测量或者观察。例如，在上述中学生健康水平比较的例子中，研究者会测量学生的体重、心跳、血压；生物学家会测量动物的体长、植物的胸径；社会学家会调查人群的受教育年数；行为学家会观察记录研究客体的打架时间、休息时间，或者社会交往时间等。这些内容的归类称为因子（factors），也称为变量（variables）。因子是具体研究中使用的术语，变量是统计学中使用的术语，如生态影响因子，每个因子就是统计学中的一个变量。这两个术语经常被混用，不过，虽然它们的使用场合不同，但本质是一样的。

与采样单元的选择一样，变量的选择也要注意独立性。例如，一个地区的生物多样性，我们可以用物种数作为变量，也可以用申农-维纳指数作为变量。然而，申农-维纳指数的计算本身包含了物种数（Ricklefs，1990），不能同时将这两个变量放到统计学检验中。许多人不了解变量的独立性和相关性的关系。统计学要求变量之间独立，以确保变量 a 中不包含变量 b 的数据变异信息；而如果统计结果表明变量 a 与变量 b 相关，则只表明这两个变量的数据变化存在规律性的相同或相反，即正相关或负相关。这种相关是客观的相关，变量选取时的"相关"（不独立）是主观的相关，而科学需要的是客观的相关。

研究者普遍熟悉变量间的对称关系，这也是思考的最多的变量间的相关关系。然而，非对称关系也普遍存在于自然界和人类社会。例如，在单向非对称关系中，张三把李四当朋友，但李四不将张三视为朋友。再如，出于生存利益，捕食物种倾向于在空间分布上与猎物物种存在空间重叠，但猎物物种并没有这种倾向。在双向非对称关系中，两个变量（如两个地理要素、两个人、两种动物行为元素、两个国家等）均倾向于相互受到对方的影响，如社会学中的朋友关系、国际地缘政治中的盟友关系、生态学中互利的物种间的空间关系等。

统计学方法中有时涉及自变量（independent variable）和因变量（dependent variable）的概念，如回归分析。自变量是一对变量中受研究者控制的变量，也是起决定性作用的变量；因变量是不受研究者控制的、但对自变量产生反应的变量。例如，在研究鱼类生态学时，水体中鱼的个体数取决于水体的生产力，而水体的生产力不取决于鱼的个体数。这里，水体的生产力和鱼的个体数相互没有包含对方，但是一个对另一个有决定性影响。总而言之，自变量和因变量也是独立变量，只是它们的变化规律存在依赖与被依赖的关系。

2.1.3　测量值、观察值、数据

在一个样本中，研究者从某个采样单元中采集到某个变量的信息。如果这个变量的信息需要借助工具来采集，如尺子、量器，则这样得到的信息被称为测量值（measurement），如体长（cm）；如果不用工具，凭观察记录到的信息，则称为观察值（observation），如群体规模（个体数）。这两个概念本质上是一回事，因此研究者们经常混用，但不会造成任何影响。另外，一个常见的词是数据（data），它既可以用于表示单个的观察值或者测量值，又可以指这些测量值或者观察值的总和。当从一个采样单元中采集一个观察值时，这种数据称为单变量数据（univariate data），因为样本只有一个变量；采集两个观察值（两个变量，每个变量采集一个观察值）时称为双变量数据（bivariate data）；采集 3 个或者更多的观察值（有 3 个或更多变量）时称为多变量数据（multivariate data）。有时，研究者会在不同时间或者不同条件下从相同采样单元中获取关于相同变量的两个或多个测量值或观察值，这样的数据被称为重复记录（replicates）。重复记录组成的数据组称为相关样本（related samples）或匹配样本（matched samples），它们看似两个

（或多个）样本数据，实则是一个样本的重复测量，但每次测量的条件不同。还有一种情况也会导致相关样本的出现，即研究者通过某些特定条件或者依据一些特定标准选择采样单元（如特定的身高、体重）后，将它们随机安排在不同的组别中。由于这些采样单元不是随机选择的，而是依据一定标准筛选出来的，它们也被视为相关样本或者匹配样本。完全随机选择的采样单元组成的样本称为独立样本（independent samples）。

研究者采集到数据后，样本中的数据反映两个重要信息：一个是样本的整体趋势（averages），它反映样本的中心趋势，是客观现象的规律性的反映；另一个是变异性（variability），是随机因素影响的结果。整体趋势的衡量有不同指标，包括平均数（mean）、中位数（median）和众数（mode）。平均数是样本中各观察值之和除以样本量得到的。中位数的确定：数据从小到大进行排列，位居中间的那个数就是中位数。例如，有样本{4,8,9,12,15,25,202}，在 12 的左侧和右侧各有 3 个数据，因此 12 是中位数；如果样本量是偶数，即{4,8,9,12,14,15,25,202}，增加了一个数据 14，这时中位数是中间两个数 12 和 14 的平均数 13。样本中，如果某个数值出现的频率高于其他数值，这个数值称为众数。例如，有样本 {2,3,3,4,4,5,5,5,6,10}，它的众数是 5。自然规律的差异并不总是体现在一种方式上。我们获得的样本间的规律性差异表现在中心趋势上，但中心趋势的差异可以表现为平均数的差异，也可以表现为中位数的差异或者众数的差异。因此，统计学家们推演出不同的方法，以应对不同差异类型的出现。研究者们要根据自己的数据差异类型，选择相应的方法，否则统计结果就不能反映研究得到的实际结果。

在统计学中，我们根据不同情况，用平均数、中位数或者众数进行比较，以衡量样本间数据的差异。它们有时是相似或者相同的，在样本间没有差异或者差异很小，但是样本内数据的变异性不同。例如，有两个样本：①{2,3,3,4,4,5,5,5,6,10}；②{1,3,4,4,5,5,5,6,10}。它们的平均数都是 4.8，中位数都是 5，众数都是 5，中心趋势没有差异或者差异很小。但是，不难发现，样本内的观察值的差异性不同。样本内数据变异性的衡量可以用变异幅度（range），也可以用标准差（standard deviation）或者标准误（standard error）。变异幅度是指样本内最大观察值与最小观察值之差。例如，样本①的变异幅度是 10-2=8，样本②的变异幅度是 10-1=9，它们的数据变异幅度不同。样本标准差的计算公式为

$$S = \sqrt{\frac{\sum (x-m)^2}{n-1}} \qquad (2.1)$$

式中，x 为样本各观察值；m 为样本的平均数；n 为样本量。

如果用标准差来衡量，样本①的变异性是 2.33，样本②的变异性是 2.44。标准误又称方差（variance），是标准差的平方。样本①的方差是 $2.33^2 = 5.43$，样本

②的方差是 $2.44^2 = 5.95$。两个样本的差异没有表现在中心趋势上，而是潜藏在样本内的数据变异性中。

由于存在样本内的数据变异，统计学家们分别针对中心趋势的差异和样本内的数据变异推出不同的方法。读者在使用这些方法时需要留意不同方法的功能差异。

2.1.4 数据性质、数据类型和数据分布类型

根据数据性质（property of data），数据可以分为离散型数据（discontinuous data）和连续型数据（continuous data）。离散型数据是指数轴上两个整数之间不能插入任何中间数字的数据类型。例如，种群数量，只能有个体数 1,2,3,…，不可能数出 1.5 个个体；豆荚里的豆粒只能是整数，不可能存在 2.1 颗这样的情况。所以，离散型数据实际上就是平时说的计数数据。离散型数据有时也称为频率（frequency）。统计学中有一些方法专门适用于离散型数据，如卡方检验。连续型数据是指两个数之间可以插入任意多的中间数的数据类型，如体重、身高等，这些数据从一个数字到另一个数字间是连续变化的。

谈到数据，人们很容易联想到 1,2,3,4,…，也不难想象到身高、体重等。但是，像性别、物种、颜色、方向等，它们也是数据。但人们不容易理解这一点，而且很容易将它们从数据采集工作中忽略。另外，人们常常将事物现象的表现程度用等级来描述，但描述常常仅限于文字描述，多数人不知道这些等级可以作为数据用统计学方法进行检验，只是对其进行语言描述，浪费了这些数据的信息和价值。统计学中，变量可以分为四大类型：①分类型（categorical），也称命名型（nominal）；②等级型（rank），也称为顺序型（ordinal）；③间隔型（interval）；④比例型（ratio）。

不同类型的变量所包含的数据信息量不同：

1）分类型数据（categorical data）是信息含量最低的一类，它们只含有分类意义，没有任何大小多少差异的信息，就像上面提到的性别、物种、颜色、方向等。例如，当我们研究两种小草的空间分布关系时，如果只采集到一个样方中这两种草是否出现，不管多少，都记录为 1（出现）或 0（不出现），这就是分类型数据，这样的数据是有用的。但是，我们知道，这两种小草以不同比例出现在这个样方中，比例所含的信息对我们的研究是非常有用的。然而，分类型数据不能提供这种信息，因此分类型数据的信息量是最低的。分类型数据的性质基本上属于离散型。

2）等级型数据（ranked data）的信息含量比分类型稍多，它们除表明不同的分类以外，还有大小多少之分，如栖息地质量的等级、动物对外界刺激做出反应的等级、打架斗殴的强度等级、不同选民对不同政党的支持程度等。在上述小草的例子中，如果我们能够根据直观判断，指出不同样方中某种小草出现的丰富度在某个级别上，尽管我们不知道两种小草的具体株数或者实际比例，但可以根据

目测的多少从小到大给出 1,2,3,…。比起分类型数据，等级型数据能给我们进一步的信息，对我们的研究更有用。

在等级型数据中，级差间的信息量可以存在很大的差异。例如，在研究云南省蜱的分布时，研究者将不同生境或不同宿主身体上蜱的种群密度进行等级划分，将单位时间采集数量（只/min）为 0.1 以下的划为 1 级，0.1（含）～0.4 的划分为 2 级，0.4（含）～1.1 的划为 3 级……这种数据很粗糙。现在的工资级别也是这种数据类型。

3）间隔型数据（interval data）比等级型数据的信息含量更高或者更精细，数据间不但有大小多少的变化，而且呈等距离的差异，如温度。在蜱的例子中，如果有足够的样本，我们可以按等距离划分级别：0.01（含）～0.10 的为 1 级，0.10（含）～0.20 的为 2 级，0.20～0.30 的为 3 级……这些数据是从最小到最大进行等分得到的，但所含信息量不一定相同（个体数相等，但生物量不等），因此属于间隔型数据。间隔型数据不能进行比例计算。例如，我们不能说 20℃的温度等于 5℃的 4 倍，也不能说密度为 3 的蜱生物量是密度为 1 的蜱生物量的 3 倍。

4）比例型数据（ratio data）的信息含量最丰富，数据间的差异不但等距离（就像间隔型数据），而且有实质性的等量。间隔型数据与比例型数据的差异从以下比较中可见一斑：当我们测量温度（间隔型数据）时，温度表中的汞柱从-1℃的冰上升到 0℃的水（冰刚刚融化完的时候）的过程中所伸展的长度与从 0℃的水上升到 1℃时所伸展的长度相同（两个刻度等长），但所吸收的热量不同（反映在加热时间上，前一刻度所需时间比后一刻度长）；在冰水共存状态（0℃）下，冰在融化过程中吸收大量的热量，但温度保持不变。因此，不同刻度间所蕴含的热量不同。相比之下，体重（比例型数据）的 2kg 与 3kg 间的差异和 3kg 与 4kg 间的差异不但在称量器上的刻度等长，所蕴含的物质的量（生物量）也相同。因此，比例型数据可以进行加、减、乘、除各种运算。比例型数据最大的特征是有 0，它表明客观的不存在。例如，温度（间隔型数据）的 0℃是人为定义的，定义在水开始结冰时；在 0℃下还有温度。但是，体重（比例型数据）的 0 表明没有生物量，不可能出现负体重。

在进行统计检验时，如果数据类型全部是间隔型或者比例型，读者可以考虑采用参数统计方法；只要有一个变量不是这两种数据类型之一，就只能采用非参数统计方法（参数和非参数统计见 2.2.1 节）。

统计学中，数据的分布类型与数据类型一样，是选择统计学方法的基础。数据分布类型是指特定变量的不同数值出现的频率分布情况。例如，在一个年级中有 100 个学生，经过一次生物学测试，每个学生有 1 个成绩，总共有 100 个成绩。那么，这些成绩中，如果不及格的有 10 个，则 60 分以下的数字出现的频率就为

10%，或者 0.1；60～70 分的有 20 个，数值在这个区间出现的频率就为 20%，或 0.2；同理，70～80 分的有 40 个，其频率为 40%或 0.4；80～90 分的有 20 个，其频率为 20%或 0.2；90 分以上的有 10 个，其频率为 10%或 0.1。我们将这些频率和分数区间标在坐标图上，横坐标为分数段，纵坐标为学生人数（频率），就可以得到一幅中间高、两侧低的曲线图，这就是数据概率的分布。分布形状不同，就是不同的数据概率分布类型（data distribution pattern）。

最常见的分布类型是正态分布（normal distribution）。判断数据是否呈现正态分布，要进行检验，可以用高斯公式来进行。

$$y = \frac{1}{\sigma\sqrt{(2\pi)}} e^{-\left[(x-\mu)^2/2\sigma^2\right]} \tag{2.2}$$

式中，e 和 π 为数学常数，分别是自然对数的底数（约 2.72）和圆周率（约 3.14）；x 为观察值，是采集到的研究数据；μ 为平均数（观察值 x 各数和除以样本量即可求得）；σ 为标准差（即式 (2.1) 计算出的 s）；y 为对应一系列观察值 x 的估计值。

计算出估计值 y 后，用卡方（x^2）吻合度检验（7.2 节）对估计值 $[y_1, y_2, \cdots, y_n]$ 和研究数据 $[x_1, x_2, \cdots, x_n]$ 进行吻合度检验。如果检验证明实际值与估计值显著吻合（没有显著性差异），表明所采集到的数据符合正态分布；否则，不符合正态分布。

通过高斯公式和卡方吻合度检验进行的正态性检验结果灵敏度很高。但是，这个方法的计算量通常会比较大。一个简单些的方法是：先将采集到的数据分为不同的数值区段，再将各区段数据出现的频率标注在图上。如果呈现正弦波曲线，则计算样本平均数（m）和标准差（s）。如果有大约 68%的数据落在区间 m±s，以及大约 95%的数据落在区间 m±2s，则可断定数据符合正态分布；否则，不符合正态分布。m±2s 因此被视为 95%的置信区间（95% confidence limits）。某些数据不符合正态分布，这时可以将数据进行转化（见 2.2 节），转化后的数据有可能符合正态分布。当然，转化后的数据仍然要先进行正态性检验，确保数据分布类型后才能开始相应的统计学分析。

另一个常见的分布类型是二项式分布（binomial distribution）。二项式分布通常在 4 个条件满足时出现：①研究数据为离散型；②变量为二分型，即观察值只属于两个分类项之一（如正确或错误、有或无、雄性或雌性、是或非等）；③样本的方差小于平均数；④采样单元有规律分布。

此外，还有泊松分布（Poisson model）、负二项式分布（negative binomial distribution）等。

本书介绍的方法多数是非参数统计方法，除了极个别针对的是二项式分布（二项式检验参见 7.1 节）外，其余对数据分布类型没有要求。我们介绍的参数统计方法，要求数据符合正态分布。因此，对其他数据分布类型不予赘述。

2.2 数据分布参数与数据转换

2.2.1 参数统计和非参数统计

在讨论数据分布参数前，我们首先来看一下数据的变异。

从比萨斜塔顶上往下放落一铁球，铁球自由降落到地面的时间无论重复多少次都是一样的，这种数据不存在变异。然而，在生物学、行为学、医学和社会科学中，这种高达100%的重复率是不存在的。下面举生物学的例子。

在研究植物物候规律时，某种杜鹃花在春季开花的时间与积温直接相关，当积温达到某个阈值时，花就开了。积温与每天的温度有关，当春天气温稳步上升时，这个阈值会出现在某个特定日期，花就在这天开放。然而，由于大气环流经常会受到无法预期因素的影响，这个特定日期的积温会出现变化，达到阈值的实际日期就会发生年际变化。造成数据变异的另一个原因是遗传差异，不同植株有不同的遗传背景，对积温的生理反应存在植株间的差异，导致不同植株对积温的要求不同，开花时间也就不同。这些数据存在差异，但总是围绕在某个特定日期的前后，物候数据变异就产生了。这个特定日期就是总体（该物种在某种气候类型下的所有植株）的数据变异中心。

数据变异中心可以用平均数、中位数和众数来表述，即数据变异中心可以表现为平均数、中位数或者众数。变异性可以表现为变异幅度、标准差、方差。平均数、中位数、众数、变异幅度、标准差、方差等是总体的数据分布参数（parameter）。不同总体有不同参数。气候每年都在变化，导致变化的随机因素很多，如太阳黑子运动、大气 CO_2 含量的变化，年间变化使得研究者无法了解总体的参数。另外，总体通常太大，以至于研究者无法对其中的每个个体进行观察测量以确定数据变异中心并计算变异性。因此，只能用某些年份中采集到的部分个体作为样本并计算样本参数，用样本参数来估计总体的参数。在此基础上，通过样本的比较结果来反映总体间的差异性。这种方法是统计学最早的方法，在参数估计过程中对数据的分布类型有严格规定，被称为参数统计（parametric statistics）。本书介绍的参数统计方法有皮尔逊积矩相关系数检验（Pearson product moment correlation coefficient，简称相关检验），还有 t 检验、z 检验、F 检验等。长期的使用证明，参数统计检验方法能够非常有效地检测出样本间（实际上是总体间）无法直观判断的细微差异或者变量间的相关关系。但是，由于它们对数据（数据类型、数据分布类型）的要求很高，生物学、医学、社会科学和行为学中大多数研究数据无法满足参数统计方法的前提条件，从而无法使用。大概因为这个原因，一些社会科学工作者声称社会科学不能或者不需要进行统计学分析。

随着科学研究的需要，统计学家们推演出非参数统计（non-parametric statistics），并在生物学、医学、社会科学和行为学中得到广泛应用，对这些学科的发展做出了巨大贡献。非参数统计方法使用起来简单，适用面很广，各种数据类型都可以使用。多数方法计算也简单，手头一支笔、一张纸、一个科学计算器就足以完成。这也是本书以介绍非参数统计方法为主的主要原因。两类统计学方法的差异详见表 2.1。

表 2.1　参数统计检验与非参数统计检验的差异

序号	参数统计检验	非参数统计检验
1	只能使用实际观察值	可以使用实际观察值或者经过转换后的数据
2	数据必须是间隔型或者比例型	数据可以是各种变量类型
3	比较平均数和方差	比较中位数
4	要求数据符合正态分布，而且方差相同	不要求数据符合正态分布，也不要求方差相同
5	离散型数据需要首先进行转换	适用于离散型数据
6	衍生数据首先要进行转换	适用于衍生数据，如百分比、各种指数

非参数统计方法虽然方便实用，但是对细微关系的发现能力（检测力）不如参数统计方法。因此，只要有条件，读者应尽力采集到符合参数统计检验要求的数据。

2.2.2　数据转换

从表 2.1 可以看出，有些数据原本是无法进行参数统计检验的。但是，一旦进行了数据转换（data transformation），转换后的数据就可以用于参数统计检验。因此，当有个别变量的数据需要进行转换时，研究者值得进行这样的操作，因为大量可以进行参数统计检验的数据用于非参数统计检验是一种浪费。常见的数据转换有以下几种情况。

1. 对数转换

当一个离散型数据样本的方差大于其平均数时，就要进行对数转换（logarithmic transformation），即求各观察值的对数，然后用对数进行参数统计检验。例如，有如下样本（表 2.2）。

表2.2 18个离散型观察值的对数转换

观察值 x	3	4	5	6	7	8	9	10	11
对数 $\log x$	0.477	0.602	0.699	0.778	0.845	0.903	0.954	1.00	1.04
出现频率 f	2	4	6	8	11	11	10	8	6
观察值 x	12	13	14	15	16	17	18	19	20
对数 $\log x$	1.08	1.11	1.15	1.18	1.20	1.23	1.26	1.28	1.30
出现频率 f	5	4	3	3	2	2	1	1	1

将观察值 x 作为横坐标，出现频率 f 作为纵坐标，用表中数据作图，得到图 2.1（a）。很明显，波峰向左偏移甚远，极不对称，数据分布类型与正态分布相差很大。如果将对数转换后的数值 $\log x$ 作为横坐标，则得到图 2.1（b）。这时的波峰左右两侧延伸程度很相似，虽然不是完美的正态分布类型，但较转换前接近了许多。这时的数据有可能适用于参数统计检验。

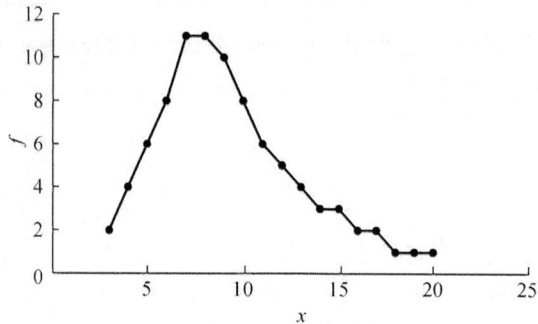

（a）对数转换前的观察值分布

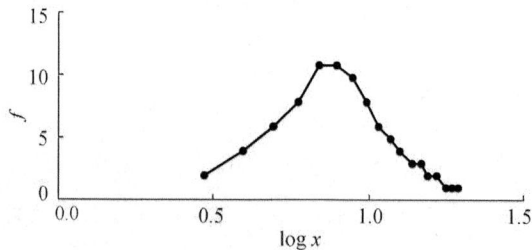

（b）对数转换后的观察值分布

图 2.1 对数转换前和转换后的观察值分布

2．平方根转换

当离散型数据的样本方差等于或者大于平均数时，数据分布松散，远离正态分布类型。这时用平方根转换（square root transformation），即将观察值开平方，以缩小方差使其接近正态分布。如果观察值中有 0，则将各观察值先加 0.5，然后开平方。举例：

$$\{6,2,3,0,1,5\}$$

这个样本的平均数为 2.833，方差为 4.472。由于数据含有 0，开平方前各观察值均先加 0.5，然后进行数据转换，就得到以下样本数据。

$$\{2.550,1.581,1.871,0.707,1.225,2.345\}$$

转换后的样本平均数为 1.713，方差为 0.399，可见转换后的数据很可能符合正态分布模型。

3．反正弦转换

如果数据是百分率，由于数据分布图形的左边是理论上的零，所以分布曲线在左边突然截断，即数据在数轴上不能继续向左延伸，这种分布不符合正态分布。如果将百分率除以 100 变成比例，所有数据均为小数，数据分布处于 0 和 1 之间；如果数据分布频率偏向任何一侧，就会出现相同问题，即分布不符合正态性。这时，可以进行反正弦转换（arcsine transformation）。计算分两步进行，具体如下：

1）将百分率数据除以 100，变成小数（或者比例），并开平方。例如，有观察值 25%，先变成比例，即 0.25，再开平方。

2）求转换数据的度数，即 $\arcsin 0.5 = 30°$。

这就将观察值 25%经反正弦转换后变成 30，可以考虑用于参数统计检验。

上述数据转换后，在进行参数统计检验前，要先进行正态性检验。数据的转换只是让观察值更接近正态分布。除数据类型外，还有许多其他因素影响数据的分布类型，因此建议不要放弃正态性检验。

4．数据反转换

转换后的数据可用于统计检验，但很难用于数据的解析。研究者有时需要将统计结果进行解析。例如，在回归分析时，如果将作为变量的观察值进行数据转换，转换后建立起来的回归方程输出的因变量数据需要进行反转换（back-transforming），使数据还原到观察值的状态。反转换的方法很简单，如反对数转换 0.477：$10^{0.477} = 3$。反平方根转换 2.550（含有观察值为 0 时）：$2.550^2 - 0.5 = 6$。反反正弦转换 30：首先 $\sin 30° = 0.5$，然后 $0.5^2 = 0.25$，最后 $0.25 \times 100\% = 25\%$。

2.3 统计检验的基础

2.3.1 假设及其检验

在研究中，许多人试图用统计学代替专业研究分析。当采集到数据后，不是进行细致思考和推论，而是用统计学方法去寻找各种关系。一旦发现有显著相关的关系，便提出结论说什么因子与什么因子间或哪些样本间存在显著相关性，然后倒推为什么它们会有这些相关关系，甚至连这种倒推都不做。这种做法就好比提着一根鱼竿到水边垂钓，垂钓者不是依据环境判断水中是否有鱼，而是直接将钓线甩入水中。钓到鱼则说此处有鱼，并且装模作样地解释这里为什么会有鱼；钓不到则说此处无鱼。这种做法就是统计学中的钓鱼行为。钓鱼行为会带来潜在的谬误。例如，在维多利亚时代（1837～1901年），英国经济迅猛发展。如果将1860～1890年的经济数据与维多利亚女王的年龄进行相关分析，你肯定能得到显著相关性，并且得出结论：维多利亚女王年龄越大，经济越好；进一步的结论是人越老，治理经济的能力越高（这个结论何等滑稽）。再看1970～2010年英国的经济，基本上呈下降趋势。如果再用伊丽莎白女王的年龄与经济数据进行相关分析，你会发现两者间存在显著性（significance）负相关。由此得出结论：伊丽莎白女王的年龄越大，经济越差；进一步的结论是人越老，治理经济的能力越低。前后两个结论刚好相反。问题出在哪里？问题出在经济增长与女王年龄同时与第三个因子相关，那就是时间。经济的增长取决于国家的内外方针政策。当政策好的时候，经济总量随时间累积；政策出问题时，经济逐年下降。人的年龄永远与时间同步增长，女王也不例外。因此，经济增长与女王的年龄原本没有任何关系，但通过时间这个第三因子发生了显著性相关。这个例子表明，没有理论分析，用统计学方法来"钓鱼"会有多么危险。

为了避免"钓鱼"的危险，我们首先要基于理论分析，提出某两个因子或某两个样本及样本所代表的总体之间存在着相关性或不存在相关性的假设，或者假定一个因子受另一个因子的制约。这个假设是基于理论研究分析得来的，它正确与否，就要用采集到的数据进行检验。统计学检验有两个假设，一个是零假设（null hypothesis），又称元假设，用 H_0 代表；另一个是备择假设（alternative hypothesis），用 H_1 代表。零假设通常假定样本间没有差异或者变量没有相关性，观察值表现出的差异是随机因素造成的，差异没有显著意义。相应地，零假设的相反假设便是备择假设，即样本间存在显著差异或者因子间存在显著相关性，这种差异或相关性是规律性的。在零假设基础上，将数据进行统计检验后，如果发现零假设成立，则接受零假设，放弃备择假设；如果零假设不成立，则放弃零假设，接受备择假设。

那么，在什么情况下接受零假设，放弃备择假设（或者反过来）呢？统计检验（statistical tests）的主要时间消耗在检验统计值（test statistics，简称统计值）的计算上。统计值是依据数据的变异性和样本间数据的差异，按照统计学家们提供的计算方法计算出来的数值。统计学家们事先还计算出各个统计值出现的概率 p，并制成表格供研究者使用。在统计学的数表中，概率 $p=0.05$ 的含义：零假设是大概率事件，出现的概率高达 0.95；备择假设是小概率事件，出现的概率只有 0.05。在一次检验中出现的结果应该是大概率事件，不应该是小概率事件。一旦出现了备择假设所预期的数据关系，那么有理由怀疑零假设的合理性，这时可以拒绝零假设，接受备择假设，结论：备择假设才是应该接受的大概率事件。数表中 $p=0.05$ 所对应的统计值被称为关键值（critical statistics）。研究者的数据关系出现在 $p=0.05$ 的水平上，被称为显著性差异（significant difference）或者显著性相关（significant correlation）。同理，当研究者的数据在 $p=0.01$ 的水平上发生差异或者相关性，则称为极显著差异（extremely significant difference）或者极显著相关（extremely significant correlation）。相同的统计值在样本量不同时，显著性不同。因此在查表时需要参考一个与样本量紧密相关的数值，这个数值称为自由度（degree of freedom）。自由度的计算视具体情况而定，相关的方法中有具体介绍。显著性的接受水平表明：统计学从来不告诉研究者什么是对的，什么是错的；它只表明什么是可以有足够信心认为是对的，但不排除这样做可能犯错误。为此，统计学上存在两种类型的判断误差（error）：一种是第一类型误差（type one error），指的是当把零假设当成假的而拒绝时，零假设事实上是真的（合理地拒绝了真理）；另一种是第二类型误差（type two error），指的是当把零假设当成真的接受时，它事实上是假的，应该被拒绝（合理地接受了谬误）。这两类误差的根源在于统计学本身面对的现象的特征，即规律隐藏于变异的数字背后。统计学本身无法去除这两类误差。这两类误差导致的研究结论错误，需要等待相关学科研究的新证据来纠正。

2.3.2　单侧检验和双侧检验

在文献中，研究者在统计结果里总会注明 one-tailed 或者 two-tailed，直译为单尾或者双尾，国内的统计学教科书也称为单侧或者双侧。查询统计学数表时发现，当进行双侧检验时（two-tailed test），如果计算出的统计值对应的显著性 $p>0.05$，则所对应的单侧检验的显著性为 $p>0.025$。这时，有些人本来进行的是双侧检验，而且结果不显著，但为了达到自己的研究预期，就选择 $p\leqslant0.05$，并说是单侧检验（one-tailed test）。这是一种欺骗行为，而且容易引导研究者得出错误结论。那么，单侧检验和双侧检验到底差异在哪儿？差异在于，在进行数据检验前，如果研究者根据理论研究得出假设，认为一个统计学总体的平均数（参数统计）、中位数或者众数（非参数统计）大于另一个总体（如我们通过生态学的相关定律得出假设，认为生活在较为寒冷地区的种群个体体重比生活在较为暖和地区的同种个体的体重重），并基于这个假设，用数据进行统计检验，这时的检验是单侧检验。如果事先并不知道一个总体的平均数大于另一个总体，但理论假设认为这两个总体会有某种差异，这时进行的是双侧检验。在理论上，双侧检验有两个零假设，即 μ_1（第一个总体的平均数）$>\mu_2$（第二个总体的平均数）和 $\mu_1 < \mu_2$。相应地，零假设出错也有两种情况，即 μ_1 不大于 μ_2 和 μ_1 不小于 μ_2。$p \leqslant 0.05$ 代表的是两种情况出现的概率总和。其中，μ_1 不大于 μ_2 的概率为 0.025，μ_1 不小于 μ_2 的概率也是 0.025。在单侧检验中，零假设只有一种，$\mu_1 < \mu_2$ 或者是 $\mu_1 > \mu_2$，出错的可能性也只有一种，μ_1 不小于 μ_2 或是 μ_1 不大于 μ_2，允许出错的概率较大，为 $p \leqslant 0.05$。研究者必须基于自己的理论研究，提出自己的假设后，根据假设确定自己所进行的统计学检验是单侧还是双侧。一旦结果与理论研究的预期发生矛盾，就要检查数据样本量是否足够。如果数据样本量足够，那么检查理论推导是否存在逻辑错误，以确保研究结论的正确性。绝对不能为了自己希望得到的显著性而将本来的双侧检验说成是单侧检验。

在统计学中，有两种方法永远是单侧检验，一种是卡方检验，另一种是 F 检验。因此，在进行这两种检验时，不必考虑单侧还是双侧。

2.4　本书的结构和统计方法的选择

2.4.1　本书的结构

依据研究者的检验目的和手头的数据类型，本书的编排顺序如下。

第 3～5 章：变量相关性检验。其中，第 3 章中的方法适用于分类型数据，第 4 章中的方法适用于等级型数据，第 5 章中的方法适用于间隔型数据和比例型数据（包括参数统计方法和非参数统计方法）。关于各章中方法的适用性（使用条件），在各章开头有详述。

第 7～9 章：样本间的比较。其中，第 7 章中的方法适用于分类型数据，第 8 章中的方法适用于等级型数据，第 9 章中的方法适用于间隔型数据和比例型数据。各章中方法的使用条件和解决的问题也都在各章开头有详述。

本书特别将回归分析、方差分析和多变量分析单独列出来作为第 6、10、11 章内容。回归分析将两个待检验的变量划分为自变量和因变量，建立回归方程，以便于在已知自变量数据但无法获得因变量数据的时候用于对因变量的估计。回归分析不同于一般的变量相关性检验。方差分析作为参数统计方法解决单变量和双变量多样本比较的问题，而且它的变型有特殊用途，如检验一些系统性的环境梯度影响（如山坡上的海拔影响、水边的湿度影响、公路边的噪声影响等）。方差分析涉及的计算量较大，作用也很强大，因此将其单列。多变量分析基于经验数据（观察值），没有数据分布类型的要求，而且是多变量和多样本（常常是大样本），在研究中有特殊用途；但多数人对这些方法不熟悉，因此单列出来。由于计算量太大，研究者难以借助科学计算器或者 Microsoft Excel 完成计算，因此本书只予以简要介绍，方便研究者解读计算软件检验出来的结果。

本书提供相关方法所需的数表，以便读者进行统计检验时使用。我们已经尽最大努力减少术语的使用，但无法去掉所有术语。如果读者在阅读中忘记了某些术语的含义，可以先在书末索引中查找，然后依据指示的页码找到它们的含义。

2.4.2　统计学方法的选择

选择正确的统计学方法，要遵循以下步骤。

1）检查自己的数据属于哪种变量类型：分类型、等级型、间隔型还是比例型？如果有不同类型的数据需要进行检验，那么信息含量级别最低的是哪种类型？如果数据基本上是分类型或等级型，个别是间隔型甚至是比例型，则将间隔型或比例型数据进行等级化处理（相关方法中有等级化处理细节的介绍）后进行非参数统计检验。如果普遍是间隔型或比例型数据，那么进入下一步。

2）首先检查数据是否需要进行转换。对于离散型数据，使用对数转换、平方根转换或反正弦转换（见上述数据转换方法的细节）。转换后的数据进行正态分布检验。如果具备正态性，则考虑进行参数统计检验。如果数据无法转换，或者转换后也不具备正态性，则进行非参数统计检验。如果数据信息量等级不同，以信息量最小的数据类型为标准，将所有数据降级。比例型可以降为间隔型或者更低，间隔型可以降为等级型，等等。然后采用非参数统计检验方法。

3）在确定使用参数统计方法还是非参数统计方法后，进一步选择涉及问题的类型，包括：①变量的相关关系；②样本间的差异；③降维，亦即减少变量数，以简化研究问题；④采样单元间的关系远近。此外，还涉及数据的类型和数据的性质。如果要检验变量关系，则根据这些考虑在第 3～5 章中选择相关方法。进行变量相关分析时，如果需要提供趋势线，尤其是需要从一个变量求出另一个变量的数值，则采用第 6 章的回归分析。如果比较样本，则在第 7～9 章中选择相关方法。各章都介绍了不止一种方法，如何选择请读者在相关章中比对自己的数据情况决定。在样本比较中，如果数据质量非常好，而且样本为双变量数据，尤其是数据采集时可能存在系统性的环境梯度影响，就选择第 10 章的方差分析。对于多变量样本，第 11 章介绍了 3 种方法，其中：主成分分析帮助研究者进行降维，筛选重要变量，简化研究问题；聚类分析用于衡量采样单元间的关系远近，在生物学各领域中有广泛应用；判别分析用于多变量多样本间的差异性比较，适用于经验数据，对等级型、间隔型、比例型数据均适用，不要求特定的数据频率分布类型，因此适用性很广。由于这些方法的计算量太大，读者需要借助计算机软件进行计算，本章仅介绍它们的原理和应用，不讲解计算细节。

4）在多样本比较中，不能用比较两个样本的方法去逐对进行样本比较。

5）面对多变量的相关关系检验，第 3～5 章解决的是双变量的相关关系，第 6 章回归分析针对的不是相关关系，第 11 章中的主成分分析解决的是降维问题，没有同时检验多个变量的相关关系的方法。因此，读者需要将变量进行两两组合，然后用第 3～5 章中的方法进行相关关系检验。变量间的相关关系有 3 种属性：①对称关系；②单向非对称关系；③双向非对称关系。针对这些属性不同的相关关系，第 3 章和第 4 章分别介绍相应的方法。如果读者手头的数据是间隔型或比例型，则需要先进行数据等级化处理，然后采用第 4 章中介绍的方法。

为了方便读者，本书模仿分类学中检索表的形式，提供一个统计学方法使用的检索总表。各章中提供相应更细致的检索表，引导读者进行选择。检索表由 3 部分组成：序号（左边）、问题和答案选择（中间）及指示（右边）。使用者顺着序号看，回答相关的问题，最终就能找到相关的章。例如，第一个问题是检验的目的。如果读者的目的是变量关系，在回答第一个问题时，选择（1），右边对应的是 2，则进入第二个问题；如果读者的数据类型是分类型，在回答第二个问题时，则选择（3），右边对应的是"第 3 章"，这时读者可以直接翻阅到第 3 章。第 3 章里介绍有几种方法，分别适用于不同条件，读者可以依照类似途径，在第 3 章的检索表中找到适合的方法。检索表见 2.5 节。

2.5　统计学方法使用检索总表

1. *研究者关注*

（1）变量 ·· 2
（2）样本 ·· 10

2. *数据类型为*

（3）分类型 ·· 第 3 章
（4）其他类型 ·· 3

3. *研究者要进行*

（5）回归分析 ·· 第 6 章
（6）相关分析 ·· 4

4. *相关分析面对的变量数*

（7）＝2 ··· 5
（8）≥3 ·· 7

5. *数据类型是*

（9）等级型 ·· 第 4 章
（10）间隔型或比例型 ·· 6

6. *原始数据或转换后的数据在分布频率上是否属于正态分布*

（11）是 ·· 第 5 章
（12）否。将数据等级化处理，然后 ·································· 第 4 章

7. *相关分析面对的变量数*

（13）＝3 ·· 8
（14）＞3。则，进行降维（即减少变量数） ····················· 第 11 章

8. *数据类型为*

（15）等级型。先将变量两两组合，然后再针对各组合进行
　　相关分析 ··· 第 4 章

17. 样本中的变量数

18. 样本中的变量数

19. 3 个变量中，是否有一个变量呈现梯度变化

20. 原始数据或转换后的数据在分布类型上是否符合正态分布

第 3 章

变量间的相关关系检验 I：分类型数据

本章介绍 3 种适用于分类型数据的变量关系检验方法，分别是佛爱系数（Phi coefficient 2×2 tables）$r_\emptyset$、克莱姆系数（Cramér coefficient）C 及非对称关联兰布达系数（asymmetrical association，the Lambda statistic）L_B。其中，佛爱系数检验方法和克莱姆系数检验方法没有本质上的区别，只是两者适用的情况不同：佛爱系数适用于每个因子只有两种表达形式（如有或无、雄或雌、成功或失败、是或否……）的情况，克莱姆系数适用于每个因子有多种表达形式（如颜色有多种，性格也可以有多种）的情况。虽然克莱姆系数可以代替佛爱系数，但是克莱姆系数的计算量大，建议读者在可以使用佛爱系数的情况下尽量使用佛爱系数。克莱姆系数能够检测出两个变量间是否有关系，但不能判断变量 a 对变量 b 是否有决定性作用；而兰布达系数检验可以检测出是否有这种决定性作用，是否可以通过变量 a 的出现来预测变量 b 的出现，因此是研究动物行为序列或者事件过程最有用的方法。

3 种方法在数据整理上有一个共同点，就是使用列联表，两个变量分别作为行和列，变量的不同表达方式之间的组合（如两个变量，每个变量只有 2 种表现，则有 4 个组合，分别为变量 1 出现-变量 2 出现、变量 1 出现-变量 2 不出现、变量 1 不出现-变量 2 出现、变量 1 不出现-变量 2 不出现）出现的频率（采样单元数）是用于计算的数据，因此数据是离散型。如果一个变量为分类型，另一个变量为等级型，这时等级型可以被视为变量的表现形式。例如，有些鸟类的羽毛颜色类型发生改变时，它们的攻击性发生改变。这时，羽毛的颜色类型是分类型数据，攻击性是等级型数据。为了进行计算，先将攻击性等级视为攻击行为的不同表现形式，按照相应的数据排列格式（见下文），然后进行计算。

根据上述差异，3 种方法选择的检索表见 3.4 节。

3.1 佛爱系数 $r_{\varnothing}$

要计算佛爱系数，首先要将数据放置到 2×2 列联表中（表 3.1）。

表 3.1 佛爱系数列联表

变量 Y	变量 X		总和
	1	0	
1	A	B	A+B
0	C	D	C+D
总和	A+C	B+D	N

在列联表里，两个变量分别用 X 和 Y 代表。由于是分类型数据，每个变量的表现只有分类意义，没有大小意义。在实际研究中，这些因子要么出现，要么不出现。因此，数据属于二分型，可以用二进制的 0 和 1 来代表它们的出现与否：0 代表不出现，1 代表出现。A 是两个因子都出现的采样单元数，即频率；B 是因子 Y 出现，但因子 X 不出现的频率；C 是因子 X 出现，但因子 Y 不出现的频率；D 是两个因子都不出现的频率。N 为总计（样本量），$N=(A+B)+(C+D)=(A+C)+(B+D)$，即 $(A+B)+(C+D)=(A+C)+(B+D)$。

假设我们要弄清楚两种鸟是否可以共存于同样的地理空间中，通过野外观察，记录这两种鸟的出现情况，可以得到以下数据：在 N 个区域中，物种 X 不出现，物种 Y 出现的区域数为 B，两个物种都出现的区域数为 A，两个物种都不出现的区域数为 D，以及物种 X 出现，物种 Y 不出现的区域数为 C。将这些野外采集到的数据放到上面的列联表里，以供计算。在研究动物行为时，一个行为事件常常由一些小的行为元素构成。有时，我们关注这些行为事件的可变性，从而衡量动物行为的刻板性，需要研究行为元素间的关系。这时，上述因子 X 和 Y 从物种变成行为元素，0 为一个元素不出现，1 为出现，A、B、C、D 分别代表两种行为元素出现与否的 4 种组合出现的频率，N 是行为事件总数。如果我们观察到 100 次打斗，打斗事件中有 50 次瞪眼（元素 X）和短暂一冲（元素 Y）共同出现在相同的打斗事件中，25 次 X 出现、Y 不出现，25 次 X 不出现、Y 出现，0 次两种行为因子都不出现，这时，$N=100$，$A=50$，$B=25$，$C=25$，$D=0$。通过式（3.1）对这些数据进行计算，就可以知道瞪眼和短暂一冲是否具有显著的关联性，即打斗行为的刻板性。

$$r_{\varnothing} = \frac{|AD - BC|}{\sqrt{(A+B)(C+D)(A+C)(B+D)}} \tag{3.1}$$

式（3.1）中的所有数据都来自野外采集，分子取绝对值，因此，$r_\varnothing$ 的变化范围是 0~1，没有负数。$r_\varnothing$ 值从 0 到 1 的变化是两个因子（两个物种或者两个行为元素等）之间的相关关系从小到大的变化。然而，相关关系确实有正负，佛爱系数的正负性决定于（$AD-BC$）的差值。正相关表明两个因子倾向于共同出现；负相关表明一个因子出现时，另一个因子倾向于不出现。计算出来的佛爱系数值 $r_\varnothing$ 是否具有显著性？要回答这个问题，需要进行下面的卡方（χ^2）计算。

$$\chi^2 = \frac{N\left(|AD-BC|-\dfrac{N}{2}\right)^2}{(A+B)(C+D)(A+C)(B+D)} \tag{3.2}$$

卡方值计算出来后，取自由度 df=1，并查阅附表 1，便得到这对因子间相关关系的显著性。在这里，零假设 H_0 是这两个变量间没有相关关系，即 $r_\varnothing = 0$；备择假设 H_1 是 $r_\varnothing > 0$。因此，当计算出来的卡方值大于附表 1 中 df=1 里面的某个关键值时，所对应的 p 值决定 H_0 成立的可能性。当 $p>0.05$ 时，接受 H_0；否则，拒绝 H_0，接受 H_1。读者可能会注意到，用式（3.1）计算出来的 $r_\varnothing$ 值并没有直接用于查表，而是用 χ^2 值查表，$r_\varnothing$ 值用于表征变量间的相关度。

例 3.1　在对四川卧龙国家级自然保护区中生物群落的研究中（周厚熊 等，2021），研究者随机选择 60 个公里网格，在每个网格中安装一台红外相机。工作一年后，收取数据卡，并将卡中拍摄到的地栖鸟兽一一进行鉴定，获得 35 个地栖鸟兽物种。由于影像清晰度显著，无法对所有物种在某一特定相机中出现的个体数进行计算，因此仅记录各物种在各相机中出现与否，属于分类型中的二分型数据。按照研究需要，首先将物种进行两两配对，并计算各物种对的空间关联系数。其次，剔除没有显著性的物种对，并将存在显著意义的物种对进行拼接，形成关联物种网络。最后，在网络基础上，结合直接关联和相关物种的生态学文献，解释该物种对的生态互动。在物种对空间关联系数的计算中，该研究采用佛爱系数。以物种对"雪豹-香鼬"为例，计算如下。

1）建立列联表，如表 3.2 所示。

表 3.2　雪豹和香鼬的空间分布关系

香鼬	雪豹		总和
	1（出现）	0（不出现）	
1（出现）	2	6	8
0（不出现）	0	52	52
总和	2	58	60

2）用式（3.1）计算：

$$r_\varnothing = \frac{|AD - BC|}{\sqrt{(A+B)(C+D)(A+C)(B+D)}} = \frac{|2 \times 52 - 6 \times 0|}{\sqrt{8 \times 52 \times 2 \times 58}} = 0.47$$

3）用式（3.2）计算卡方值：

$$\chi^2 = \frac{N\left[|AD - BC| - \dfrac{N}{2}\right]^2}{(A+B)(C+D)(A+C)(B+D)} = \frac{60 \times \left[|2 \times 52 - 6 \times 0| - \dfrac{60}{2}\right]^2}{8 \times 52 \times 2 \times 58} = 6.81$$

4）在附表 1 中，df=1 的情况下，$\chi^2 = 6.81$ 对应的关键值在 6.64～10.83 范围内。相应地，p 在 0.001～0.01 范围内，远远小于 0.05，因此拒绝零假设 H_0，接受备择假设 H_1。也就是说，这两种动物在地理空间中的分布关联度为 0.47。

按照以上计算过程继续计算雪豹与其他物种以及其他物种相互间的空间关联后，排除 $p > 0.05$ 的物种对，将保留下来的物种对进行拼接，得到两个关联网络：一个位于卧龙中、高海拔，称为卧龙 HAN；另一个位于卧龙中、低海拔，称为卧龙 LAN。网络显示，雪豹处于卧龙 HAN 中，大熊猫处于卧龙 LAN 中，两个物种可能属于不同群落。

3.2　克莱姆系数 C

在检验两个分类型变量的关系时，如果每个因子有多于两种表达形式（如颜色，可以表现为红、黄、蓝、紫等），可以使用本方法。如果一个变量是分类型数据，另一个变量是等级型或更高级别类型，则将高级别类型的数据表现出的大小差异视为不同表现形式，然后使用本方法。例如，当我们要检验体色与体重的关系时，体色表现为红、黄、蓝、紫 4 种形式，体重（比例型数据）按千克进行分类，1～2kg 为第一种形式，2～3kg 为第二种形式，以此类推。

克莱姆系数与佛爱系数的共同点：①都是分类型数据的最佳检验方法；②都与卡方计算有关；③都用列联表。不同的地方是克莱姆系数可以适用于一个因子有 3 个或更多表现形式的情形。克莱姆系数列联表可以是任何表达形式数的组合，因此列联表可以是 2×2、2×5、3×7，或 r×k 等。

要计算克莱姆系数，首先要将数据放置在下面的列联表（表 3.3）中。

表 3.3　克莱姆系数列联表

变量 B	变量 A				总和
	A_1	A_2	...	A_k	
B_1	n_{11}	n_{12}	...	n_{1k}	R_1
B_2	n_{21}	n_{22}	...	n_{2k}	R_2
⋮	⋮	⋮		⋮	⋮
B_r	n_{r1}	n_{r2}	...	n_{rk}	R_r
总和	C_1	C_2	...	C_k	N

在这个列联表中，第一行是变量 A，它有 k 种表现形式；第一列是变量 B，有 r 种表现形式。n_{11} 是变量 B 的第一种表现形式 B_1 与变量 A 的第一种表现形式 A_1 同时出现的采样单元数，即频率；n_{12} 是变量 B 的第一种表现形式 B_1 与变量 A 的第二种表现形式 A_2 同时出现的频率。同理，n_{21} 是变量 B 的第二种表现形式 B_2 与变量 A 的第一种表现形式 A_1 同时出现的频率；n_{22} 是变量 B 的第二种表现形式 B_2 与变量 A 的第二种表现形式 A_2 同时出现的频率，以此类推。采样单元总数是表中的 N。野外采样时，只要记录清楚每个采样单元中这两个因子的表现形式，就可以进行克莱姆系数计算。克莱姆系数是非常有用的方法，但知道的研究者很少，为此下面举一些经常可以使用这种方法的情况。

1）野外工作中，要在大范围内研究植物物种分布与动物物种分布的相关性，但是，由于时间和资金限制，只能进行快速调查。这时，在各个采样单元（样地）中，记录这些物种出现的情况：植物物种列在列联表的第一行（或第一列），动物物种列在第一列（或第一行），在列联表中的各交汇点填入相应组合的采样单元数。N 为采样单元总数。

2）进行珍稀动物的种群分布状况调查，弄清种群分布的制约因素。进行野外考察时，在各个考察点记录见到调查物种的个体数（作为种群分布密度的估计）和相关的环境因子。考察结束后，将环境因子列在第一行（或第一列），对种群密度进行不同等级分类后列在第一列（或第一行），将不同组合出现的调查点数作为它们出现的频率填入列联表各交汇点中。N 是调查地点的总数。

3）进行动物行为研究时，需要知道行为序列在不同情况下的变化（动物应对不同环境状况的行为对策）。在不同类型的环境里记录动物的行为表现，然后整理出不同的行为元素-环境组合出现的频率（行为事件数），将动物的行为元素列在第一行（或第一列），环境类型列在第一列（或第一行），在列联表中的各交汇点填入相关频率。

获得上面的数据后，进行下面的计算。

克莱姆系数

$$C = \sqrt{\frac{\chi^2}{N(L-1)}}$$　　　　（3.3）

式中，N 为采样单元总数；L 为列联表中的行数或列数，如果行数多于列数，则 L 是列数；如果列数多于行数，则 L 是行数。式（3.3）中的分子（卡方）的计算如下：

$$\chi^2 = \sum_{i=1}^{r} \sum_{j=1}^{k} \frac{(n_{ij} - E_{ij})^2}{E_{ij}}$$　　　　（3.4）

式中，n_{ij} 为第 i 行第 j 列的频率；E_{ij} 为列联表各交汇点的期望值（理论值或平均数）。期望值的计算如下：

$$E_{ij} = \frac{R_i C_j}{N}$$　　　　（3.5）

式中，R_i（$i = 1,2,\cdots,r$）和 C_j（$j = 1,2,\cdots,k$）分别为列联表各行和各列的频率总和。

　　列联表中，如果期望值小于 5 的格子数占总格子数的比例高于 25%，或者如果有一个格子的期望值低于 1，则将期望值小于 5 或 1 的格子所在的行或列与相邻的行或列合并。

　　从上面的计算过程可以看出，克莱姆系数的计算量大于佛爱系数的计算量，这是建议读者在两个因子、每个因子只有两种表达形式的情况下使用佛爱系数的重要原因。

　　克莱姆系数 C 的自由度 df $= (r-1)(k-1)$。计算出统计值 C 后，依据相应的自由度和卡方值，查卡方分布数表（附表 1），以确定 C 是否具有显著性。克莱姆系数的零假设 H_0 为两个变量没有相关关系；备择假设 H_1 为两个变量存在显著性或极显著相关。查表后，如果计算出的 χ^2 值所对应的概率 $p > 0.05$，则接受零假设；如果 $p \leqslant 0.05$，则拒绝零假设，接受备择假设；如果 $p \leqslant 0.01$，表明两个变量间存在极显著相关。计算出来的 C 值表示两个变量间关联度的大小，在 0 和 1 之间变化。

　　例 3.2　2002 年，作者在广西西南部白头叶猴（*Trachypithecus leucocephalus*）分布区进行公众保护意识调查，共向 150 个人发放了问卷。我们在过去 15 年的工作中发现，不同社会群体对野生动物保护态度不同，当地人与外地人的态度也不同。为了检验这种感觉，从而正确处理问卷所获资料，我们用受访者对待问卷的方式（填写、拒绝填写、不做反应）来代表他们对白头叶猴保护的态度。根据收入状况、教育状况、是否是本地人、从事的职业等，将受访者分为 6 类。通过人群特征和对待问卷方式的关系的检验，来探讨受访者的背景对保护态度的影响。数据详见表 3.4（表中斜体为计算出的期望值）。

表3.4　不同人群对白头叶猴保护态度的影响（假设数据）

问卷处理方式（变量 B）	人群类型（变量 A）						总和
	第一类 (A_1)	第二类 (A_2)	第三类 (A_3)	第四类 (A_4)	第五类 (A_5)	第六类 (A_6)	
填写（B_1）	8 *7.48*	8 *7.48*	3 *6.46*	12 *11.90*	18 *12.24*	2 *5.44*	51
拒绝填写（B_2）	2 *3.81*	6 *3.81*	1 *3.29*	3 *6.07*	0 *6.24*	14 *2.77*	26
不做反应（B_3）	12 *10.71*	8 *10.71*	15 *9.25*	20 *17.03*	18 *17.52*	0 *7.79*	73
总和	22	22	19	35	36	16	150

用式（3.5）计算期望值 E_{ij}，所获数据以斜体放置在列联表中。由于期望值低于 5 的格子有 4 个（占总格子数的 22%），而且没有期望值低于 1 的情况，不必进行行或列的合并。因此，接着用式（3.3）和式（3.4）进行以下计算：

$$\chi^2 = \sum_{i=1}^{r} \sum_{j=1}^{k} \frac{(n_{ij} - E_{ij})^2}{E_{ij}} = \frac{(8-7.48)^2}{7.48} + \frac{(8-7.48)^2}{7.48} + \frac{(3-6.46)^2}{6.46} + \cdots + \frac{(0-7.79)^2}{7.79}$$

$$= 76.58$$

克莱姆系数

$$C = \sqrt{\frac{\chi^2}{N(L-1)}} = \sqrt{\frac{76.58}{150 \times (3-1)}} = 0.50$$

自由度 $df = (r-1)(k-1) = (3-1) \times (6-1) = 10$。据此，查阅卡方分布表（附表 1），上面计算出的卡方值 76.58 大于 29.59。相应地，$p<0.001$。因此，在自由度为 10 的情况下，$\chi^2 = 76.58$ 的概率 $p<0.001$，可以拒绝零假设，接受备择假设，表明受访者对问卷的处理方式受其人群特征的极显著影响，两者的相关程度为 $C=0.50$。

3.3　非对称关联兰布达系数 L_B

在许多情况下，两个因子间的关联性是不对称的，亦即：因子 A 对因子 B 的关系不一定等于因子 B 对因子 A 的关系。在生态学中，物种可以被视为空间要素，即因子。例如，喜阳植物与喜阴植物的关系不对称，喜阳植物不以喜阴植物为自身的分布依据，但喜阴植物倾向于出现在喜阳植物附近以获得荫蔽；在捕食者与猎物的生态关系中，捕食者倾向于出现在猎物物种的活动区域以获得食物，但猎物物种对捕食者没有这种分布上的倾向性。在人类社会中，人际关系的非对称性更是普遍：张三可能是李四的密友，但李四仅是张三的好友。在动物行为中，苏格兰马鹿的雄性争斗事件由嚎叫、平行行走、肢体打斗 3 个行为元素构成，各行为元素间有相关性。其中，嚎叫可以预示平行行走的出现（争斗的一方发出嚎叫后，如果受挑战的一方退却，则争斗停止；如果不退却，争斗双方则用平行行走来展示自己腿上的力量），平行行走预示着肢体打斗的出现（当平行行走中一方发现自己腿力不敌对方时，争斗停止；如果双方力量相当，则进入肢体打斗阶段），但这 3 个行为元素没有反向预示关系。非对称关联兰布达系数 L_B 可以用于检验这些非对称关系。

此方法的原理很简单，假如我们判断变量 B 出现，但事实上不出现，这时判断就出错。这个出错率为 $P[error]$。当变量 A 出现后，判断变量 B 出现的出错率可能会不一样，这时出错率记为 $P[error(A)]$。如果两个变量存在关联性，变量 A 出现后，对变量 B 出现的判断出错率一定会下降。这个下降的程度用一个系数 λ_B 来表示。λ_B 可以视为变量 A 对变量 B 的预测性。这个系数是总体的系数，正如其他统计学方法一样，人们通常并不知道总体的系数，但可以用样本的系数来估计。相应地，样本的系数记为 L_B。

计算 L_B 前，首先将数据排列到列联表中，见表 3.5。

表 3.5　兰布达系数列联表

变量 B	变量 A					总和
	A_1	A_2	$\cdots$	A_k		
B_1	n_{11}	n_{12}	$\cdots$	n_{1k}		R_1
B_2	n_{21}	n_{22}	$\cdots$	n_{2k}		R_2
$\cdots$	$\cdots$	$\cdots$	$\cdots$	$\cdots$		$\cdots$
B_r	n_{r1}	n_{r2}	$\cdots$	n_{rk}		R_r
总和	C_1	C_2	$\cdots$	C_k		N

此列联表中的内容与克莱姆系数中的列联表完全一样。第一行 $A_1, A_2, \cdots, A_k$ 和第一列 $B_1, B_2, \cdots, B_r$ 是两个变量的不同表现形式。表现形式可以是不同类别，也可以是不同程度。例如，在猕猴属（*Macaca*）动物中，雄性间一次打斗常常以等级地位低的一方求和结束。求和行为由两个行为元素构成，第一个是地位低者咂唇（lip-smacking），紧接着第二个是地位高者向地位低者爬跨（mounting）。如果用 A 代表咂唇，那么 $A_1, A_2, \cdots, A_k$ 可以是爬跨前咂唇的次数，次数不同，表明程度不同；B 代表爬跨，$B_1, B_2, \cdots, B_r$ 代表是否爬跨（类别不同）及爬跨后髋部耸动（pelvic thrust）的次数（程度不同）。又如，白头叶猴宣示领域的行为由 3 个行为元素组成：①发出单声"咯"的叫声；②发出连续的"咯哇咯哇……"声；③在树

和岩石间狂奔。由于第二个元素与第三个元素常常同时进行，所以可以将它们合并为一个元素。合并后，领域宣示行为由两个元素组成。如果用 A 代表第一个元素，则 $A_1,A_2,\cdots,A_k$ 代表"咯"的次数；用 B 代表第二个元素，则 $B_1,B_2,\cdots,B_r$ 代表猴子是否"咯哇咯哇"、是否蹦跳及在岩石和树丛间蹦跳的次数。n_{ij} 是这些表现形式的不同组合出现的频率（采样单元数。上两例中，为求和次数和领域宣示行为次数）。在研究天堂鸟的攻击性与羽毛颜色的关系时，不同的羽色类型可以用 $A_1,A_2,\cdots,A_k$ 表示，而表现出不同强度的攻击性用 $B_1,B_2,\cdots,B_r$ 表示，n_{ij} 是这两个因子不同"羽色/攻击性"组合的鸟的个体数。每一行中出现的最大 n_{ij} 称为最大行频率，每一列中的最大 n_{ij} 称为最大列频率。底行 C_j 为各列总和，最大者称为最大列总和；最右列 R_i 为各行总和，最大者称为最大行总和。N 是样本量（观察到的求和总次数、领域宣示行为总次数、天堂鸟总个体数等）。

数据排列完成后，进行兰布达系数的计算。

3.3.1　兰布达系数的计算

兰布达系数为

$$L_B = \frac{\sum_{j=1}^{k} n_{Mj} - \max(R_i)}{N - \max(R_i)} \tag{3.6}$$

式中，n_{Mj} 为列联表第 j 列中的最大频率；$\max(R_i)$ 为列联表的最大行总和。

L_B 的解读：L_B 的变化从 0 到 1，它的具体数值是当知道变量 A 后判断变量 B 时出错率下降的程度，也就是变量 A 对变量 B 的预测性程度；如果 $L_B=0.3$，表明知道变量 A 后判断变量 B 的出错率下降30%，或者变量 A 对变量 B 的预测性是30%。它越大，表明变量 A 对变量 B 的预测性越高（因而动物的行为越刻板）；反之，它越接近 0，表明变量 A 对变量 B 的预测性越低（因而行为的变异性越大）。

与其他检验方法相比，这个方法有两点不同：①变量 A 对变量 B 的预测性不一定等于变量 B 对变量 A 的预测性，即 L_B 与 L_A 不一定相等，因为前后两个变量可能存在着因果关系。（这显然符合动物行为的特征，因此特别适用于动物行为序列的分析。）②零假设 H_0 是 $\lambda_B=\lambda_{B0}$（而不是 $\lambda_B=\lambda_A$），即判断变量 B 的出错率下降的幅度等于某个具体的数值 λ_{B0}。λ_{B0} 值由研究者在 0 到 1 之间选择，它的大小影响到统计值的显著性水平（详见后面例题）。

L_B 代表变量 A 对变量 B 的预测性，那么 L_A 可用于表示变量 B 对变量 A 的预测性，用以下公式计算：

$$L_A = \frac{\sum_{i=1}^{r} n_{iM} - \max(C_j)}{N - \max(C_j)} \tag{3.7}$$

式中，n_{iM} 为列联表第 i 行中的最大频率；$\max(C_j)$ 为列联表的最大列总和。

3.3.2　兰布达系数的显著性检验

兰布达系数计算出来后，要对其进行显著性检验。首先计算 L_B 的变异性，如下：

$$\mathrm{var}(L_B) = \frac{\left(N - \sum_{j=1}^{k} n_{Mj}\right)\left(\sum_{j=1}^{k} n_{Mj} + \max(R_i) - 2\Sigma' n_{Mj}\right)}{\left[N - \max(R_i)\right]^3} \tag{3.8}$$

式中，$\Sigma' n_{Mj}$ 为落在 $\max(R_i)$ 所在行的最大频率之和。如果落在该行上的最大频率只有一个，则 $\Sigma' n_{Mj} = n_{Mj}$。

接着计算 L_A 的变异性，如下：

$$\mathrm{var}(L_A) = \frac{\left(N - \sum_{i=1}^{r} n_{iM}\right)\left(\sum_{i=1}^{r} n_{iM} + \max(C_j) - 2\Sigma' n_{iM}\right)}{\left[N - \max(C_j)\right]^3} \tag{3.9}$$

式中，$\Sigma' n_{iM}$ 为落在 $\max(C_j)$ 所在列的最大频率之和。如果落在该列上的最大频率只有一个，则 $\Sigma' n_{iM} = n_{iM}$。

最后计算 z，对于 L_B，有

$$z = \frac{L_B - \lambda_{B0}}{\sqrt{\mathrm{var}(L_B)}} \tag{3.10a}$$

对于 L_A，有

$$z = \frac{L_A - \lambda_{A0}}{\sqrt{\mathrm{var}(L_A)}} \tag{3.10b}$$

其中，λ_{B0} 和 λ_{A0} 是研究者可以自行决定的（见例 3.3）。

本检验的零假设 H_0 是 $\lambda_B = \lambda_{B0}$ 或者 $\lambda_A = \lambda_{A0}$。在附表 2 中，通过计算出来的 z 值可以查到零假设成立的可能性。

例 3.3　假设要检验变量 A 对变量 B 的预测性，变量 A 有 3 种表现，变量 B 有 4 种表现，总共有 60 个采样单元。数据整理后排列在表 3.6 中。

表 3.6　为计算 L_B 而假设的数据

变量 B	变量 A			总和
	A_1	A_2	A_3	
B_1	10	1	4	15
B_2	5	3	6	14
B_3	3	12	2	17
B_4	3	3	8	14
总和	21	19	20	60

在表 3.6 中，最大行频率有 10、6、12 和 8，最大列频率有 10、12 和 8，最大行总和是 17，最大列总和是 21。

$$\sum_{j=1}^{k} n_{Mj} = 10 + 12 + 8 = 30$$

本例中，$\max(R_i) = 17$。由于最大频率出现在不同的行和列中，只有列 A_2 的最大列频率（12）落在 $\max(R_i)$ 所在行 B_3，因此有

$$\Sigma' n_{Mj} = n_{Mj} = 12$$

$$L_B = \frac{\sum_{j=1}^{k} n_{Mj} - \max(R_i)}{N - \max(R_i)} = \frac{30 - 17}{60 - 17} = 0.30$$

计算结果说明，当知道变量 A 后，判断变量 B 的出错率下降了 30%，即变量 A 对变量 B 的预测性为 30%。

接下来进行 L_B 的显著性水平检验，先计算变异性：

$$\begin{aligned}
\mathrm{var}(L_B) &= \frac{\left(N - \sum_{j=1}^{k} n_{Mj}\right)\left(\sum_{j=1}^{k} n_{Mj} + \max(R_i) - 2\Sigma' n_{Mj}\right)}{\left[N - \max(R_i)\right]^3} \\
&= \frac{(60 - 30) \times (30 + 17 - 2 \times 12)}{(60 - 17)^3} \\
&= 0.008\,68
\end{aligned}$$

然后计算 z 值：

如果零假设 H_0 是 $\lambda_B = \lambda_{B0} = 0.10$（亦即假设知道变量 A 后，判断变量 B 的出错率下降 10%），则

$$z = \frac{L_B - \lambda_{B0}}{\sqrt{\text{var}(L_B)}} = \frac{0.30 - 0.10}{\sqrt{0.008\,68}} = 2.15$$

$z = 2.15$，查阅附表 2，$p = 0.015\,8 < 0.05$，推翻零假设，接受备择假设。表明知道变量 A 后，对变量 B 的判断出错率下降幅度显著大于 10%，即预测性显著大于 10%。

有趣的是，L_B 表明误判可能性下降 30%，而 z 表明误判下降程度超过 10%。那么，为什么不是 30% 呢？要回答这个问题，我们进一步做零假设 H_0：如果 $\lambda_B = \lambda_{B0} = 0.15$，则 $z = 1.61$，$p = 0.053\,7 > 0.05$；如果 $\lambda_B = \lambda_{B0} = 0.14$，则 $z = 1.72$，$p = 0.042\,7 < 0.05$。说明零假设成立的临界点 $p = 0.05$ 对应的 λ_{B0} 在 0.14 和 0.15 之间。那么，从 0.14/0.15 到 0.30 之间是变量 A 对变量 B 有预测性，但这种预测性可能不显著。因此，结论是变量 A 对变量 B 的预测作用至少是 14%。

上例表明，研究者可以自由做零假设，但以显著性水平为准进行 λ_{B0} 值的选择，并以此作为下限，L_B 值作为上限，估计变量 A 对变量 B 的预测性。

例 3.3 是通过虚构数据展示的计算过程。下面通过真实研究案例以展现非对称关联兰布达系数的应用。

例 3.4　在例 3.1 提及的佛爱系数计算结果的基础上，保留存在显著性的物种对，并对这些物种对进行非对称关联兰布达系数检验。检验的第一步是建立列联表。由于各物种的数据是出现与否的二分型数据，因此构建 2×2 列联表。以川金丝猴和黄喉貂为例（刘卓涛 等，2022），如表 3.7 所示。

表 3.7　川金丝猴-黄喉貂非对称关联兰布达系数列联表

黄喉貂（物种 B）	川金丝猴（物种 A）		总和
	1（出现）	0（不出现）	
1（出现）	15	6	21
0（不出现）	8	31	39
总和	23	37	60

表中显示，各列中最大频率有 $n_{M1} = 15$ 以及 $n_{M2} = 31$，各行中最大频率有 $n_{1M} = 15$ 和 $n_{2M} = 31$，表 3.7 的最大行总和是 $\max(R_2) = 39$，最大列总和是 $\max(C_2) = 37$。落在 $\max(R_2)$ 所在行的最大列频率只有一个 n_{M2}，因此，$\Sigma' n_{Mi} = n_{M2} = 31$；落在 $\max(C_2)$ 所在列的最大行频率也只有一个 n_{2M}，因此，$\Sigma' n_{iM} = n_{2M} = 31$。$N = 60$。以 L_B 代表川金丝猴对黄喉貂的预测，以 L_A 代表黄喉

貂对川金丝猴的预测，有：

$$L_B = \frac{\sum_{j=1}^{k} n_{Mj} - \max(R_i)}{N - \max(R_i)} = \frac{(15+31)-39}{60-39} = 0.333$$

$$L_A = \frac{\sum_{i=1}^{r} n_{iM} - \max(C_i)}{N - \max(C_j)} = \frac{(15+31)-37}{60-37} = 0.391$$

$$\text{var}(L_B) = \frac{\left(N - \sum_{j=1}^{k} n_{Mj}\right)\left(\sum_{j=1}^{k} n_{Mj} + \max(R_i) - 2 \times \Sigma' n_{Mj}\right)}{\left[N - \max(R_i)\right]^3}$$

$$= \frac{\left[60-(15+31)\right]\left[(15+31)+39-2\times31\right]}{(60-39)^3} = 0.0348$$

$$\text{var}(L_A) = \frac{\left(N - \sum_{i=1}^{r} n_{iM}\right)\left(\sum_{i=1}^{r} n_{iM} + \max(C_j) - 2 \times \Sigma' n_{iM}\right)}{\left[N - \max(C_j)\right]^3}$$

$$= \frac{\left[60-(15+31)\right]\left[(15+31)+37-2\times31\right]}{(60-37)^3} = 0.0242$$

为了求取预测性下限 λ_{B0} 和 λ_{A0}，直接查阅附表2，$p=0.05$ 对应的 z 值落在 $1.64 \sim 1.65$ 之间，取 $z_{p=0.05}=1.645$。然后进行以下计算：

由于 $z_{p=0.05} = \dfrac{L_B - \lambda_{B0}}{\sqrt{\text{var}(L_B)}}$，因此有：

$$\lambda_{B0} = L_B - z_{p=0.05} \times \sqrt{\text{var}(L_B)} = 0.333 - 1.645 \times \sqrt{0.0348} = 0.026$$

同理，$\lambda_{A0} = L_A - z_{p=0.05} \times \sqrt{\text{var}(L_A)} = 0.391 - 1.645 \times \sqrt{0.0242} = 0.135$

以上计算结果表明，川金丝猴和黄喉貂之间存在双向非对称关联，两个物种都倾向于出现在对方的活动区中。其中，川金丝猴对黄喉貂的空间分布预测率在 2.6%～33.3%之间（$L_B=0.333$，$\lambda_{B0}=0.026$，$p \leqslant 0.05$），黄喉貂对川金丝猴的预测率在 13.5%～39.1%之间（$L_A=0.391$，$\lambda_{A0}=0.135$，$p \leqslant 0.05$）；在空间分布上，黄喉貂对川金丝猴的吸引力大于川金丝猴对黄喉貂的吸引力，川金丝猴更倾向于出现在黄喉貂的活动区中。

3.4　方法选择检索表

1. 要检测变量关系的属性（即是否对称）

　　（1）是 …………………………………非对称关联兰布达系数 L_B（3.3 节）

　　（2）否 …………………………………………………………… 2

2. 每个变量的表现形式有

　　（3）2 种 …………………………………… 佛爱系数 $r_\varnothing$（3.1 节）

　　（4）多于 2 种 …………………………… 克莱姆系数 C（3.2 节）

第 4 章

变量间的相关关系检验 II：等级型数据

本章介绍 4 种适用于等级型数据的变量关系检验方法，包括斯皮尔曼秩相关系数（Spearman Rank correlation coefficient）r_s、肯德尔偏秩相关系数（Kendall Partial rank-order correlation coefficient）$T_{xy,z}$、非对称关联萨默斯指数（Somers' index of asymmetric association）d_{BA}、肯德尔和谐系数（Kendall coefficient of concordance）W。其中，斯皮尔曼秩相关系数是最早研究出来的检验变量间关系的方法，应用也最广泛，尤其在野外动物学研究中。与检测能力最强的参数统计方法——皮尔逊积矩相关系数（见第 5 章）相比，如果皮尔逊积矩相关系数能够检测出 100 种相关情况，斯皮尔曼秩相关系数则能检测出其中的 91 种，因此它的效力是皮尔逊积矩相关系数的 91%。如果两个变量间的关系受到第三个变量的影响，斯皮尔曼秩相关系数就不适用了。例如，在人类行为研究中，当我们检验中小学生的身高与词汇量的相关关系时，我们会得到这两个变量存在显著相关关系的滑稽结论。它们之间的关系实际上是第三个变量，即年龄造成的。年龄越大，身体越高；年龄越大，词汇量积累越多。身高与词汇量实际上没有关系。这里举的是极端例子。在实际研究中，某个变量常常对另外一对变量的关系产生影响。如果在理论研究中发现这种影响，就必须通过实验方法将其去掉。但是，在许多情况下，无法人为去除这个变量的影响。例如，在野外行为学研究中，婴幼猴的社会地位除与其攻击能力有紧密关系外，还受到小猴母亲的社会地位的影响，但是研究者无法将母猴去除。这时，可以借助肯德尔偏秩相关系数方法来解决问题。与第 3 章介绍过的兰布达系数检验一样，非对称关联萨默斯指数可以用于检验一个变量对另一个变量的预测性，因此特别适合研究动物行为。区别在于兰布达检验适用于分类型数据，非对称关联萨默斯指数适用于等级型数据。肯德尔和谐系数则用于检验 3 个或多个变量间的关系。本章介绍的几种方法的检索表见 4.5 节。

4.1　斯皮尔曼秩相关系数 r_s

这个方法检验的零假设 H_0 是两个变量间没有相关关系。由于它只适用于等级型数据，因此要求需要检验的两个变量中至少有一个属于等级型数据。如果另一个变量是分类型数据，则不能用此方法，要将等级型数据降级为分类型数据，然后回到第 3 章寻找相应的方法；如果另一个变量是间隔型或比例型数据，则需要对其进行等级化（见下段），然后进行斯皮尔曼秩相关系数 r_s 的计算。

在斯皮尔曼秩相关系数检验中，要将数据按表 4.1 进行排列。

表 4.1　斯皮尔曼秩相关系数数据排列表

采样单元	变量 x		变量 y		$d(R_x-R_y)$	d^2
	原始数据	等级（ R_x ）	原始数据	等级（ R_y ）		
A	n_{ax}	R_{ax}	n_{ay}	R_{ay}	d_A	d_A^2
B	n_{bx}	R_{bx}	n_{by}	R_{by}	d_B	d_B^2
⋮	⋮	⋮	⋮	⋮	⋮	⋮
N	n_{Nx}	R_{Nx}	n_{Ny}	R_{Ny}	d_N	d_N^2
总和						$\sum d^2$

从表 4.1 中可以看出，数据的排列方式与第 3 章所述 3 种处理分类型数据的统计学方法不同。在这里，两个变量平行排列，而不是对应排列。两个变量的关系体现在每个采样单元中。在野外采集到数据 $\{n_{ax},n_{bx},\cdots,n_{Nx}\}$ 和 $\{n_{ay},n_{by},\cdots,n_{Ny}\}$ 后填入表中。如果原始数据本身就是等级型数据，可以省略等级列 R_x 和 R_y，直接计算 d、 d^2 和下面的 r_s。如果数据是间隔型或者比例型，就要先将数据进行等级化。在斯皮尔曼秩相关系数检验中，数据等级化（data ranking）过程：假设变量 x 需要进行等级化，先将表 4.1 中的变量 x 中的数据按从小到大的顺序依次排列，然后分等级。假设这组原始数据是 {1.5,2.3,10.1,4.0}，等级化后的数据变成 {1,2,4,3}。如果原始数据中有相同数据，这种情况称为关联观察值（tied observations）。对于关联观察值，等级化时相同数值要分别占据不同等级，然后将等级的分值进行平均。例如，将一组数据 {1.5,2.3,2.3,5.0,5.0,10.1,5.0} 进行等级化时，这组数据总共有 7 个数字，因此从小到大有 7 个等级，分值为 1~7。1.5 最小，等级分值为 1；2.3 次之，但有两个 2.3，因此分别占据等级 2 和 3，平均后分值各为 2.5；5.0 再次之，但有 3 个 5.0，分别占据等级 4、5 和 6，平均后等级分值为 5.0；10.1 最大，等级分值为 7。因此，等级化后这组数据变成 {1,2.5,2.5,5.0,5.0,7,5.0}。当两个变量均为间隔型或者比例型数据，但数据不符合

正态分布或研究者不知道数据是否符合正态分布时，两个变量都要进行等级化处理，然后使用本方法。这时，数据表变成表 4.1 的形式。d 为变量 x 与变量 y 同行（相同采样单元）的等级分值差。例如，$d_A = R_{ax} - R_{ay}$（两个变量都经过等级化处理），$d_A = R_{ax} - n_{ay}$（变量 x 经过等级化处理），$d_A = n_{ax} - R_{ay}$（变量 y 经过等级化处理），或者 $d_A = n_{ax} - n_{ay}$（两个变量的原始数据都是等级型）。将各差值分别平方得到 d^2，然后进行相关系数 r_s 的计算。当数据组中没有关联观察值时，斯皮尔曼秩相关系数采用式（4.1a）计算：

$$r_s = 1 - \left[\frac{6 \sum d^2}{N^3 - N} \right] \tag{4.1a}$$

如果出现关联观察值，则用式（4.1a）的修正式（4.1b）计算：

$$r_s = \frac{\sum x^2 + \sum y^2 - \sum d^2}{2\sqrt{\sum x^2 \sum y^2}} \tag{4.1b}$$

式中，x^2 和 y^2 分别为表 4.1 中的 n_x 和 n_y（原始数据均为等级型时）或 R_x 和 R_y（数据经过等级型处理时）。在关联观察值不多的情况下，用式（4.1a）与式（4.1b）计算出的 r_s 差异不大，因此一些统计学书籍没有将关联观察值的计算区分出来。然而，如果这种情况占总样本比例较大时，区分不同的 r_s 的计算是有意义的（见后面进一步论述）。计算出 r_s 后，查附表 3 以求显著性。基于相应的样本量 $n(n = N)$，如果统计值 r_s 小于表中显著性 $p = 0.05$ 所对应的临界值，则接受零假设，表明两个变量间没有显著性相关；如果等于或大于此临界值，则拒绝零假设，接受备择假设，表明两个变量存在着显著性相关。

如果 n 很大，附表 3 没有提供与 N 相关的临界数据，则进行下列 z 计算：

$$z = r_s \sqrt{n - 1} \tag{4.2}$$

然后查阅附表 2 以求显著性。在附表 2 的 b 部分中，通过计算出来的 z 值可以直接快速查到零假设成立的可能性。当 $z > 1.960$（双侧检验）或者 $z > 1.645$（单侧检验）时，可以放弃零假设，接受备择假设，表明两个变量间存在显著性差异（双侧检验）或者一个变量显著大于另一个变量（单侧检验）。

在实际研究中，研究者需要考虑相关性的性质，即是正相关还是负相关。上述计算没有给出相关性的性质。判断这种性质的方法如下：将变量 x 和变量 y 的等级数据 R_x 和 R_y 分别从小到大进行排序，然后看 R_x 和 R_y 的变化趋势是否一致，如果变化趋势一致，表明两个变量相互随对方增大而增大，是正相关；如果变化趋势相反，则表明是负相关。相关系数（包括斯皮尔曼秩相关系数 r_s 及第 5 章的皮尔逊积矩相关系数 r）的大小涉及统计结果的描述，表 4.2 给出一个大致的参考。

表 4.2 相关系数的力度

相关系数的绝对值的大小	含义
0.00~0.19	非常弱的相关性
0.20~0.39	弱相关性
0.40~0.69	适中相关性
0.70~0.89	强相关性
0.90~1.00	非常强的相关性

例 4.1 广西西南部的白头叶猴生活在一夫多妻制家庭群中，成年雄性的竞争力大小直接决定它们能够拥有的妻子数和繁殖小猴的数量，因此研究者用群体大小来代表繁殖雄性的竞争力。另外，繁殖雄性的竞争力大小决定其家域中的生境质量，竞争力越大，能够拥有的家域生境质量越好。依据植被外观和人为干扰的频率，研究者对各猴群家域内生境质量进行打分。为了检验竞争力与生境质量的关系，研究者采集研究区域内猴群的群大小（由于处于动态变化中，群大小取平均数）和生境质量的数据，见表 4.3。

表 4.3 广西扶绥白头叶猴雄性竞争力对家域生境质量的决定作用（Li et al., 2005）

猴群	群大小 X	等级 $X(R_x)$	家域生境质量 $Y(R_y)$	等级 Y	d	d^2
GA2	6.2	3	2	3	0	0
GA3	14.5	9	4	8	1	1
GA4	10.0	6	3	5	1	1
GA5	7.5	4	3	5	−1	1
GA6	11.5	7	4	8	−1	1
GA7	9.5	5	3	5	0	0
GA8	4.5	2	1	1.5	0.5	0.25
GALN	12.0	8	4	8	0	0
GAGL	4.0	1	1	1.5	−0.5	0.25
总和	—	—	—	—	—	4.5

这里，研究者研究的是群体行为，一个猴群为一个采样单元。平均群大小 X 和生境质量 Y 都是等级型数据。但是，两个因子等级不同，需要进行等级化处理。首先将 X 等级化，即从最小数据往最大数据进行排列，并从 1 开始依次往上给分。共有 9 群猴子（$N=9$），所以最高给 9 分。在变量 X 中没有关联观察值，每个数据占据一个等级。在 Y 的等级化过程中，分值 1 为最低等级，共有两个，分别占据等级 1 和等级 2，分值进行平均后分别为 1.5；往上分值为 2，但只有一个数据，因此独占等级 3，转化后分值为 3；再往上为 3，共有 3 个，占据等级 4、等级 5

和等级 6，平均后分值各为 5；最高分值为 4，也有 3 个数字，占据等级 7、等级 8 和等级 9，平均后分值各为 8。

在每个采样单元（即每个猴群）中计算 $d=$ 等级 $X-$ 等级 Y，然后计算每个 d 值的平方 d^2，d^2 的总和为 $\sum d^2$。

至此，首先用式（4.1a）计算，得到 $r_s = 0.962\ 5$。本例中，由于变量 Y 有关联观察值，因此用修正式（4.1b）再计算，得到 $r_s = 0.992\ 1$。由于样本量不大，不必计算 z 值，可以直接查附表 3：$n=9$，双侧，$p<0.01$。因此拒绝零假设（H_0：两个变量间不存在相关性），接受备择假设，表明雄性的竞争力与其拥有的生境质量有极显著相关性。

用普通式（4.1a）和修正式（4.1b）计算出的两个系数 $r_s = 0.962\ 5$ 和 $r_s = 0.992\ 1$ 表明，利用修正式实际上提高了相关系数。从理论上说，当出现关联观察值时，应该使用修正式，以提高统计检测精度。

4.2　肯德尔偏秩相关系数 $T_{xy,z}$

当两个变量间的关系受到第三个变量的影响时，斯皮尔曼秩相关系数给出的 r_s 不能反映这两个变量的实际关系。例如，当检验某种药物对动物行为的影响时，可能由于不同个体的遗传背景不同，药物对动物产生的影响也不同。如果这时用斯皮尔曼秩相关系数，可能检验不出这种药物与动物行为的确切关系。在实验科学里，第三变量的影响问题通常可以通过实验控制来消除。例如，通过品系选育（近交），可以使小鼠的遗传背景纯化，使所有同龄同性别个体对同剂量的药物反应一致。然而，在观察科学中，研究者常常无法控制第三变量的影响。这时，可以求助肯德尔偏秩相关系数 $T_{xy,z}$。该方法的零假设 H_0 为控制第三变量 Z 后，变量 X 和变量 Y 相互独立，即 $T_{xy,z} = 0$；备择假设 H_1 为控制变量 Z 后，变量 X 和变量 Y 不独立，即 $T_{xy,z} \neq 0$。

与斯皮尔曼秩相关系数相同，肯德尔偏秩相关系数也适用于等级型数据。如果变量中有一个是等级型数据，另一个是间隔型或比例型数据，这时要将间隔型或比例型数据等级化，使其成为等级型数据；如果两个变量都是间隔型或比例型数据，但因为其他原因无法进行参数统计检验（见第 2 章），则需将两个变量的数据都进行等级化处理，然后进行计算。计算方法分小样本和大样本两种情况。

4.2.1　小样本

1）假设有 3 个变量，分别为变量 X、变量 Y 和变量 Z；采样单元有 4 个，分别为 a、b、c 和 d；每个变量的表现可以分为 4 个等级，在不同采样单元中表现的等级不同，等级从最低到最高的分值依次为 1、2、3 和 4；要研究的是变量 X 和变量 Y 的关系，但变量 Z 对这个关系有影响。要消除变量 Z 的影响，从而检验出变量 X 和变量 Y 的真实关系，将数据按表 4.4 排列。

表 4.4　肯德尔偏秩相关系数检验原始数据排列表

采样单元	a	b	c	d
变量 Z	1	2	3	4
变量 X	3	1	2	4
变量 Y	2	1	3	4

其中，变量 Z 的数据按照从小到大自然顺序排列。这种排列的作用在于将变量 Z 的变化固定下来，使其降低对变量 X 和变量 Y 的关系的影响。

2）对采样单元两两组合。从表 4.4 数据得到(a,b)、(a,c)、…、(c,d)，总共有 6 对组合。在每一对组合中，如果数据的等级上升（例如，Z 中的(a,b)从 1 到 2），就给这个组合一个正号（+）；如果下降（例如，变量 X 中的(a,b)从 3 到 1），就给这个组合一个负号（−）。经过这种处理后，得到表 4.5。

表 4.5　肯德尔偏秩相关系数检验中数据变化趋势排列表

等级	组合					
	(a,b)	(a,c)	(a,d)	(b,c)	(b,d)	(c,d)
Z	+	+	+	+	+	+
X	−	−	+	+	+	+
Y	−	+	+	+	+	+

表 4.5 显示，变量 Z 的所有组合都是正号，已经没有任何变化，对变量 X 和变量 Y 的噪声作用已经消除。因此，可以将变量 Z 作为标准，将表中信息转化为一个 2×2 列联表，见表 4.6。

表 4.6　肯德尔偏秩相关系数计算列联表

变量 X 组合	变量 Y 组合		总和
	与变量 Z 符号一致的组合数	与变量 Z 符号不同的组合数	
与变量 Z 符号一致的组合数	$A(=4)$	$B(=0)$	$A+B(=4+0=4)$
与变量 Z 符号不同的组合数	$C(=1)$	$D(=1)$	$C+D(=1+1=2)$
总和	$A+C(=4+1=5)$	$B+D(=0+1=1)$	$\binom{N}{2}=6$

表 4.6 中，A 是变量 X 的符号与变量 Z 的符号相同（变量 X 为正号）的同时，变量 Y 的符号也与变量 Z 相同（变量 Y 为正号）的组合数，等于 4，分别为(a,d)、(b,c)、(b,d)和(c,d)，因此这个格子的得分为 4。B 是变量 X 与变量 Z 一致（变量 X 为正号）、变量 Y 与变量 Z 不一致（变量 Y 为负号）的组合数，等于 0，因此这个格子的得分为 0。同理，C 的得分为 1，D 的得分也为 1。列联表中的 N 是样本量，即采样单元数，在这里是 4；$\begin{pmatrix} N \\ 2 \end{pmatrix}$ 表示 N 个采样单元两两配对后的组合数，$\begin{pmatrix} N \\ 2 \end{pmatrix} = \dfrac{N(N-1)}{2}$，在这里应该是 $\begin{pmatrix} 4 \\ 2 \end{pmatrix} = \dfrac{4 \times 3}{2} = 6$，即 4 个采样单元，两两组合后得到 6 个组合。

3）用下列公式计算肯德尔偏秩相关系数

$$T_{xy,z} = \frac{AD - BC}{\sqrt{(A+B)(C+D)(A+C)(B+D)}} \tag{4.3}$$

表 4.6 中数据的计算结果为

$$T_{xy,z} = \frac{4 \times 1 - 0 \times 1}{\sqrt{4 \times 2 \times 5 \times 1}} = 0.63$$

4）确定显著性。计算出 $T_{xy,z}$ 后，查附表 4。上面的数据结果是 $N = 4$，$T_{xy,z} = 0.63$ 显著性 p 为 0.1～0.2，小于 $p = 0.05$ 所对应的关键值 0.707，因此接受零假设 H_0，表明：变量 Z 固定后，变量 X 和变量 Y 相互独立，不存在显著相关关系，即当没有变量 Z 的影响时，变量 X 与变量 Y 没有相关关系。

4.2.2 大样本

上述的计算过程可以看出，肯德尔偏秩相关系数如何控制第三个变量以消除它对要研究的两个变量的关系的影响。同时也看到，这个过程的计算量很大。如果样本量再增加，计算量就会大得无法进行，因此式（4.3）及相关计算操作既困难又容易出错。为此，肯德尔推演出下列替代公式：

$$T_{xy,z} = \frac{T_{xy} - T_{xz} T_{yz}}{\sqrt{(1 - T_{xz}^2)(1 - T_{yz}^2)}} \tag{4.4}$$

式中，T_{xy} 为没有消除变量 Z 影响的情况下变量 X 与变量 Y 的相关关系；T_{xz} 为变量 X 与变量 Z 的相关关系；T_{yz} 为变量 Y 与变量 Z 的相关关系。

用式（4.4）计算出来的结果与用式（4.3）计算出的结果完全一样，但计算过程简单，尤其适用于大样本。用式（4.4）计算 $T_{xy,z}$，首先要计算 T（T_{xy}、T_{xz} 及 T_{yz}），公式如下：

$$T = \frac{2S}{N(N-1)} \tag{4.5a}$$

式中，N 为采样单元数（样本量）。

式（4.5a）中的 S 计算方法如下。

1）借用前面的数据，首先求 T_{xy}。为此，将变量 Z 的数据去掉，并以变量 X 为标准，将变量 X 的数据按自然顺序从小到大排列（表 4.7）。

表 4.7　肯德尔偏秩相关系数大样本检验中变量 X 与变量 Y 原始数据排列表

采样单元	b	c	a	d
变量 X	1	2	3	4
变量 Y	1	3	2	4

此时，从左往右，当右边的数据大时，在右边的数据下给一正号（+）。变量 Y 左边第 1 个数字是 1，第 2 个数字是 3，在 3 的下面给一正号（+）。继续往右，第 3 个数字是 2，比 1 高 1 个等级，在下面给一正号（+）。再往右到第 4 个数字是 4，与 1 比，上升了 3 级，因此 4 的下面仍然是正号（+）。这一行累计为 3 个正号，记为+3。计算过程见图 4.1。

变量 Y	1	3	2	4	行累计
	1→	+	+	+	+3
		3→	−	+	0
			2→	+	+1
				4→	0
				总和 $S_{x,y}$ =	+4

图 4.1　肯德尔偏秩相关系数大样本检验中 $S_{x,y}$ 的计算过程

往下一行，从变量 Y 第 2 个数字 3 开始往右比较，先是 2，下降了 1 个级数，因此 2 的下面给一个负号（−）；然后是 4，上升了 1 个级数，在 4 的下面给一个正号（+）。这一行的累计为(+1)+(−1)=0，即行累计等于 0。同理，用变量 Y 的第 3 个数字 2 和第 4 个数字 4 分别计算第 3 行和第 4 行的累计。各行累计分别为+3、0、+1 及 0，行累计的总和 $S_{x,y}$ 是+4，也是式（4.5a）中的 S 值。将 $S_{x,y}=+4$ 代入式（4.5a），得到

$$T_{xy} = \frac{2\times(+4)}{4\times 3} = 0.67$$

同理，求 T_{xz}。数据重排见表 4.8。

表 4.8   肯德尔偏秩相关系数大样本检验中变量 Z 与变量 X 原始数据排列表

采样单元	a	b	c	d
变量 Z	1	2	3	4
变量 X	3	1	2	4

比较后得到图 4.2。

```
变量 X        3           1           2           4          行累计
    3→        -           -           +            -1
    1→                    +           +           +2
    2→                                +           +1
    4→                                            0
                                      总和 S_{x,z} =   +2
```

图 4.2   肯德尔偏秩相关系数大样本检验中 $S_{x,z}$ 的计算过程

$S_{x,z} = +2$，代入式（4.5a），得 $T_{xz} = 0.33$。

用同样方法计算 T_{yz}，得 $S = +4$，$T_{yz} = 0.67$。

2）将 $T_{xy} = 0.67$、$T_{xz} = 0.33$、$T_{yz} = 0.67$ 代入式（4.4），得

$$T_{xy,z} = \frac{0.67 - 0.33 \times 0.67}{\sqrt{(1 - 0.33^2) \times (1 - 0.67^2)}} = \frac{0.45}{\sqrt{0.4911}} = 0.64$$

与利用式（4.3）计算出的结果几乎完全一样，但是运算过程简单得多。

4.2.3   肯德尔秩相关系数 T

利用式（4.5a）计算出的 T 值被称为肯德尔秩相关系数。它的零假设和备择假设与肯德尔偏秩相关系数一样，但在临界值数表使用上不同：肯德尔秩相关系数 T 使用附表 5 和附表 6，而肯德尔偏秩相关系数 $T_{xy,z}$ 使用附表 4。

在进行等级化处理中，如果出现关联观察值，就像在斯皮尔曼秩等级相关系数的等级化处理中一样，将各关联观察值放在相应的不同等级上，然后将这些等级分值进行平均。在有关联观察值的情况下，用修正式（4.5b）计算肯德尔秩相关系数 T：

$$T = \frac{2S}{\sqrt{N(N-1) - T_x}\sqrt{N(N-1) - T_y}} \tag{4.5b}$$

式中，S 与 N 的含义同 4.2.2 节；$T_x = \sum t(t-1)$，t 是变量 X 中关联观察值的数量；$T_y = \sum t(t-1)$，t 是变量 Y 中关联观察值的数量。例如，有一组数据 X 为 {1,3,3,3,5,6.5,6.5,8,9,10}，其中有 3 个 3、2 个 6.5；则 $T_x = 3 \times (3-1) + 2 \times (2-1) = 8$。

　　肯德尔秩相关系数 T 的作用与斯皮尔曼秩相关系数 r_s 完全相同，都只关注两个变量间的关系，不管第三个变量的影响。适合计算 r_s 的数据也适合计算 T，而且 r_s 能检测到的关系，T 也能检测到。但是，要特别注意 T 与 r_s 不能进行相关程度大小的比较，因为它们属于不同的衡量尺度。例如，当 $r_s=0.70$ 时，T 不一定等于 0.70。在其他统计学参考书中常常将肯德尔秩相关系数单独列出来。然而，由于它的计算量庞大，使用起来不如斯皮尔曼秩相关系数方便，因此本书不将其单列出来，只是作为肯德尔偏秩相关系数 $T_{xy,z}$ 的组成部分加以介绍。

　　由于 T 和 $T_{xy,z}$ 属于相同的衡量尺度，它们可以进行相关程度大小的比较。在上面假设的例子中，如果不考虑第三个变量 Z 的影响，变量 X 和变量 Y 的相关性 $T=0.67$。控制住 Z 的影响后，变量 X 和变量 Y 的关系 $T_{xy,z}=0.64$，说明变量 Z 对变量 X 和变量 Y 的关系影响程度为 0.03。

　　例 4.2　借用表 4.2 中的生境质量（分值从低到高依次为 1、2、3、4）、平均群大小（猴子只数/群），以及每只猴子拥有的活动区域面积（个体空间）的数据作为例子来说明肯德尔偏秩相关系数的使用方法及这种方法与其他变量关系分析方法的差异。数据详见表 4.9。

表 4.9　广西扶绥白头叶猴的生境质量、平均群大小和个体空间原始数据（Li et al., 2005）

猴群	GA2	GA3	GA4	GA5	GA6	GA7	GA8	GALN	GAGL
生境质量 Z	2	4	3	3	4	3	1	4	1
群大小 X	6	14.5	10	7.8	11.5	9.5	4.5	12	4
个体空间 Y/hm²	5.3	2.2	4.8	3.5	1.4	3.8	6.2	2.3	4.2

　　行为生态学的弹性圈理论认为，动物的家域随种群密度的增加而变小，即种群密度越大，群体的生活空间（家域）越小。弹性圈理论还没有得到广泛验证。它的验证有赖于研究者对个体所需的生存空间的认识：如果个体对生存空间的需求是仅仅满足其生存与繁衍所需的最小空间，那么，家域只依据群大小的变化而变化，这时个体生存空间就是一个恒量，弹性圈理论就不成立；如果个体需要的空间不是这个最小空间，除满足生存与繁衍外，还可能有部分空间供其"奢侈消费"，那么它就不是一个恒量，而是一个变量，弹性圈理论就成立。因此，有必要检验种群大小与个体空间的相关关系。但是，个体空间也随着生境质量的变化而变化（因为单位面积内食物量因生境质量不同），生境质量是影响这个关系的第三个变量。要消除生境质量的影响，使用肯德尔偏秩相关系数方法。

　　1）进行数据等级化处理。由于存在关联观察值，等级化时需要对等级分值进行平均（详见 4.1 节），结果见表 4.10。

表 4.10　广西扶绥白头叶猴的生境质量、平均群大小和个体空间等级化数据

猴群	GA2	GA3	GA4	GA5	GA6	GA7	GA8	GALN	GAGL
变量 Z	3	8	5	5	8	5	1.5	8	1.5
变量 X	3	9	6	4	7	5	2	8	1
变量 Y	8	2	7	4	1	5	9	3	6

2）用式（4.5a）计算群大小 X 和个体空间 Y 的肯德尔秩相关系数（在没有消除生境质量影响下的相关关系）T_{xy}，见图 4.3。

	GAGL	GA8	GA2	GA5	GA7	GA4	GA6	GALN	GA3	
变量 X	1	2	3	4	5	6	7	8	9	
变量 Y	6	9	8	4	5	7	1	3	2	行累计
	6→	+	+	−	−	+	−	−	−	−2
		9→	−	−	−	−	−	−	−	−7
			8→	−	−	−	−	−	−	−6
				4→	+	+	−	−	−	−1
					5→	+	−	−	−	−2
						7→	−	−	−	−3
							1→	+	+	+2
								3→	−	−1
									2→	0
								总和 $S_{x,y}=$		−20

图 4.3　X 与 Y 之间的肯德尔秩相关系数中 $S_{x,y}$ 的计算过程

$$T_{xy} = \frac{2S}{N(N-1)} = \frac{2 \times (-20)}{9 \times (9-1)} = -0.556$$

由于 $N=9$，查阅附表 5，$T_{xy}=-0.556$，$p=0.022$，拒绝零假设 H_0，接受备择假设 H_1：变量 X 和变量 Y 存在显著的负相关性，即群体越大，个体空间越小。

进一步计算群大小 X 与生境质量 Z 之间的关系 T_{xz} 及个体空间 Y 与生境质量之间的关系 T_{yz}（图 4.4 和图 4.5）。过程如下。

	GAGL	GA8	GA2	GA5	GA7	GA4	GA6	GALN	GA3	
变量 X	1	2	3	4	5	6	7	8	9	
变量 Z	1.5	1.5	3	5	5	5	8	8	8	行累计
	1.5→	0	+	+	+	+	+	+	+	+7
		1.5→	+	+	+	+	+	+	+	+7
			3→	+	+	+	+	+	+	+6
				5→	0	0	+	+	+	+3
					5→	0	+	+	+	+3
						5→	+	+	+	+3
							8→	0	0	0
								8→	0	0
									8→	0
								总和 $S_{x,z}=$		+29

图 4.4　X 与 Z 之间的肯德尔秩相关系数中 $S_{x,z}$ 的计算过程

	GA6	GA3	GALN	GA5	GA7	GAGL	GA4	GA2	GA8	
变量 Y	1	2	3	4	5	6	7	8	9	
变量 Z	8	8	8	5	5	1.5	5	3	1.5	行累计
	8→	0	0	−	−	−	−	−	−	−6
		8→	0	−	−	−	−	−	−	−6
			8→	−	−	−	−	−	−	−6
				5→	0	−	0	−	−	−3
					5→	−	0	−	−	−3
						1.5→	+	+	0	+2
							5→	−	−	−2
								3→	−	−1
									1.5→	0
								总和 $S_{x,z}=$		−25

图 4.5　Y 与 Z 之间的肯德尔秩相关系数中 $S_{y,z}$ 的计算过程

由于变量 Z 存在重复等级，T_{xz} 要用修正式（4.5b）计算；由于变量 X 没有重复等级，$T_x = 0$；变量 Z 有 3 个重复等级，分别是 1.5（2 个重复）、5（3 个重复）和 8（3 个重复），$T_z = 2\times(2-1)+3\times(3-1)+3\times(3-1)=14$。

$$T_{xz} = \frac{2S_{x,z}}{\sqrt{N(N-1)-T_x}\,\sqrt{N(N-1)-T_z}} = \frac{2\times29}{\sqrt{9\times(9-1)-0}\times\sqrt{9\times(9-1)-14}} = 0.898$$

结果表明，群大小与生境质量存在正相关性，因为群体越大，表明繁殖雄性的竞争实力越强，当然占据的生境质量也越好。

$T_y = 0$，$T_z = 14$（见上面对 T_{xz} 的计算），代入式（4.5b），得到

$$T_{yz} = \frac{2 \times (-25)}{\sqrt{9 \times (9-1) - 0} \times \sqrt{9 \times (9-1) - 14}} = -0.774$$

结果表明，个体空间与生境质量存在负相关性，因为生境质量越好，用于满足个体生存需要的空间就越小。

3）用式（4.4）计算生境质量 Z 的影响消除后群大小 X 与个体空间 Y 之间的相关关系 $T_{xy,z}$：

$$T_{xy,z} = \frac{T_{xy} - T_{xz} T_{yz}}{\sqrt{(1 - T_{xz}^2)(1 - T_{yz}^2)}} = \frac{(-0.556) - 0.898 \times (-0.774)}{\sqrt{(1 - 0.898^2) \times [1 - (-0.774)^2]}} = 0.498$$

结果表明，在没有生境质量的影响下，群大小与个体空间存在正相关性，因为群体越大，繁殖雄性的竞争实力越强，个体所能获得的空间也越大。

4）确定显著性。$T_{xy,z} = 0.498$，$N = 9$，查阅附表 4，$0.025 < p < 0.05$。可以推翻零假设 H_0，接受备择假设 H_1：变量 X（群大小）与变量 Y（个体空间）即使没有生境质量差异的影响，也存在显著的相关关系。

5）检验结果的解析。T_{xy} 与 $T_{xy,z}$ 的差异表明，生境质量的差异对群大小与个体空间的关系的影响表现在 3 个方面。①由于生境质量的影响，这个关系从正关系（$T_{xy,z} = 0.498$）变成了负关系（$T_{xy} = -0.556$）。当生境质量下降时，个体空间变大（因为个体需要更大的空间以获取足够的资源来满足其生存和繁衍）的同时，环境无法支撑大群体，或者说能够建立大群体的繁殖雄性不在生境质量低劣的地方生活，因此环境质量差的区域猴群群体变小。②由于生境质量的影响，个体空间与群大小的关系变得更为强烈（从 0.498 到 0.556）。③在消除生境质量的影响后，猴群犹如置于生境质量一致的区域中，这时个体空间与群大小表现出的正相关性表明，与竞争能力强的繁殖雄性生活在一起，白头叶猴可以获得更多的个体空间以供其"奢侈消费"。回到上面的问题，弹性圈理论得到了白头叶猴数据的支持。

4.3　非对称关联萨默斯指数 d_{BA}

非对称关联兰布达系数（3.3 节）用于检验一个变量对另一个变量的预测性，即当变量 X 出现时，变量 Y 出现的概率是否显著增加。这一节介绍的非对称关联萨默斯指数具有相同的功能，因此它也是研究动物行为序列最有用的方法。但非对称关联萨默斯指数适用于等级型数据，而非对称关联兰布达系数适用于分类型数据。非对称关联萨默斯指数的零假设 H_0：变量 A 对变量 B 没有任何影响，即 $\Delta_{BA} = 0$；备择假设 H_1 是 $\Delta_{BA} \neq 0$。与其他方法一样，我们无法知道数据总体的 Δ_{BA}，只能通过样本来对其进行估计。样本中，变量 A 对变量 B 的预测率记为 d_{BA}。要

计算 d_{BA}，首先将数据按照列联表 4.11 进行整理。

表 4.11　非对称关联萨默斯指数列联表

B	A				行总和
	A_1	A_2	$\cdots$	A_k	
B_1	n_{11}	n_{12}	$\cdots$	n_{1k}	R_1
B_2	n_{21}	n_{22}	$\cdots$	n_{2k}	R_2
$\vdots$	$\vdots$	$\vdots$	$\vdots$	$\vdots$	$\vdots$
B_r	n_{r1}	n_{r2}	$\cdots$	n_{rk}	R_r
列总和	C_1	C_2	$\cdots$	C_k	N

本列联表中，r 和 k 可以是大于等于 2 的任何数字，即该列联表是任何行数和列数的列联表。其中，$A_1, A_2, \cdots, A_k$ 是样本中变量 A 的不同表现程度（等级），而且 $A_1 < A_2 < \cdots < A_k$；$B_1, B_2, \cdots, B_r$ 是样本中变量 B 的不同表现程度（等级），而且 $B_1 < B_2 < \cdots < B_r$。如果有间隔型或比例型数据，首先将这些数据进行等级化处理（关于等级化处理，详见 4.1 节），然后整理到该列联表中。样本中，采样单元的总数是 N。在动物行为研究中，一个采样单元就是一次行为过程的记录。$n_{11}, n_{12}, \cdots, n_{rk}$ 是两个变量不同表现程度组合出现的频率（采样单元数）。$R_1, R_2, \cdots, R_r$ 为各行采样单元的总和，即行总和；$C_1, C_2, \cdots, C_k$ 是各列采样单元的总和，即列总和。在实际工作中，我们只要将每个采样单元中要研究的两个因子（如行为事件中的两个行为元素）的表现程度进行定义并且记录下来，然后将各种不同表现程度的组合及其出现的采样单元数计算出来，便可以制成这个列联表。

非对称关联萨默斯指数的原理可以用下列关系式来表达：

$$\Delta_{BA} = \frac{A 与 B 等级变化趋势吻合的可能性 - A 与 B 等级变化趋势不吻合的可能性}{一对观察值与 A 无关系的可能性}$$

在实际应用中，当使用采集到的样本数据进行非对称关联萨默斯指数的估计时，上述关系式就变成

$$d_{BA} = \frac{吻合数 - 不吻合数}{与变量 A 无关系的组合数}$$

当变量 A 表现的等级上升（或下降）时，变量 B 表现的等级也上升（或下降），这样的组合就是这个关系式中的吻合，这种组合出现的采样单元数即为吻合数；当变量 A 上升（或下降），变量 B 下降（或上升）时，就是不吻合，这种组合的采样单元数就是不吻合数。

吻合数和不吻合数的计算原理与肯德尔偏秩相关系数（4.2 节）中对等级变化的计算过程类似：变量 A 上升，变量 B 也上升，用正号 "+" 表示吻合，正号数

表示吻合数；变量 A 上升，变量 B 下降，用负号"−"表示不吻合，负号数表示不吻合数。经过推演得到下列公式：

$$d_{BA} = \frac{2 \times (\text{吻合数} - \text{不吻合数})}{N^2 - \sum_{i=1}^{k} C_j^2} \qquad (4.6)$$

吻合数（正号数）及不吻合数（负号数）的计算如下：

$$\text{吻合数} = \sum_{i,j} n_{ij} N_{ij}^+ \qquad (4.7)$$

式中，$i = 1, 2, \cdots, r-1$；$j = 1, 2, \cdots, k-1$；N_{ij}^+ 为列联表中第 ij 格子右下方的频率之和（图 4.6 中灰色部分）。

列联表从左到右，变量 A 的等级不断升高；从上到下，变量 B 的等级也不断升高。同样，在灰色区域，从第 ij 格子往右变量 A 不断升高的同时，往下变量 B 也不断升高，说明这两个变量的变化趋势是吻合的。

$$\text{不吻合数} = \sum_{ij} n_{ij} N_{ij}^- \qquad (4.8)$$

式中，$i = 1, 2, \cdots, r-1$；$j = 2, 3, \cdots, k$；N_{ij}^- 为列联表中第 ij 格子左下方的频率之和（图 4.6 中黑色部分）。

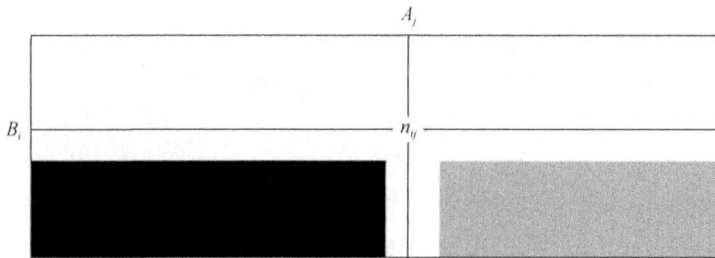

图 4.6　列联表数据分区示意图 1

列联表从左到右，变量 A 不断升高，从上到下，变量 B 也不断升高；但在黑色区域，从第 ij 格子往左变量 A 不断下降的同时，往下 B 不断升高，说明这两个变量的变化趋势是不吻合的。

通过上述列联表提供数据，用式（4.7）和式（4.8）计算得到吻合数和不吻合数，代入式（4.6）；式（4.6）中的 N、k 和 C 的值也能够从列联表中获得。这样，d_{BA}（样本中变量 A 的出现导致变量 B 出现的预期率）就可以计算出来，并用以作为对 Δ_{BA}（总体中变量 A 的出现导致变量 B 出现的预期率）的估计。当 $d_{BA} = 1$ 时，变量 A 的出现肯定预示着变量 B 的出现（但变量 B 出现时，变量 A 未必出现）；当 $d_{BA} = 0$ 时，变量 A 的出现完全无法预示变量 B 的出现（但这不等于变量 B 的出现也无法预示变量 A 的出现；变量 B 对变量 A 出现率的影响，用 d_{AB} 来衡量，计算方法相似，只是在列联表中录入不同的观察值而已）。d_{BA} 从 0 到 1 的变化过

程表示变量 A 对变量 B 出现率的不同程度的影响。

　　与其他统计学方法一样，最后需要检验 d_{BA} 的显著性。要检验这个显著性，首先用下列公式计算 d_{BA} 的方差：

$$\mathrm{var}(d_{BA}) = \frac{4\sum_{i=1}^{r}\sum_{j=1}^{k}n_{ij}(N_{ij}^{+}+M_{ij}^{+}-N_{ij}^{-}-M_{ij}^{-})^2}{\left(N^2-\sum_{j=1}^{k}C_{j}^{2}\right)^2} \tag{4.9}$$

式中，M_{ij}^{+} 为列联表中第 ij 格子左上方的频率之和（图 4.7 中黑色部分），代表反向吻合度：在黑色区域，随着变量 A 从第 ij 格子向左移动、等级不断下降的同时，变量 B 向上移动、等级也在不断下降。M_{ij}^{-} 为列联表中第 ij 格子右上方的频率之和（图 4.7 中灰色部分），代表反向不吻合度：在灰色区域，随着变量 A 从第 ij 格子向右移动、等级不断上升的同时，变量 B 向上移动、等级不断下降。

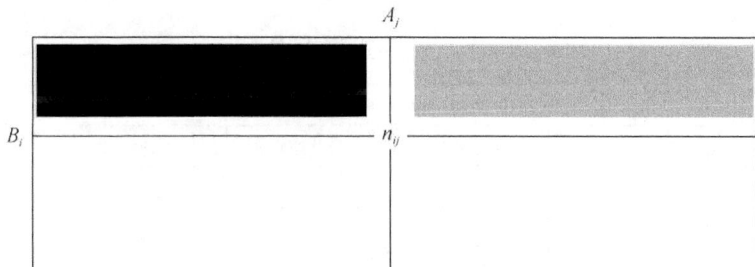

图 4.7　列联表数据分区示意图 2

M_{ij}^{+} 和 M_{ij}^{-} 的计算如下：

$$M_{ij}^{+} = \sum_{p=1}^{i-1}\sum_{q=1}^{j-1}n_{pq} \ (i=2,3,\cdots,r; j=2,3,\cdots,k) \tag{4.10}$$

$$M_{ij}^{-} = \sum_{p=1}^{i-1}\sum_{q=j+1}^{k}n_{pq} \ (i=2,3,\cdots,r; j=1,2,\cdots,k) \tag{4.11}$$

方差计算出来后，代入下列公式：

$$z = \frac{d_{BA}}{\sqrt{\mathrm{var}(d_{BA})}} \tag{4.12}$$

　　z 计算出来后，查附表 2，得到 d_{BA} 的显著性 p。当 $p \leqslant 0.05$ 时，拒绝零假设 H_0，接受备择假设 H_1：变量 A 的出现对变量 B 的出现有显著的预期性。

　　例 4.3　战争是人类一种触目惊心的行为。引起战争的因素很多，有文化、价值观、历史、资源和商业价值，还有战略。在南海的纷争中，除周边国家外，美国、俄罗斯和日本都参与进来。在长期的历史中，中国对南海宣示主权没有受到过挑战。但是，自从在南海发现大量的石油天然气以来，这里成了争议的焦点。除了石油和天然气，南海还是国际重要的海上通道和中国进出海洋的重要生命线。国际上遏制中国崛起的战略意图、资源争夺及海上商道安全的忧虑在这里持续发酵。尤其是 2010 年中国的 GDP 超过日本成为仅次于美国的全球第二个 GDP 大国以后，南海的纠纷迅速升温。为了演示如何使用非对称关联萨默斯指数来研究国际地缘战略问题，我们收集了古今中外 243 起冲突事件，并分析冲突地区的价值对战争的诱发作用。要指出的是，读者不能将此例作为判断国际形势的依据，因为这些数据不是按照专业研究方法采集到的，数据代表性可能存在问题。

在这 243 起冲突事件中，将冲突划分为 3 个等级：言语战、军事演习、实际交火。将冲突地区的战略价值分为 4 个等级：海/陆商道、重要资源、战略要塞及前 3 个要素的任何形式的组合。数据见表 4.12。

表 4.12　国际冲突案例分析

冲突形式	冲突地区的价值				总和
	海/陆商道	重要资源	战略要塞	≥2 种要素	
言语战	23	43	26	18	110
军事演习	8	13	14	25	60
实际交火	8	22	21	22	73
总和	39	78	61	65	243

1）首先用公式计算几个基本项 N_{ij}^+、N_{ij}^-、M_{ij}^+、M_{ij}^-，如下：

$$\begin{cases} n_{11} = 23 \\ N_{11}^+ = 13 + 14 + 25 + 22 + 21 + 22 = 117, M_{11}^+ = 0 \\ N_{11}^- = 0, M_{11}^- = 0 \end{cases}$$

$$\begin{cases} n_{12} = 43 \\ N_{12}^+ = 14 + 25 + 21 + 22 = 82, M_{12}^+ = 0 \\ N_{12}^- = 8 + 8 = 16, M_{12}^- = 0 \end{cases}$$

$$\begin{cases} n_{13} = 26 \\ N_{13}^+ = 25 + 22 = 47, M_{13}^+ = 0 \\ N_{13}^- = 8 + 13 + 8 + 22 = 51, M_{13}^- = 0 \end{cases}$$

$$\begin{cases} n_{14}=18 \\ N_{14}^+=0, M_{14}^+=0 \\ N_{14}^-=8+13+14+8+22+21=86, M_{14}^-=0 \end{cases}$$

$$\begin{cases} n_{21}=8 \\ N_{21}^+=22+21+22=65, M_{21}^+=0 \\ N_{21}^-=0, M_{21}^-=43+26+18=87 \end{cases}$$

$$\begin{cases} n_{22}=13 \\ N_{22}^+=21+22=43, M_{22}^+=23 \\ N_{22}^-=8, M_{22}^-=26+18=44 \end{cases}$$

$$\begin{cases} n_{23}=14 \\ N_{23}^+=22, M_{23}^+=23+43=66 \\ N_{23}^-=8+22=30, M_{23}^-=18 \end{cases}$$

$$\begin{cases} n_{24}=25 \\ N_{24}^+=0, M_{24}^+=23+43+26=92 \\ N_{24}^-=8+22+21=51, M_{24}^-=0 \end{cases}$$

$$\begin{cases} n_{31}=8 \\ N_{31}^+=0, M_{31}^+=0 \\ N_{31}^-=0, M_{31}^-=43+26+18+13+14+25=139 \end{cases}$$

$$\begin{cases} n_{32}=22 \\ N_{32}^+=0, M_{32}^+=23+8=31 \\ N_{32}^-=0, M_{32}^-=26+18+14+25=83 \end{cases}$$

$$\begin{cases} n_{33}=21 \\ N_{33}^+=0, M_{33}^+=23+43+8+13=87 \\ N_{33}^-=0, M_{33}^-=18+25=43 \end{cases}$$

$$\begin{cases} n_{34}=22 \\ N_{34}^+=0, M_{34}^+=23+43+26+8+13+14=127 \\ N_{34}^-=0, M_{34}^-=0 \end{cases}$$

2）用式（4.7）和式（4.8）计算吻合数和不吻合数，如下：

吻合数 $=\sum_{i,j} n_{ij} N_{ij}^+$

$$= n_{11}N_{11}^+ + n_{12}N_{12}^+ + n_{13}N_{13}^+ + n_{14}N_{14}^+ + n_{21}N_{21}^+ + n_{22}N_{22}^+ + n_{23}N_{23}^+ + n_{24}N_{24}^+$$
$$+ n_{31}N_{31}^+ + n_{32}N_{32}^+ + n_{33}N_{33}^+ + n_{34}N_{34}^+$$
$$= 23\times117 + 43\times82 + 26\times47 + 18\times0 + 8\times65 + 13\times43 + 14\times22$$
$$+ 25\times0 + 8\times0 + 22\times0 + 21\times0 + 22\times0$$
$$= 2\,691 + 3\,526 + 2\,912 + 0 + 520 + 559 + 308 + 0 + 0 + 0 + 0 + 0$$
$$= 8\,826$$

$$不吻合数 = \sum_{i,j} n_{ij}N_{ij}^-$$
$$= n_{11}N_{11}^- + n_{12}N_{12}^- + n_{13}N_{13}^- + n_{14}N_{14}^- + n_{21}N_{21}^- + n_{22}N_{22}^- + n_{23}N_{23}^- + n_{24}N_{24}^-$$
$$+ n_{31}N_{31}^- + n_{32}N_{32}^- + n_{33}N_{33}^- + n_{34}N_{34}^-$$
$$= 23\times0 + 43\times16 + 26\times51 + 18\times86 + 8\times0 + 13\times8 + 14\times30 + 25\times51$$
$$+ 8\times0 + 22\times0 + 21\times0 + 22\times0$$
$$= 0 + 688 + 1\,326 + 1\,548 + 0 + 104 + 420 + 1\,275 + 0 + 0 + 0 + 0$$
$$= 5\,361$$

3）将 $N=243$、吻合数和不吻合数代入式（4.6）计算非对称关联萨默斯指数，如下：

$$d_{BA} = \frac{2\times(吻合数-不吻合数)}{N^2 - \sum_{j=1}^k C_j^2} = \frac{2\times(8\,826-5\,361)}{243^2 - (39^2+78^2+61^2+65^2)} = \frac{6\,930}{43\,498} = 0.159$$

4）显著性检验。要检验这个结果，首先用式（4.9）计算非对称关联萨默斯指数方差。分子计算如下：

$$4\sum_{i=1}^r \sum_{j=1}^k n_{ij}\left(N_{ij}^+ + M_{ij}^+ - N_{ij}^- - M_{ij}^-\right)^2$$
$$= 4\Big[n_{11}\left(N_{11}^+ + M_{11}^+ - N_{11}^- - M_{11}^-\right)^2 + n_{12}\left(N_{12}^+ + M_{12}^+ - N_{12}^- - M_{12}^-\right)^2$$
$$+ n_{13}\left(N_{13}^+ + M_{13}^+ - N_{13}^- - M_{13}^-\right)^2 + n_{14}\left(N_{14}^+ + M_{14}^+ - N_{14}^- - M_{14}^-\right)^2$$
$$+ n_{21}\left(N_{21}^+ + M_{21}^+ - N_{21}^- - M_{21}^-\right)^2 + n_{22}\left(N_{22}^+ + M_{22}^+ - N_{22}^- - M_{22}^-\right)^2$$
$$+ n_{23}\left(N_{23}^+ + M_{23}^+ - N_{23}^- - M_{23}^-\right)^2 + n_{24}\left(N_{24}^+ + M_{24}^+ - N_{24}^- - M_{24}^-\right)^2$$
$$+ n_{31}\left(N_{31}^+ + M_{31}^+ - N_{31}^- - M_{31}^-\right)^2 + n_{32}\left(N_{32}^+ + M_{32}^+ - N_{32}^- - M_{32}^-\right)^2$$
$$+ n_{33}\left(N_{33}^+ + M_{33}^+ - N_{33}^- - M_{33}^-\right)^2 + n_{34}\left(N_{34}^+ + M_{34}^+ - N_{34}^- - M_{34}^-\right)^2\Big]$$
$$= 4\times\Big[23\times(117+0-0-0)^2 + 43\times(82+0-16-0)^2 + 26\times(47+0-51-0)^2$$
$$+ 18\times(0+0-86-0)^2 + 8\times(65+0-0-87)^2 + 13\times(43+23-8-44)^2$$
$$+ 14\times(22+66-30-18)^2 + 25\times(0+92-51-0)^2 + 8\times(0+0-0-139)^2$$
$$+ 22\times(0+31-0-83)^2 + 21\times(0+87-0-43)^2 + 22\times(0+127-0-0)^2\Big]$$

$$= 4 \times (314\,847 + 187\,308 + 416 + 133\,128 + 3\,872 + 2\,548 + 22\,400$$
$$+ 42\,025 + 154\,568 + 59\,488 + 40\,656 + 354\,838)$$
$$= 526\,4376$$

分母计算如下：

$$\left[N^2 - \sum_{j=1}^{k} C_j^2 \right]^2 = [243^2 - (39^2 + 78^2 + 61^2 + 65^2)]^2 = 1\,892\,076\,004$$

非对称关联萨默斯指数 d_{BA} 的方差为

$$\mathrm{var}(d_B) = \frac{4 \sum_{i=1}^{r} \sum_{j=1}^{k} n_{ij} (N_{ij}^+ + M_{ij}^+ - N_{ij}^- - M_{ij}^-)^2}{\left[N^2 - \sum_{j=1}^{k} C_j^2 \right]^2} = \frac{5\,264\,376}{1\,892\,076\,004} = 0.002\,8$$

将 $\mathrm{var}(d_{BA})$ 代入式（4.12）：

$$z = \frac{d_{BA}}{\sqrt{\mathrm{var}(d_{BA})}} = \frac{0.159}{\sqrt{0.002\,8}} = 3.00$$

将 $z = 3.00$ 代入附表 2，查得 d_{BA} 的显著性 $p = 0.0013$。

以上计算结果表明，冲突地区的价值对冲突出现的预示性，用非对称关联萨默斯指数表示为 0.159，而且这种预示性达到统计学通常接受的显著性水平。

4.4　肯德尔和谐系数 W

上面介绍的 3 种方法检验的是两个变量的关系。对于 3 个或者更多变量，这些方法只能将变量进行两两配对检验，这会导致巨大的计算量，同时违反统计学的相关原则。本节介绍的肯德尔和谐系数可以一次检验多个变量的关系。

事实上，在野外生物学研究中，很少检验多个变量的关系。在遇到众多因子时，通常通过理论分析，将多因子关系转变为两个因子的关系。因此，上面介绍的方法已经足够。多变量关系的问题常常出现在演化生物学中，如动物的形态解剖学特征。由于基因的一因多效性，在演化历史中，一个性状的消失导致控制这个性状的基因被淘汰，进而带走的是另外一些性状；或者说，一个性状得以保留，导致控制这个性状的基因得以保留，进而带来另外一些性状的出现。在这种情况下，性状出现成群的现象，需要解决多因子关系的统计学方法。但是，在形态解剖学中获得的数据常常是比例型数据，而且这些数据的变异性符合正态分布，因此通常使用的是参数统计方法。另外，随着不断将人类行为的研究内容引入动物行为的研究中，尤其是非人灵长类动物，肯德尔和谐系数可能会被越来越多地使用。在社会科学和行为科学中，多因子关系的分析很常见，如失业率，可能涉及很多因素，包括国际经济大气候、国内经济政策、就业者的能力建设等。面对这样的问题，肯德尔和谐系数就能帮上大忙。

在多因子关系中，最简单的是 3 个因子的关系。值得提醒的是，这里讨论多因子关系，不是指的多因子中两两之间的关系。如果读者感兴趣的是两两之间的关系，就要回到前面介绍过的方法。这里要解决的是多个因子同时发生的相互关系。例如，有 3 个因子 X、Y 和 Z。如果考虑的是变量 X 与变量 Y 或者变量 Z 的关系，就要用前面介绍过的方法。肯德尔和谐系数检验的是变量 X、变量 Y 和变量 Z 同时出现或者同时消失的可能性，即 3 个因子的总体吻合度，用 W 表示。

使用肯德尔和谐系数检验时，首先要将数据分置在下面的列联表（表 4.13）中。

表 4.13   肯德尔和谐系数列联表

变量	采样单元			
	单元 1	单元 2	⋯	单元 n
变量 1	O_{11}	O_{12}	⋯	O_{1n}
变量 2	O_{21}	O_{22}	⋯	O_{2n}
⋮	⋮	⋮		⋮
变量 k	O_{k1}	O_{k2}	⋯	O_{kn}
R_i	R_1	R_2	⋯	R_n
$\bar{R}_i$	$\bar{R}_1$	$\bar{R}_2$	⋯	$\bar{R}_n$

注：k 为变量数；n 为采样单元数；R_i 为第 i 个采样单元的等级总和；$\bar{R}_i$ 为这个采样单元的平均等级，即 R_i/k。

假设每个变量在采样单元中的等级是不同的，即没有相同的等级，那么

$$W = \frac{\sum_{i=1}^{n}(\bar{R}_i - \bar{R})^2}{n(n^2-1)/12} \qquad (4.13)$$

式中，$\bar{R}$ 为全部采样单元所有等级的平均，$\bar{R} = \dfrac{\sum_{i=1}^{n} R_i}{kn}$。

当 $3 \leq n \leq 7$ 及 $3 \leq k \leq 20$ 时，查附表 7。如果 W 等于或大于 $p=0.05$ 所对应的关键值时，拒绝零假设（H_0：变量间没有显著的关系），接受备择假设（H_1：变量间存在显著的关系）。当 $N>7$ 及 $K>20$ 时，用以下公式计算卡方：

$$\chi^2 = k(n-1)W \qquad (4.14)$$

然后查附表 1，以求显著性。这时，自由度 df $= n-1$。

例 4.4   假如有 6 个人来应聘某个职位，他们分别为 a、b、c、d、e 和 f；有 3 个行政总监对这 6 个申请人进行面试，分别为 X、Y 和 Z。面试的目的是要考察

申请人对工作的适合度，因此这 3 个行政总监对申请人评分，共分 6 个等级：1、2、3、4、5、6。要检验行政总监们的评分是否公正合理，要看他们是否从专业角度独立进行评判，而不是事先协商好给予某个申请人高分。

在进行相关计算前，首先解释这个例子，以帮助读者使用本方法。首先是 6 个申请人，他们是 6 个采样单元。从理论上说，每个行政总监侧重观察申请人的地方有所不同，如 X 可能注重处理事务的能力，Y 可能注重与顾客交流的能力，而 Z 可能注重团队精神。这些不同的侧重点就成了评判申请人优劣的不同指标，即统计学上的变量。因此，这 3 个行政总监可以看成 3 个变量。这 3 个行政总监对 6 个申请人进行的评分可以看成从 6 个采样单元中各采集到 3 个变量的观察值。要判断行政总监们的评分是否独立给出，只要检验这 3 个变量是否相互独立便可。

现在用肯德尔和谐系数检验 3 个变量（3 个行政总监的评判标准）间是否存在显著性相关关系（或变量间是否相互独立）。数据见表 4.14。

表 4.14　求职者应聘面试结果

评分者（变量）	申请人（采样单元）					
	a	b	c	d	e	f
X	1	6	3	2	5	4
Y	1	5	6	4	2	3
Z	6	3	2	5	4	1
R_i	8	14	11	11	11	8
$\overline{R}_i$	2.67	4.67	3.67	3.67	3.67	2.67

注：表中变量数 $k=3$，样本量 $n=6$。

1）用表中数据计算平均等级 $\overline{R}$：

$$\overline{R} = \frac{\sum_{i=1}^{n} R_i}{kn} = \frac{8+14+11+11+11+8}{18} = 3.5$$

2）用式（4.13）计算肯德尔和谐系数 W，如下：

$$W = \frac{\sum_{i=1}^{n}(\overline{R}_i - \overline{R})^2}{n(n^2-1)/12}$$

$$= \frac{(2.67-3.5)^2+(4.67-3.5)^2+(3.67-3.5)^2+(3.67-3.5)^2+(3.67-3.5)^2+(2.67-3.5)^2}{6\times(6^2-1)/12}$$

$$= \frac{0.6889+1.3689+0.0289+0.0289+0.0289+0.6889}{17.5}$$

$$= 0.162$$

3）确定显著性。由于 $k=3$，$n=6$，直接查附表 7，$W=0.162$ 小于 $p=0.05$ 时的关键值为 0.660，因此接受零假设（H_0：3 个变量间不存在显著性相关关系），表明 3 个行政总监对申请者的评判是独立做出的（各自出于自己的评判经验进行，事先没有协商）或者 3 个行政总监对申请人的评判标准是相互独立的。

4.5 方法选择检索表

1. 等待检验的变量有

    （1）两个 $\cdots\cdots\cdots\cdots\cdots\cdots\cdots\cdots\cdots\cdots\cdots\cdots\cdots\cdots\cdots\cdots\cdots\cdots\cdots$ 2
    （2）3 个或更多 $\cdots\cdots\cdots\cdots\cdots\cdots\cdots$ 肯德尔和谐系数 W（4.4 节）

2. 两个变量间的关系是否在理论上存在第三个变量的影响

    （3）是 $\cdots\cdots\cdots\cdots\cdots\cdots\cdots$ 肯德尔偏秩相关系数 $T_{xy,z}$（4.2 节）
    （4）否 $\cdots\cdots\cdots\cdots\cdots\cdots\cdots\cdots\cdots\cdots\cdots\cdots\cdots\cdots\cdots\cdots\cdots$ 3

3. 检验的是

    （5）两个变量的相关关系 $\cdots\cdots\cdots\cdots$ 斯皮尔曼秩相关关系数 r_s（4.1 节）
    （6）变量关系的属性（即是否对称）
    $\cdots\cdots\cdots\cdots\cdots\cdots\cdots\cdots\cdots\cdots\cdots\cdots$ 非对称关联萨默斯指数 d_{BA}（4.3 节）

第 5 章

变量间的相关关系检验Ⅲ：

间隔型和比例型数据

使用参数统计方法有两个条件：第一是数据必须是间隔型或者比例型；第二是数据必须符合正态分布特征。当数据为间隔型或者比例型时，要进行正态性检验（见 2.1.4 节）。如果发现需要进行数据转换，则先进行相关的数据转换（见 2.2.2 节），然后进行正态性检验。如果检验结果显示符合正态性，则采用参数统计检验；否则采用非参数统计检验。检验双变量关系的参数统计方法是皮尔逊积矩相关系数（即常说的相关分析）。皮尔逊积矩相关系数是参数统计检验方法，对数据类型和数据分布类型都有严格的要求，检验的是两个对称的变量间的关系。在可以使用皮尔逊积矩相关系数的情况下，继续使用斯皮尔曼积矩相关系数检验，就会损失数据的价值。如果数据不符合正态性，则需要先进行数据等级化，然后采用第 4 章介绍过的方法。方法选择检索表见 5.4 节。

采用皮尔逊积矩相关系数分析时，首先要了解协方差（covariance）的概念。

5.1 协 方 差

假设有变量 X 和变量 Y，研究者从 4 个采样单元中测量到以下数据（表 5.1）。

表 5.1 采样单元数据

X	Y
4	10
4	6
8	10
8	6

这里，有 4 对观察值，$n=4$；x 的平均数 $m_x = \sum x / 4 = 6$；y 的平均数 $m_y = \sum y / 4 = 8$。如果将 4 对观察值及两个平均数放入散点图中，得到图 5.1。平均数(6,8)在图中的位置被称为平均数中心。通过平均数中心可以分别划出一条与 X 轴及与 Y 轴平行的线，并形成新的坐标；4 对观察值形成的 4 个点 A、B、C、D 落在新坐标的 4 个象限中。

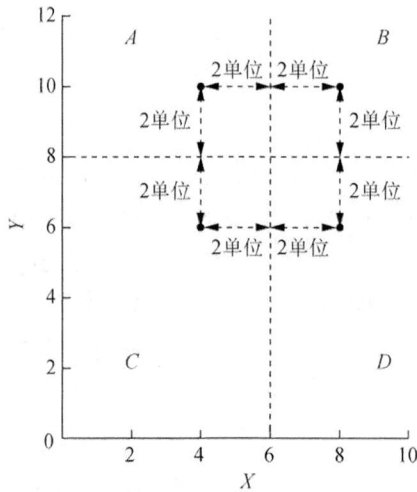

图 5.1 与平均数中心的离散

变量 X 各数值与 m_x 的离散程度及变量 Y 各数值与 m_y 的离散程度用其差值表示，结果见表 5.2。

表 5.2 离散程度的差值表示

象限	与 m_x 的离散		与 m_y 的离散	离散的乘积
A	−2	×	+2 =	−4
B	+2	×	+2 =	+4
C	−2	×	−2 =	+4

象限	与 m_x 的离散		与 m_y 的离散	离散的乘积
D	+2	×	−2 =	−4
	乘积之和 ＝ 0			

新坐标中每个点与平均数中心的差异是其与 m_x 的离散和与 m_y 的离散的乘积。相应地，在第 I 和第 III 象限（B 和 C）的乘积为正，即在 X 轴上的偏差越大/小，在 Y 轴上的偏差也越大/小；这种数值变化的联动性用于指示变量间的相关关系，因此变量 X 和变量 Y 呈现的是正相关关系。在第 II 和第 IV 象限（A 和 D）的乘积为负，即在 X 轴上的偏差越大/小，在 Y 轴上的偏差就越小/大，因此变量 X 和变量 Y 呈现负相关关系。如果研究者有大量的观察对象，那么变量 X 和变量 Y 的正负相关性可以表现为图 5.2（a）和（b）。

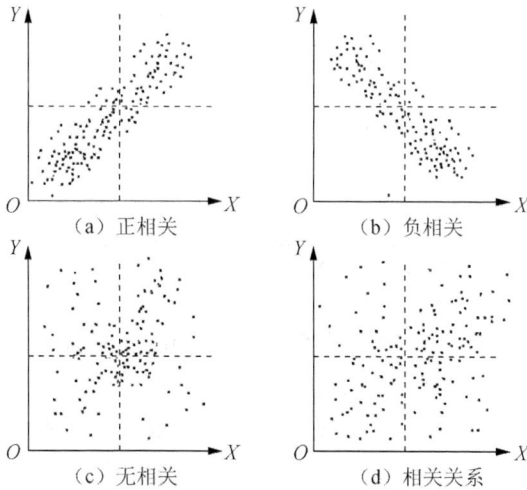

图 5.2　协方差思路

变量 X 和变量 Y 的数值呈现的变化联动性不仅在正相关的象限中，还在负相关的象限中。因此，要完整反映它们的联动性，就要求所有象限中的离散乘积的总和：$\sum (x - m_x)(y - m_y)$。这里，离散乘积之和 $\sum (x - m_x)(y - m_y) = 0$。

在这个例子里，由于数据高度对称（所有 4 个点距离平均数中心的正负离散都相等），因此离散乘积的总和为零。但在实际研究中，多数情况下，总和大于零或者小于零。将离散乘积的总和除以自由度（采样单元数 n 减去 1），得到一个衡量相关关系的重要指标，即协方差。因此，协方差的计算如下：

$$\text{Covar}_{x,y} = \frac{\sum (x - m_x)(y - m_y)}{n-1} \tag{5.1}$$

一些研究者建议用协方差来检验两个变量间的相关关系。然而，它的不足之处在于协方差的数值受测量数据所用单位的影响很大。为此，卡尔·皮尔逊（Karl Pearson）提出一个修正后的指标来指示两个变量间的相关关系，即皮尔逊积矩相关系数。

5.2 皮尔逊积矩相关系数

皮尔逊的修正很简单，就是将上述协方差除以变量 X 和变量 Y 的标准差的乘积，得到皮尔逊积矩相关系数 r。公式如下：

$$r = \frac{\dfrac{\sum (x - m_x)(y - m_y)}{n-1}}{S_x S_y} \tag{5.2}$$

式中，S_x 和 S_y 分别为变量 X 和变量 Y 的标准差。这个公式还可以变换成更易于计算的公式，如下：

$$r = \frac{n\sum xy - \sum x \sum y}{\sqrt{\left[n\sum x^2 - \left(\sum x\right)^2 \right]\left[n\sum y^2 - \left(\sum y\right)^2 \right]}} \tag{5.3}$$

系数 r 计算出来后查附表 8，在自由度 $df = (n-2)$ 的情况下，如果 r 小于其中 $p = 0.05$ 所对应的关键值，则接受零假设，放弃备择假设，表明这两个因子不存在相关性；如果 r 等于/大于这个关键值，则放弃零假设，接受备择假设，表明这两个因子存在显著相关性；如果 r 等于/大于 $p = 0.01$ 所对应的关键值，则表明这两个因子存在极显著的相关性。

例 5.1 为了弄清一种鱼的耳石长与体重之间在成长过程中是否存在关联，鱼类学家从河里打捞出 10 条该种鱼，测量其耳石长度与体重，采集到的数据见表 5.3。

表 5.3 鱼耳石长与体重数据

耳石长 X/mm	6.6	6.9	7.3	7.5	8.2	8.3	9.1	9.2	9.4	10.2
体重 Y/g	86	92	71	74	185	85	201	283	255	222

相关性检验过程如下：

1）两个变量的数据类型都属于比例型数据。因此，可以考虑用参数统计方法。通常，动物的体长和体重数据符合正态分布特征，但为了慎重，这里首先进行正态性检验（见 2.1.4 节）。

变量 X 的平均数：

$$m_x = \frac{6.6 + 6.9 + 7.3 + 7.5 + 8.2 + 8.3 + 9.1 + 9.2 + 9.4 + 10.2}{10} = 8.3$$

用式（2.1）计算变量 X 的标准差：

$$s_x = \sqrt{\frac{\sum (x - m_x)^2}{n-1}} = \sqrt{\frac{(6.6 - 8.3)^2 + (6.9 - 8.3)^2 + \cdots + (10.2 - 8.3)^2}{10 - 1}} = 1.2$$

类似计算得到变量 Y 的平均数 $m_y = 155.4$，变量 Y 的标准差 $s_y = 82.4$。

落在区间 $m_x \pm s_x$（7.1～9.5）的数据有 7 个，占 70%；落在区间 $m_y \pm s_y$（73～237.8）的数据有 8 个，占 80%。因此，数据分布符合正态性，可以进行参数统计检验。

2）皮尔逊相关分析。根据式（5.3）进行皮尔逊积矩相关系数的计算，结果见表 5.4。

表 5.4　皮尔逊积矩相关系数的计算结果

耳石长 X/mm	体重 Y/g	X^2	Y^2	XY
6.6	86	43.56	7 396	567.6
6.9	92	47.61	8 464	634.8
7.3	71	53.29	5 041	518.3
7.5	74	56.25	5 476	555.0
8.2	185	67.24	34 225	1 517.0
8.3	85	68.89	7 225	705.5
9.1	201	82.81	40 401	1 829.1
9.2	283	84.64	80 089	2 603.6
9.4	255	88.36	65 025	2 397.0
10.2	222	104.04	49 284	2 264.4
合计	82.7	1 554	696.69	302 626	13 592.3

$$\begin{cases} \sum X = 82.7, \sum Y = 1\,554, n = 10 \\ \left(\sum X \right)^2 = 6\,839.29, \left(\sum Y \right)^2 = 2\,414\,916, \sum XY = 13\,592.3 \\ \sum X^2 = 696.69, \sum Y^2 = 302\,626 \end{cases}$$

用式（5.3）计算皮尔逊积矩相关系数为

$$r = \frac{10 \times 13\,592.3 - 82.7 \times 1\,554}{\sqrt{[10 \times 696.69 - 6\,839.29][10 \times 302\,626 - 2\,414\,916]}} = 0.838\,6$$

3）确定显著性。查附表 8，在 $n = 10$，自由度 $df = n - 2 = 10 - 2 = 8$ 的情况下，$r = 0.838\,6$，大于显著性 $p = 0.01$ 所对应的关键值 0.765，因此放弃零假设，接受备择假设，表明这种鱼的耳石长与其体重呈极显著的相关关系。

从以上计算过程可以看出，皮尔逊积矩相关系数检验的计算量不大，过程也不复杂。如果研究者手头没有计算软件，在 Microsoft Excel 中就可以轻松计算。即使没有计算机，用纸、笔和一个科学计算器也能完成。

5.3　r^2 的含义

皮尔逊积矩相关系数 r 的平方 r^2 被称为确定系数（coefficient of determination），其含义：在一对变量间，一个变量的数据变异导致另一个变量的数据变异所占的比例。例如，上例中 $r = 0.838\,6$，则 $r^2 = 0.703$，表明变量 X（或者变量 Y）有 70.3% 的数据变异来源于变量 Y（或者变量 X）的影响。那么，剩余约 30% 的数据变异来源于其他变量的影响。

第 6 章

回 归 分 析

在第 3 章和第 4 章中，兰布达系数（3.3 节）和非对称关联萨默斯指数（4.3 节）用于检验一个变量对另一个变量的预测性。这里介绍的回归分析（regression analysis）用于同样的统计学目的。从多年的教学经历中发现，学生动辄使用回归分析来检验两个变量的相关关系。回归分析的真正用途是对数据的预测，即基于研究数据，建立两个变量间的方程，然后改变一个变量（自变量）的数值，通过这个方程预测另一个变量（因变量）的数值。回归分析对数据分布类型没有要求，检验的是不对称的变量间关系，即一个变量（自变量）对另一个变量（因变量）的决定性。决定性通常可以用趋势线表示。因此，读者在进行两个（对称）变量的相关分析时，如果数据符合正态分布，则采用皮尔逊积矩相关系数；如果数据不符合正态分布，则建议对数据进行等级化，然后使用斯皮尔曼秩相关系数（4.1 节）。只有在需要对某个变量的数值进行预测时，才采用回归分析。

适用于回归分析的数据为间隔型或者比例型，这些数据在分布类型上可以是正态分布型，也可以是其他分布类型，不受数据分布类型限制，相关步骤如下。

6.1 数据变化趋势与回归线

在研究中常常要对变量 X 和变量 Y 的关系进行检验，从而知道当变量 X 发生变化时，变量 Y 如何变化（预测变量 Y 随变量 X 变化的数值）。假设研究得到的数据见表 6.1。

表 6.1 变量 X 和变量 Y 的假设数据

X	1	2	2	2.5	3	3	3.5	4.5
Y	2	3	5	3.5	5	6	7	8

把这些数据呈现在散点图［图6.1（a）］中，看到由这些数据形成的点及这些点的分布表现出的变量 Y 随变量 X 的增加而增加的趋势。这里，由于数据的变异性较小，这些点所表现的变化趋势很容易凭肉眼观察到。当数据变异性较大时，这些点就会出现云状的分布，变化趋势就不容易直观看到，此时，需要画一条趋势线［图6.1（b）］。

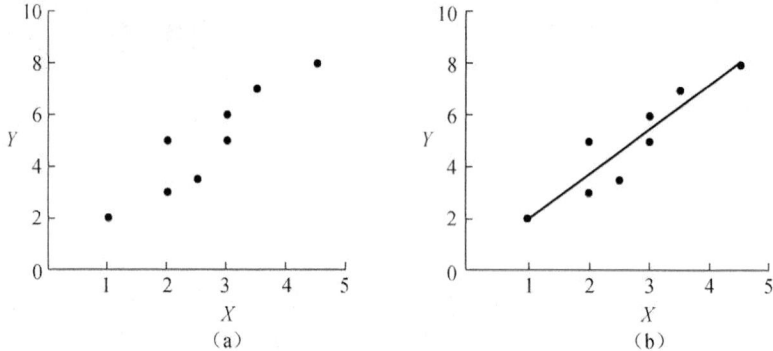

图 6.1　变异趋势与回归线

趋势线可以看成每当变量 X 增加一个单位时变量 Y 上升的幅度，计算公式为

$$Y = a + bX \tag{6.1}$$

式中，a 为趋势线与 Y 轴的交点$(0,y)$，即趋势线的初始高度；b 为斜率，也称回归系数。这个公式称为回归方程。基于这个回归方程的计算结果画出来的趋势线就是回归线。回归线画出来后，便可以预测当确定变量 X（自变量）的数值时，变量 Y（因变量）的值。当所有的点都落在回归线上时，变量 X 与变量 Y 之间就存在完美的直线式线性关系。

6.2　回归方程和回归线的建立

当变量 X 与变量 Y 之间存在着直线线性关系时，表6.1中任何两组数据(x_1, y_1)和(x_2, y_2)都可以用于计算回归方程，如下：

$$\begin{cases} y_1 = a + bx_1 \\ y_2 = a + bx_2 \end{cases}$$

解出这个方程组，便可求得 a 和 b 的值。

然而，直线线性关系通常存在于物理学中。在生物学、行为学和社会科学中，由于随机因素或者第三方因素的影响，在绝大多数情况下，图中的点不落在回归线上，而是偏离回归线，分布在回归线附近。这时，不能直接用所给表中的数值来计算上述方程组，而应把数据代入下列公式计算：

$$b = \frac{n\sum xy - \sum x \sum y}{n\sum x^2 - \left(\sum x\right)^2} \tag{6.2}$$

式中，n 为数据组数（散点图中的点数）。

$$a = m_y - bm_x \tag{6.3}$$

式中，m_y 和 m_x 分别为 Y 的平均数和 X 的平均数。

a 和 b 计算出来后，代入回归方程式（6.1），一个具体研究中的回归方程便建立起来。通过这个回归方程，赋予任何两个 X 值，便可计算得到相应的 Y 值，从而可以在散点图上标注相应的两个点，通过这两个点画出的直线便是本研究的回归线。在这条回归线上任何一个点都有对应 X 轴和 Y 轴的数值，Y 值便是我们根据 X 值要做出的预测值。

例 6.1 生物学家研究肥料对草产量的影响。假设在 10 个 $1m^2$ 的样地中，均匀散播草种，并施予不同量的肥料。2 个月后，把每块样地中的草收割、干燥、称重，得到的结果（假设数据）见表 6.2。

表 6.2　假设草产量数据表

变量 X（肥料量）/（g/m^2）	25	50	75	100	125	150	175	200	225	250
变量 Y（草产量）/（g/m^2）	84	80	90	154	148	169	206	244	212	248

1）根据式（6.2）和式（6.3），先求下列结果。

$$\begin{cases} m_x = 137.5,\ m_y = 163.5,\ n = 10 \\ \sum x = 1\,375,\ \sum y = 1\,635,\ \sum xy = 266\,650 \\ \left(\sum x\right)^2 = 1\,890\,625,\ \left(\sum y\right)^2 = 2\,673\,225 \\ \sum x^2 = 240\,625,\ \sum y^2 = 304\,157 \end{cases}$$

2）回归系数的计算。

$$b = \frac{n\sum xy - \sum x \sum y}{n\sum x^2 - \left(\sum x\right)^2} = \frac{(10 \times 266\,650) - (1\,375 \times 1\,635)}{(10 \times 240\,625) - 1\,890\,625} = \frac{418\,375}{515\,625} = 0.811\,4$$

3）回归方程的建立。

$$a = m_y - bm_x = 163.5 - (0.811\,4 \times 137.5) = 51.933$$

回归方程

$$y = 51.933 + 0.811\,4x$$

4）预测。假如想知道施肥 115g 时，草产量 Y 是多少，可以通过建立起来的回归方程来计算：

$$y = 51.933 + 0.811\ 4x = 51.933 + 0.811\ 4 \times 115 = 145.2(\text{g})$$

在进行预测时，要充分考虑到生物学、行为学、社会科学及其他学科领域中的一个普遍现象：在一个大范围里，变量 Y 随变量 X 的变化呈现出的不是直线关系，而是曲线。例如，在这个例子中，当施肥量在一定范围内，草产量会随施肥量的增加而增加；但是，当超过一定量时，肥料会将植物的根系"烧死"，从而导致产量下降，因此线条会弯曲下来（直线上升关系只存在于某个阈值下）。在这种情况下，稳妥的做法是所预测的点最好落在变量 X 的最初变化阶段里。

5）建立回归线。通过上述回归方程，任意设定两个 X 值，如 95 和 230，通过下面的计算：

$$y_1 = 51.933 + 0.811\ 4 \times 95 = 129.02$$
$$y_2 = 51.933 + 0.811\ 4 \times 230 = 238.56$$

从而得到两个点 $a(95,129)$ 和 $b(230,239)$。将这两个点标在散点图上，并通过它们画一直线，得到回归线（图 6.2）。

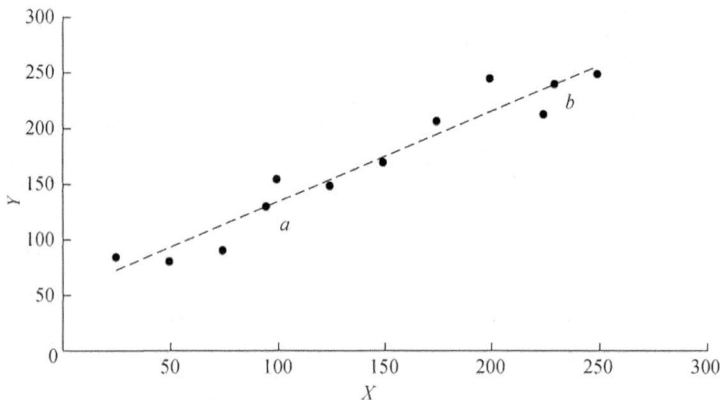

图 6.2　施肥量 X 与草产量 Y 的回归线

6.3　回归线的误差及其显著性

在上述例子中，通过建立起来的回归方程预测：当施肥量为 $X=115$g 时，草产量 $Y=145.2$g。然而，假设研究者在 1 000 块样地中各施肥 115g，肯定不会得到 1 000 个完全相同的产量（145.2g），而是得到 1 000 个围绕 145.2 的数值。因此，通过研究采集到的数据建立起来的回归线只是这组数据来源的总体中一系列回归线的一条，它不是总体的回归线，与总体回归线间存在着因为随机因素影响而产生的误差。误差的大小决定了这条回归线的意义，如果误差小，回归线有意义；否则没有意义。为此，要对回归线进行显著性检验，过程如下。

1）剩余方差的计算：

$$s_r^2 = \frac{1}{n-2} \times \left(SS_y - \frac{(SP_{x,y})^2}{SS_x} \right) \qquad (6.4)$$

式中

$$SS_y = \sum y^2 - \frac{\left(\sum y\right)^2}{n} \qquad (6.5)$$

$$SS_x = \sum x^2 - \frac{\left(\sum x\right)^2}{n} \qquad (6.6)$$

$$SP_{x,y} = \sum xy - \frac{\sum x \sum y}{n} \qquad (6.7)$$

用例 6.1 的数据进行相关计算，则有

$$SS_y = \sum y^2 - \frac{\left(\sum y\right)^2}{n} = 304\,157 - \frac{2\,673\,225}{10} = 36\,834.5$$

$$SS_x = \sum x^2 - \frac{\left(\sum x\right)^2}{n} = 240\,625 - \frac{1\,890\,625}{10} = 51\,562.5$$

$$SP_{x,y} = \sum xy - \frac{\sum x \sum y}{n} = 266\,650 - \frac{1\,375 \times 1\,635}{10} = 41\,837.5$$

$$s_r^2 = \frac{1}{n-2} \times \left(SS_y - \frac{(SP_{x,y})^2}{SS_x} \right) = \frac{1}{10-2} \times \left(36\,834.5 - \frac{41\,837.5^2}{51\,562.5} \right) = 360.98$$

2）回归系数 b 的标准误计算：

$$S.E._b = \sqrt{\frac{s_r^2}{SS_x}} \qquad (6.8)$$

例 6.1 的回归系数标准误相应为

$$S.E._b = \sqrt{\frac{s_r^2}{SS_x}} = \sqrt{\frac{360.98}{51\,562.5}} = 0.083\,67$$

3）t 值的估算：

$$t = \frac{b}{S.E._b} \qquad (6.9)$$

例 6.1 中，相应的计算为

$$t = \frac{b}{S.E._b} = \frac{0.811\,4}{0.083\,67} = 9.698$$

4）显著性的确定。在这里，自由度 $df = n-2$；相应地，例 6.1 的自由度为

$df = 10 - 2 = 8$。在相应的自由度下，比较计算出的 t 值和 t 分布表（附表 9）中相应的统计值：如果 t 值等于/大于显著性 $p = 0.05$ 所对应的统计值，则表明回归线具有显著意义，可以采用回归线来进行预测；否则，没有意义，研究者必须放弃回归线。例 6.1 的 $t = 9.698$（$df = 8$），远远大于 $p = 0.01$ 所对应的统计值 3.355（双侧检验）。因此，施肥量和草产量的回归线具有极显著意义，完全可用于预测草产量。

6.4　变量 Y 的估计值的置信区间

上面提到，如果在 1 000 块样地中各施肥 115g，会得到 1 000 个围绕 145.2 的数值。这些数据的变异有大有小，那么其中哪些数据可以认为是与上述回归线吻合的（因而是可以接受的）？统计学上用 95% 的置信区间（95% confidence limits）来估计，计算如下：

$$95\%\mathrm{C.L} = y' \pm t_{0.05} \times \sqrt{s_r^2 \times \left[1 + \left(\frac{1}{n}\right) + \frac{(x' - m_x)^2}{\mathrm{SS}_x}\right]} \tag{6.10}$$

式中，y' 为根据特定的 x 值（x'）用回归方程预测出来的 y 值；$t_{0.05}$ 为附表 9 中相应的自由度 df 和显著性 $p = 0.05$ 所对应的统计值。在例 6.1 中，$x' = 115$，$y' = 145.2$，$t_{0.05} = 2.306$（$df = 8$），95% 的置信区间为

$$95\%\mathrm{C.L} = y' \pm t_{0.05} \times \sqrt{s_r^2 \times \left[1 + \left(\frac{1}{n}\right) + \frac{(x' - m_x)^2}{\mathrm{SS}_x}\right]}$$

$$= 145.2 \pm 2.306 \times \sqrt{360.98 \times \left[1 + \left(\frac{1}{10}\right) + \frac{(115 - 137.5)^2}{51\,562.5}\right]}$$

$$= 145.2 \pm 45.97$$

最小 99.23（145.2-45.97），最大 191.17（145.2+45.97），即实验中得到的草产量数据 Y 只要落在 99.23 和 191.17 之间，就可以有 95% 的信心认为这些数据符合上述回归线的预测，并因此接受这些数据。

6.5　两条回归线之间的差异

研究者有时候要比较在不同条件下获得的两条回归线之间的差异性，如例 6.1 中施肥量对草产量的影响，研究者可能需要比较在旱季和雨季或者在阴坡和阳坡间的回归线的差异性；在云南蜱类研究中，我们需要比较干热河谷中雨季和旱季两种条件下温度对捕获率的影响。实际上，当条件不同时，相同的自变量对相同的因变量的影响程度（回归系数 b）常常会有变化。当这种变化出现时，就需要

检验差异的显著性，以确定不同条件对这两个变量关系的影响，检验步骤如下。

1）首先计算两种条件下的回归系数 b_1 和 b_2 及其差值。在例 6.1 中，$b_1 = 0.8114$。假设研究者在相同的 10 个地块中进行第二次实验，通过实验数据，用公式计算得到回归系数 $b_2 = 0.5221$。它们的差值为

$$(b_1 - b_2) = 0.8114 - 0.5221 = 0.2893$$

2）然后计算差值的标准误，公式如下：

$$\text{S.E.}_{(b_1 - b_2)} = \sqrt{\text{S.E.}_{b_1}^2 + \text{S.E.}_{b_2}^2} \tag{6.11}$$

例 6.1 中，$\text{S.E.}_{b1} = 0.08367$。假设第二次实验得到 $\text{S.E.}_{b2} = 0.08831$，则差值标准误为

$$\text{S.E.}_{(b_1 - b_2)} = \sqrt{0.08367^2 + 0.08831^2} = 0.1216$$

3）估计 t 值：

$$t = \frac{(b_1 - b_2)}{\text{S.E.}_{(b_1 - b_2)}} \tag{6.12}$$

相应地，上述例子中，有

$$t = \frac{0.2893}{0.1216} = 2.379$$

4）计算自由度：

$$\text{df} = (n_1 - 2) + (n_2 - 2)$$

上述例子中，$n_1 = 10$，$n_2 = 10$，有

$$\text{df} = (10 - 2) + (10 - 2) = 8 + 8 = 16$$

5）根据自由度，查附表 9：如果计算出的 t 值等于/大于表中 $p = 0.05$ 所对应的统计值，表明两条回归线的差异达到显著性；如果等于/大于表中 $p = 0.01$ 所对应的统计值，表明差异达到极显著水平。否则，表明两条回归线的差异不显著，条件的改变不足以影响自变量与因变量的关系。在施肥量和草产量的例子中，$t = 2.379$，$\text{df} = 16$，居于统计值 2.120（$p = 0.05$，双侧检验）和 2.921（$p = 0.01$）之间，表明两条回归线的差异是显著的，但没有达到极显著水平。

查表时使用双侧检验，是因为研究中没有假设施肥量对草产量的影响是正影响还是负影响。如果事先假设是正影响，则查表时应该采用单侧检验的统计值，这时计算出的 t 值所对应的显著性水平在 0.01 和 0.025 之间。

6.6 自变量对因变量的贡献率

许多研究者在报道回归分析的结果时，会提供一个 r^2 值。它不是回归分析得

出的结果（回归分析得到的回归方程或者回归线的显著性取决于 t 值），而是皮尔逊积矩相关系数 r 的平方，来源于皮尔逊积矩相关系数的分析计算。r^2 就是确定系数（见 5.3 节），它表明自变量对因变量的影响程度，即贡献率。假如 $r^2 = 0.645$，表明自变量 x 对因变量 y 的贡献率为 64.5%；那么，在因变量 y 的数值变异中，还有 35.5% 是其他因素导致的。

然而，在许多情况下，无法进行皮尔逊积矩相关系数检验，因此无法提供 r^2 值。例如，在上述施肥量对草产量的第一次实验中，自变量（施肥量）的数据为 25、50、75、100、125、150、175、200、225、250。这组数据是人为控制的施肥量，是典型的均匀分布，不是正态分布，因此不能对其进行皮尔逊积矩相关系数检验，无法得到 r 和 r^2。当然，在多数情况下，研究者通过野外随机采样获得 X 和 Y 两组数据（如动物体重 y 和领域内食物丰富度 x），这两组数据都可能符合正态分布，可以进行皮尔逊积矩相关系数检验，求出相关系数 r 和确定系数 r^2。

6.7　变量间的曲线关系和数据的转换

研究者在报道回归分析结果时，有时 X 轴上用的不是 x 的数值，而是其对数 $\log X$；或者 Y 轴上用的不是 y 的数值，而是其对数 $\log Y$；甚至两条轴上都是对数，而不是原始数值。这是因为原始数据呈现的是曲线关系，而不是直线关系。当 x 和 y 存在曲线关系时，散点图中的点与趋势线（直线）的离散程度大，这时建立起来的回归方程代表性低，可能没有意义。经过对数转换后，离散程度被大幅压缩到趋势线附近，所建立起来的回归方程就有代表性。

变量间的曲线关系广泛存在于生物学现象中。例如，上述例子的施肥量和草产量的关系，当施肥量大于某个阈值时，草产量的增长率开始下降，甚至产量绝对值下降；动物的死亡率与年龄（先高后低）、物种多样性与面积（多样性首先增长快，到一定程度后增长率下降）等也都呈现曲线关系。在分析这些变量对的关系时，首先判断哪些变量的变化呈现曲线形状，然后对呈现曲线变化的变量的数据进行对数转换，并建立对数回归方程。在进行数据预测时，首先用对数回归方程进行预测，预测得到的数值要进行反对数处理（通过指数计算进行反向转换，见 2.2.2 节），以还原为研究者需要的数据。

例 6.2　在一项两栖类死亡率的研究中，研究者将发育中的蛙卵放到池塘中，之后每隔两周清点存活的蝌蚪数，得到表 6.3 中（假设）数据。数据表明，存活蝌蚪数随时间减少，但减少的速率不是恒定的，而是呈现曲线下降趋势，即死亡率随着年龄增长下降 [图 6.3 （a）]。为此，对各期蝌蚪存活数进行对数转换，转换后的散布点明显接近直线分布 [图 6.3 （b）]。

表 6.3　两栖类死亡率数据表

周数 x	存活蝌蚪数 y	存活蝌蚪数的对数 y'
2	541	2.733 2
4	116	2.064 5
6	58	1.763 4
8	27	1.431 4
10	6	0.778 2
12	3	0.477 1

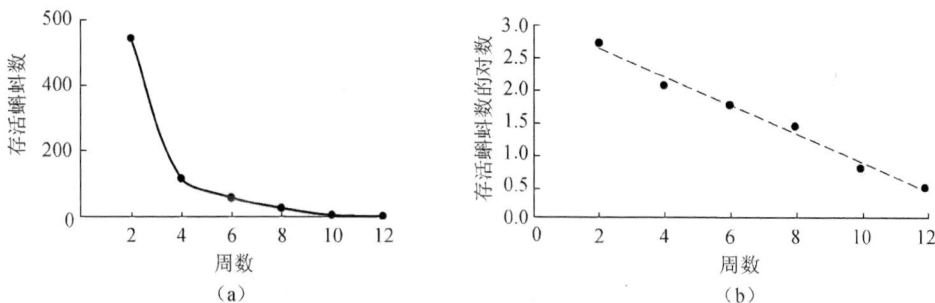

（a）　　　　　　　　　　　　　　　　（b）

图 6.3　蝌蚪存活数随时间的变化

回归分析过程如下。

1）建立回归方程。首先根据表 6.3 中数据计算，得到如下结果。

$$\begin{cases} \sum x = 42,\ \sum y' = 9.248,\ n = 6 \\ \left(\sum x\right)^2 = 1\,764,\ \left(\sum y'\right)^2 = 85.526,\ \sum xy' = 49.263\,2 \\ \sum x^2 = 364,\ \sum y'^2 = 17.724 \\ m_x = 7.0,\ \sum m_{y'} = 1.541\,3 \end{cases}$$

用式（6.2）计算回归系数：

$$b' = \frac{n\sum xy' - \sum x \sum y'}{n\sum x^2 - \left(\sum x\right)^2} = \frac{6 \times 49.263\,2 - 42 \times 9.248}{6 \times 364 - 1\,764} = \frac{-92.837}{420} = -0.221\,0$$

式中，b' 为蝌蚪存活数的对数 y' 的回归系数。

相应地，用式（6.3），有

$$a' = m_{y'} - b' m_x = 1.541\,3 - (-0.221\,0) \times 7.0 = 3.088\,3$$

因此，按式（6.1），对数回归方程为

$$y' = 3.088\,3 - 0.221\,0x$$

2）用式（6.4）～式（6.7）计算回归线的误差及其显著性。

$$SS_{y'} = \sum y'^2 - \frac{\left(\sum y'\right)^2}{n} = 17.724 - \frac{85.526}{6} = 3.469\ 7$$

$$SS_x = \sum x^2 - \frac{\left(\sum x\right)^2}{n} = 364 - \frac{176\ 4}{6} = 70$$

$$SP_{x,y'} = \sum xy' - \frac{\sum x \sum y'}{n} = 49.263\ 2 - \frac{42 \times 9.248}{6} = -15.472\ 8$$

$$s_r^2 = \frac{1}{n-2} \times \left(SS_{y'} - \frac{(SP_{x,y'})^2}{SS_x}\right) = \frac{1}{6-2} \times \left(3.469\ 7 - \frac{(-15.472\ 8)^2}{70}\right) = 0.012\ 4$$

用式（6.8）计算对数回归系数标准误，如下：

$$S.E._{\cdot b} = \sqrt{\frac{s_r^2}{SS_x}} = \sqrt{\frac{0.012\ 4}{70}} = 0.013\ 3$$

用式（6.9）估算 t 值 b'：

$$t = \frac{b'}{S.E._{\cdot b'}} = \frac{-0.221\ 0}{0.013\ 3} = -16.616\ 5$$

以上 t 值的负号表示负关系，查表时取其绝对值 16.616 5。在自由度 $df = n-2 = 6-2 = 4$ 的情况下查附表 9 得 $t = 16.616$，远远大于显著性 $p = 0.01$（双侧检验）所对应的统计值 4.604，表明回归线具有极显著意义，可以采用回归线来进行预测。

3）因变量预测。研究者要预测第三周的存活蝌蚪数，首先要预测第三周存活蝌蚪数的对数 y'，有

$$y' = 3.088\ 3 - 0.221\ 0x = 3.088\ 3 - 0.221\ 0 \times 3 = 2.42$$

然后进行反对数转换

$$y = 10^{y'} = 10^{2.42} = 263$$

即第三周应该有 263 只存活的蝌蚪。

如果研究者在第三周清点存活的蝌蚪数，得到的数据不是 263，就要判断实验数据是否可以接受。要进行判断，首先要用式（6.10）计算存活蝌蚪数的对数的 95%置信区间，如下：

$$95\%C.L = y' \pm t_{0.05} \times \sqrt{s_r^2 \times \left[1 + \left(\frac{1}{n}\right) + \frac{(x'-m_x)^2}{SS_x}\right]}$$

$$= 2.42 \pm 2.776 \times \sqrt{0.012\ 4 \times \left[1 + \frac{1}{6} + \frac{(3-7)^2}{70}\right]}$$

$$= 2.42 \pm 0.36$$

即存活蝌蚪数的对数的 95% 置信区间是 2.06~2.78。

然后，通过反对数计算存活蝌蚪数的 95% 置信区间，如下：

$$y=10^{2.06}=115 \quad （下限）$$
$$y=10^{2.78}=602 \quad （上限）$$

即存活的蝌蚪数只要落在 115~602，就可以认为符合回归方程的预期，并接受。当然，实际情况中，y 不会大于 541（第二周的存活蝌蚪数），只会小于这个数字。

例 6.2 中，研究者只将一个变量（因变量）的数据进行对数转换。在许多研究中，如果将两个变量（自变量和因变量）都进行对数转换，可能会进一步强化它们的线性关系。那么，研究者如何决定将哪个变量进行对数转换？是用组合（x 对 $\log y$）、（$\log x$ 对 y），还是（$\log x$ 对 $\log y$）进行回归分析？读者可以在回归分析前进行试验，将数据及其对数分别放到散点图中，选择散点分布最接近直线关系的组合。如果 x 和 y 的数据都呈现正态分布，则可以对每一组合（x 对 y、x 对 $\log y$、$\log x$ 对 y、$\log x$ 对 $\log y$）进行皮尔逊积矩相关系数检验，求出相关系数 r 和确定系数 r^2，然后选择 r^2 值最大的组合进行回归分析。

例 6.3　岛屿生物地理学理论认为岛屿的面积影响着岛屿上物种的数目，而且两者的关系不是线性关系。为了检验这一理论，研究者在英国海岸 8 个岛屿进行高等植物物种调查，并测量这些岛屿的面积。表 6.4 显示这些数据及其对数。

表 6.4　高等植物物种调查数据及其对数

岛屿	面积 x/acre	面积的自然对数 x'（$x'=\ln x$）	物种数 y	物种数的自然对数 y'（$y'=\ln y$）
Whalsay	1 580	7.523	164	5.10
Hascosay	269	5.594	122	4.80
Samphrey	72	4.277	67	4.20
Uynarey	21	3.044	70	4.25
Orfasay	9.5	2.251	43	3.76
Gruney	7.0	1.946	37	3.61
Kay Holm	2.0	0.693	23	3.14
Tinga Skerry	0.375	−0.981	18	2.89

注：1acre（英亩）≈ 4 046.86m²。

首先检验原始数据及其对数分布的正态性，发现原始数据符合正态分布，但其对数不符合，因此放弃相关系数和确定系数的计算，转而将表 6.4 中数据放置到散点图中帮助判断（图 6.4）。比较 4 种组合，即 y 对 x、$\ln y$ 对 x、y 对 $\ln x$ 及 $\ln y$ 对 $\ln x$，发现第一和第二种组合（y 对 x 及 $\ln y$ 对 x）散布点的离散程度最高 [图 6.4（a）和（b）]，第四种组合（$\ln y$ 对 $\ln x$）[图 6.4（d）] 离散程度最小。为此，选择 $\ln x$ 和 $\ln y$ 进行回归分析。

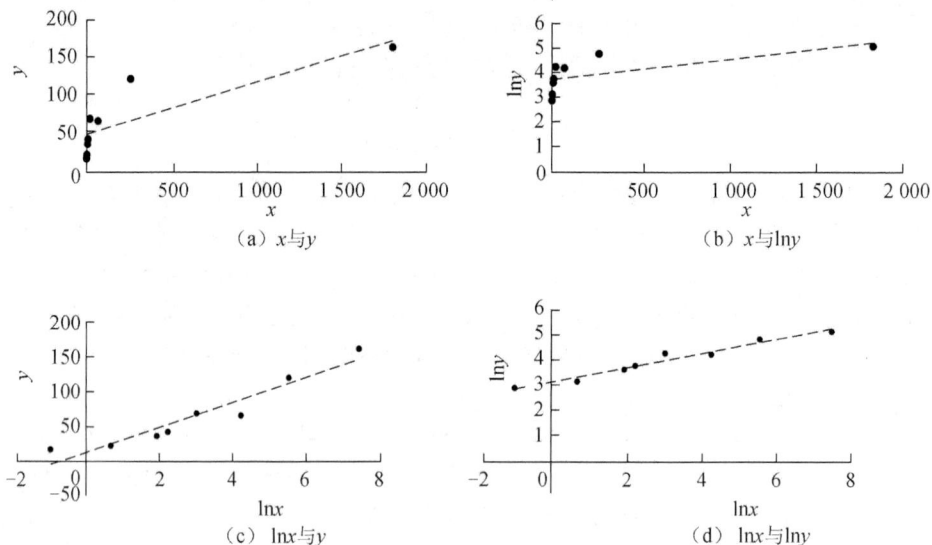

图 6.4　岛屿面积与物种数的几种不同配对

首先，用表 6.4 中对数计算出以下结果：

$$\begin{cases} \sum x' = 24.347, \sum y' = 31.7, n = 8 \\ \left(\sum x' \right)^2 = 592.7, \left(\sum y' \right)^2 = 1\,008.1, \sum x'y' = 110.9 \\ \sum x'^2 = 125.7, \sum y'^2 = 130.1 \\ m_{x'} = 3.0, m_{y'} = 3.9 \end{cases}$$

然后用式（6.2）计算回归系数：

$$b' = \frac{n\sum x'y' - \sum x' \sum y'}{n\sum x'^2 - \left(\sum x' \right)^2} = \frac{8 \times 110.9 - 24.3 \times 31.7}{8 \times 125.7 - 592.7} = \frac{116.9}{412.9} = 0.283\,1$$

用式（6.3）计算：

$$a' = m_{y'} - b'm_x = 3.9 - 0.283\,1 \times 3.0 = 3.05$$

因此，回归方程为

$$y' = 3.05 + 0.283\,1x'$$

用式（6.4）～式（6.7）验证回归线的误差及其显著性，如下：

$$SS_{y'} = \sum y'^2 - \frac{\left(\sum y' \right)^2}{n} = 130.1 - \frac{1\,008.1}{8} = 4.09$$

$$SS_{x'} = \sum x'^2 - \frac{\left(\sum x' \right)^2}{n} = 125.7 - \frac{592.7}{8} = 51.6$$

$$\mathrm{SP}_{x',y'} = \sum x'y' - \frac{\sum x' \sum y'}{n} = 110.9 - \frac{24.3 \times 31.7}{8} = 14.6$$

$$s_r^2 = \frac{1}{n-2} \times \left(\mathrm{SS}_{y'} - \frac{(\mathrm{SP}_{x',y'})^2}{\mathrm{SS}_{x'}} \right) = \frac{1}{8-2} \times \left(4.09 - \frac{14.6^2}{51.6} \right) = -0.006\,8$$

用式（6.8）计算对数回归系数标准误：

$$\mathrm{S.E.}_{\cdot b'} = \sqrt{\frac{s_r^2}{\mathrm{SS}_{x'}}} = \sqrt{\frac{-0.006\,8}{51.6}} = -0.011\,5$$

用式（6.9）估算 t 值：

$$t = \frac{b'}{\mathrm{S.E.}_{\cdot b'}} = \frac{0.283\,1}{-0.011\,5} = -24.617$$

以上 t 值查表时取其绝对值 24.617。在自由度 df $= n - 2 = 8 - 2 = 6$ 的情况下查附表 9 中相应的统计值 $t = 24.617$，远远大于显著性 $p = 0.01$（双侧检验）所对应的统计值 3.707，表明回归线具有极显著意义，可以采用回归线来进行预测。

回归方程建立起来后，可以用于预测该区域某一未调查的岛屿的物种数。假设有一岛屿，面积为 100acre，即 $x = 100$，物种数预测如下：

$$x' = \ln x = \ln 100 = 4.60$$

$$y' = 3.05 + 0.283\,1 x' = 3.05 + 0.283\,1 \times 4.60 = 4.35$$

经反对数转换后，物种数为

$$y = e^{y'} = e^{4.35} = 77 \text{（种）}$$

要强调的是，在上面的计算中，当小数点后面保留的位数不同时，最后计算出的物种数会有小的差异。

回归分析的核心价值在于数据的预测。对于生物学家，预测有时是唯一的研究手段。例如，古生物学家在野外发现一块兽类胫骨的化石，就要据此推算整只个体的大小；生态学家想知道海象所吃的鳕鱼的个体大小，无法直接进行观察测量，但可以从粪便中或者反刍物中收集测量剩余的鳕鱼耳石，以此推算鳕鱼的大小。我们在进行云南蜱类的区系研究中，许多样本采集点是偏远乡村，没有气象数据，但需要这些地点的气象数据。为此，用回归分析建立采集点附近气象站之间的气象数据差异与距离的关系，通过所得回归方程，输入最近气象站到研究点的距离，推算研究点相应的气象数据……在上面所举的例子中，95%置信区间给出的合理数据差异非常大，如存活蝌蚪数从 115 到 602。这种巨大的置信区间与实际研究的现象有关，这些现象的特征就是随机干扰大，无法进行控制，因此数据变异大。差异大小不是回归分析带来的。如果研究对象变异本身很小，如各种形态解剖学特征，那么置信区间的范围也很小。

　　以上介绍的回归分析计算方法，称为简单线性回归（simple linear regression）。读者在别的统计学书籍中可能见过另一种方法，称为模型 2 回归（model 2 reqression）方法。模型 2 方法有许多版本，最简单的版本是将 x 的标准差与 y 的标准差相除求出回归系数 b。然而，这些方法无法直接进行回归线代表性（显著性意义）的检验，需要通过方差分析进行检验。更重要的是，模型 2 方法无法提供 95% 置信区间，因此生物学家们很少采用模型 2 的各种计算方法，他们相信简单线性回归是更可靠的计算方法。因此本书不详述模型 2 的计算方法。

　　最后提示，由于回归分析有不同的方法，研究者在提供回归分析的结果时，需要指明自己所用的是哪种回归方法。

第7章

样本间的比较I：分类型数据

前面第 3 章～第 5 章介绍的是检测变量间关系的统计学方法。从本章开始往下，我们要比较样本的差异情况。其中，本章介绍的是适用于分类型数据的方法，第 8 章是适用于等级型数据的方法，第 9 章是适用于间隔型或比例型数据的方法。

在实际研究中，最简单的样本检验是单样本统计检验。例如，当需要了解手头的数据是否符合某种分布类型时，我们用采集到的数据与理论预期数据进行比较。这时，所进行的检验称为吻合度检验（goodness-of-fit test）。在分类型数据检验方法中，适用于单样本的常用的吻合度检验方法有两种：①二项式检验（binomial test）；②卡方吻合度检验（chi-square goodness-of-fit test）。当我们遇到的样本来自二分型数据（dichotomous data）总体时，采用二项式检验；否则，采用卡方吻合度检验。二分型数据总体，是指那些在数据采集过程中，采样单元只有两种表现形式的总体，如性别（男/女）、婚姻状况（已婚/未婚）、文化状况（文盲/非文盲）、会员（会员/非会员）、国籍（本国人/外国人）、成功/失败等。在这些分类中，每个采样单元的归属非此即彼。

最常见的样本检验是双样本检验（two-sample tests）。双样本检验分两种情况：一种情况是在不同时间或不同情况下从两组采样单元中获得两组数据，两组数据的采样单元不同，因此这两个样本是相互独立的，这种检验称为两个独立样本（independent samples）的比较；另一种情况是在不同时间或者不同条件下从相同的采样单元中进行采样，获得两组数据，这两个样本的采样单元是同一组，因此它们相互不独立，这种检验称为两个相关样本（related or matched samples）的比较。相关样本的比较在实验科学中用得最多。例如，要了解雄性激素对动物攻击性的影响，在注射雄性激素前，对一组个体进行攻击行为的观察；获得足够数据后，进行注射，然后从这些个体中采集数据；最后比较注射前后攻击行为的变化。再如，比较动物个体面对不同社会等级的对象时攻击行为的变化，首先将一组个体与社会等级高的个体进行配对，观察其攻击行为；获得足够数据后，再将它们与社会等级低的个体进行配对，并采集数据，最后比较两组数据。在双样本检验方法中，适用于分类型数据的常用方法有麦氏变化检验（McNemar change test）、费希尔检验（Fisher exact test for 2×2 tables）及两个独立样本的卡方检验（chi-square test for r ×2 tables）。其中，麦氏变化检验适用于相关样本的比较，费希尔检验和两个独立样本的卡方检验适用于独立样本间的检验。在适用于独立样本的两个方法中，费希尔检验适用于二分型数据总体；对于多分类的情况，采用两个独立样本的卡方检验。

有时，研究者需要比较 3 个或多个样本。其中一种情况是研究者从同一组采样单元在 3 个或者多个条件下进行测量或者观察，获得三组或多组数据，这些数据组成的 3 个或多个样本相互不独立，称为多个相关样本。对于分类型数据，适用于这种情况的常见方法是柯克兰 Q 检验（Cochran Q test）。另一种情况是研究者从处于 3 个或者多个不同条件下的采样单元中采集到数据；这些数据组成的样本由于采样单元不同而相互独立，称为多个独立样本。对于分类型数据，适用于这种情况的方法有多样本的卡方检验（chi-square test for k-independent samples）和 G 检验（G test）。

卡方检验被广泛使用时间已经很久，已经被证明是非常有用的统计方法。然而，它在数理上有缺陷（详细情况已经超出本书范围，不予详细介绍），因此数学家们建议使用 G 检验。除统计学数理上的优势外，G 检验的计算操作比较简单。G 检验可以检验单样本的吻合度（因此可与卡方吻合度检验互换使用）、两个独立二分型数据样本的差异（因此可与费希尔检验互换使用）及多个独立样本的差异（因此可与多样本的卡方检验互换使用）。多样本的卡方检验可以检测到差异发生的具体位置，G 检验做不到。本章介绍这两种方法，读者可以根据自己的兴趣和需要任意选择使用。

相应地，本章方法使用的检索表见 7.9 节。

7.1 二项式检验

7.1.1 二分型变量的建立

当变量是分类型数据，而且变量的表现形式只有两种（二分型）时，用二项式检验对样本进行比较。如上所述，二分型变量（dichotomous variables）广泛存在于客观世界里。除此之外，为了简化研究问题，有时研究者可以通过变量表现形式进行重新安排，使得多种表现形式的变量变成非此即彼的二分型变量。例如，掷骰子，骰子有 6 个面，如果只关心 6 点朝上的频率，那么"6 点"是一种表现形式，其他 5 个面就可以被看成"非 6 点"，是另一种表现形式。这样，一个拥有 6 种表现形式的变量就变成了一个二分型变量。另如，在猕猴属动物中，α雄性个体（俗称猴王）常常是猴群的保卫者。当要研究它们在群体保卫中所扮演的角色时，可以将猴王作为"角色"变量的一种表现形式，其他个体（各不同等级地位的成年雄性、成年雌性及婴幼猴等）作为该变量的另一种表现形式，"角色"就从多种表现形式的变量变成二分型变量。

7.1.2　关于单样本检验

二项式检验（the binomial test）用于单样本检验。读者可能会觉得费解：单样本要检验什么？单样本检验通常出现在研究者想知道他们所获得的样本是否符合某种规律或者某种理论预测的时候。例如，有些昆虫，平时主要是雌性个体出现，雄性个体数很少；当环境变得恶劣时，就开始繁殖雄性，这时会出现雄性个体突然增多。研究者通过平时大量采样估计两性的个体比例，这些数据可以作为理论数据，表明这些昆虫的常态性比，在进行二项式检验时作为期望数据。当恶劣季节到来时，再进行样本采集，将得到的雌雄个体数作为研究数据，与期望数据进行比较，检验两者是否存在显著性差异。再如，兽类的性比在理论上是 1：1，这是理论数据。作为计算期望数据的依据。研究者在某类生境中进行采样，记录所见到的动物个体数及性别，将个体数除以 2，分别作为雌雄个体数的期望频率（因为理论性比为 1：1），并将此理论期望频率与实际雌雄个体数进行比较，以检验这种生境是否会导致性别出现显著性偏差。二项式检验适用于此类二分型数据样本。

7.1.3　二项式检验的假设

由于是二分型数据，可以将二项式检验的假设简单陈述如下。
零假设 H_0：某选项实际出现的概率/可能性与期望概率/可能性相同，即 $P = p_0$。
备择假设 H_1：实际概率不同于期望概率，即 $P \neq p_0$。

7.1.4　二项式检验的计算

由于每个采样单元的表现是非此即彼，即记录变量的表现时只有两个选项。因此首先假设：选项 1 出现时，$X = 1$；选项 2 出现时，选项 1 不出现，此时 $X = 0$。

因此，样本中的数据由 0 和 1 组成。选项 1 出现的总数为

$$Y = \sum_{i=1}^{N} X_i \tag{7.1}$$

式中，N 为样本量。

该公式表明，选项 1 出现的总数等于所有出现选项 1 的采样单元数。

再设 p 为选项 1 出现的期望概率，即理论上认为选项 1 出现的可能性；q 为选项 2 出现的概率，$q = 1 - p$。这时，选项 1 出现不同频率的概率计算如下：

$$\binom{N}{k} = \frac{N!}{k!(N-k)!} \tag{7.2}$$

$$P[Y = k] = \binom{N}{k} p^k (1-p)^{N-k} \tag{7.3}$$

式中，$P[Y = k]$ 为样本量 N、选项 1 出现的期望概率为 p 时，实际出现的频率为 k 的概率；$k = 0,1,\cdots,N$；$N! = N \times (N-1) \times (N-2) \times \cdots \times 2 \times 1$。当 $k = 0$ 时，式（7.3）表明选项 1 在样本中不出现的概率；$k = 1$ 时，选项 1 在样本中只出现 1 次的概率；$k = 2$ 时，选项 1 出现 2 次的概率……当 $k = N$ 时，表示样本中出现的全部是选项 1 的概率。式（7.3）中 N 和 k 值来自研究数据：N 为样本量（采样单元总数），k 为选项 1 出现的采样单元数。p 的赋值来自于理论研究。例如，兽类性比为 1∶1，则 p 的赋值为 0.5；某一选区支持共和党的支持率为 70%，民主党的支持率为 30%，则样本中共和党出现的理论期望概率为 $p = 0.7$；骰子有 6 个面，某个面朝上的期望概率为 $p = 1/6$。

7.1.5　二项式检验的显著性检验

检验 $P[Y = k]$ 是否具有显著性，实际上是要检验它是否进入了二项式分布的极端区域。极端区域可以定义为从 k 到 N 的概率之和，其中，$i = k, k+1, \cdots, N$。因此，要进行以下计算：

$$P[Y \geqslant k] = \sum_{i=k}^{N} \binom{N}{i} p^i (1-p)^{N-i} \tag{7.4}$$

式中，$i = k, k+1, \cdots, N$。当 $P[Y \geqslant k] > 0.05$ 时，表明 $P[Y = k]$ 的概率不在二项式分布的极端区域，因此它的实际概率与期望概率间没有显著性差异，可以接受零假设；当 $P[Y \geqslant k] \leqslant 0.05$ 时，它位于极端区域中，表明它的实际概率与期望概率间存在着显著性差异，可以拒绝零假设，接受备择假设；当 $P[Y \geqslant k] \leqslant 0.01$ 时，表明实际概率与期望概率间的差异极显著。由于 P 所检验的是 Y 大于/等于 k，因此它进行的是单侧检验。

例 7.1　在对非洲森林黑猩猩（*Pan troglodytes*）的研究中，研究者发现雄性

黑猩猩占据一个较大的领域。在这个领域里，它们虽然定期巡逻领域的每个角落，但它们偏向于逗留在某些区域，而另一些区域是雌性个体逗留。仔细比较发现，这两类区域的生境特征不同，尤其是食物资源不同。为了研究雌雄对不同生境的利用，研究者进行 34 次穿插调查。穿插中，当遇到雄性黑猩猩，则记录 $X_i = 1$；当遇到雌性黑猩猩，则记录 $X_i = 0$。最后，在其中一类生境中得到如下样本（假设数据）。

X_i：1，0，1，1，1，0，0，1，1，0，0，1，1，1，1，0，1，1，1，0，1，1，1，1，1，0，0，1，1，1，1，1，1，0。

根据这组数据，用式（7.1），有 $Y = \sum_{i=1}^{N} X_i = 24$，$N = 34$。黑猩猩的性比为 1:1，即如果它们的分布是随机的，那么研究者在穿插中遇到雄性或者雌性的期望概率 $p = 0.5$。现在，研究者要弄清楚，在 34 次穿插中有 24 次遇到的是雄性黑猩猩，这种频率是否显著偏离了 0.5？在这里，$N = 34$，$Y = k = 24$，$p = q = 0.5$，进行以下计算。

据式（7.2），有

$$\binom{N}{k} = \binom{34}{24} = \frac{34!}{24! \times (34-24)!} = \frac{34 \times 33 \times \cdots \times 25 \times 24!}{24! \times 10!} = \frac{34 \times 33 \times \cdots \times 25}{10 \times 9 \times \cdots \times 2 \times 1} = 131\,128\,140$$

据式（7.3），有

$$P[Y=k] = P[Y=24] = \binom{34}{24} \times (0.5)^{24} \times (1-0.5)^{(34-24)} = \frac{131\,128\,140}{17\,179\,869\,184} = 0.007\,6$$

在 34 次穿插中遇到 24 次雄性黑猩猩的实际概率 $P[Y=24] = 0.007\,6$。要检验这个概率是否与期望概率存在着显著性差异，据式（7.4）计算如下：

$$\binom{34}{24} 0.5^{24}(1-0.5)^{34-24} = \binom{34}{24} 0.5^{24} \times 0.5^{10} = 0.007\,6$$

$$\binom{34}{25} 0.5^{25}(1-0.5)^{34-25} = \binom{34}{25} 0.5^{25} \times 0.5^{9} = 0.003\,0$$

$$\binom{34}{26} 0.5^{26}(1-0.5)^{34-26} = \binom{34}{26} 0.5^{26} \times 0.5^{8} = 0.000\,9$$

$$\binom{34}{27} 0.5^{27}(1-0.5)^{34-27} = \binom{34}{27} 0.5^{27} \times 0.5^{7} = 0.000\,2$$

$$\binom{34}{28} 0.5^{28}(1-0.5)^{34-28} = \binom{34}{28} 0.5^{28} \times 0.5^{6} = 0.000\,0$$

$$\binom{34}{29} 0.5^{29}(1-0.5)^{34-29} = \binom{34}{29} 0.5^{29} \times 0.5^{5} = 0.000\,0$$

$$\binom{34}{30}0.5^{30}(1-0.5)^{34-30} = \binom{34}{30}0.5^{30} \times 0.5^4 = 0.000\,0$$

$$\binom{34}{31}0.5^{31}(1-0.5)^{34-31} = \binom{34}{31}0.5^{31} \times 0.5^3 = 0.000\,0$$

$$\binom{34}{32}0.5^{32}(1-0.5)^{34-32} = \binom{34}{32}0.5^{32} \times 0.5^2 = 0.000\,0$$

$$\binom{34}{33}0.5^{33}(1-0.5)^{34-33} = \binom{34}{33}0.5^{33} \times 0.5^1 = 0.000\,0$$

$$\binom{34}{34}0.5^{34}(1-0.5)^{34-34} = \binom{34}{34}0.5^{34} \times 0.5^0 = 0.000\,0$$

数学上定义 $0.5^0 = 1$。上述计算中，从 $P[Y=28]$ 开始到 $P[Y=34]$，由于数值太小，将它们约等于 0。

$$P[Y \geqslant 24] = 0.007\,6 + 0.003\,0 + 0.000\,9 + 0.000\,2 + 0 + \cdots = 0.011\,7$$

在 $N = 34$，$p = 0.5$ 时，$P[Y \geqslant 24] \approx 0.011\,7$，小于 0.05。鉴于这个结果，可以拒绝零假设，接受备择假设，表明样本概率显著不同于期望概率，即雄性黑猩猩偏爱这类生境。

例 7.2 在广西西南部分布的白头叶猴，群体间基本上相互尊重对方的领域权。但是，也时常发现邻居群侵入偷食食物。这时，家域的拥有者会将入侵者驱赶出去。在对白头叶猴的行为生态学研究中，研究者发现 GA3 群繁殖活动特别活跃，因此家域内的食物资源对这个群体应该特别重要。GA3 群由 1 只成年雄性、8 只成年雌性及他们的孩子构成。在研究期间，共观察到 18 次家域保卫事件，其中 7 次由成年雌性完成，11 次由成年雄性完成。

在这里，研究者关心的是雌雄两性间哪一个性别显著地承担更多的家域保卫任务。虽然白头叶猴的出生性比为 1:1，但在该群体中的成年性比为 1:8。日常活动中，假设所有成年个体，不论雌雄，有同等机会进行家域保卫。那么，成年雄性参与家域保卫的理论期望概率为 $p = 1/9$，相应地，它不参加家域保卫的期望概率是 $q = 1 - (1/9) = 8/9$。$N = 18$，$Y = k = 11$。首先用式（7.2）计算 $\binom{N}{k}$，如下：

$$\binom{18}{11} = \frac{18!}{11! \times (18-11)!}$$

$$= \frac{18 \times 17 \times 16 \times \cdots \times 11!}{11! \times 7!}$$

$$= \frac{18 \times 17 \times 16 \times 15 \times 14 \times 13 \times 12}{7 \times 6 \times 5 \times 4 \times 3 \times 2 \times 1}$$

$$= 31\,824$$

用式（7.3）计算样本中成年雄性进行家域保卫的实际概率：

$$P[Y = 11] = \binom{18}{11} \left(\frac{1}{9}\right)^{11} \left(\frac{8}{9}\right)^{(18-11)}$$

$$= 31\,824 \times \left(\frac{1}{9}\right)^{11} \times \left(\frac{8}{9}\right)^{7}$$

$$= 0.000\,000\,4$$

要检验 $P[Y = 11]$ 的显著性，依据式（7.4）计算如下：

$$\binom{18}{11} \left(\frac{1}{9}\right)^{11} \left(\frac{8}{9}\right)^{(18-11)} = \binom{18}{11} \times \left(\frac{1}{9}\right)^{11} \times \left(\frac{8}{9}\right)^{7} = 0.000\,000\,4$$

$$\binom{18}{12} \left(\frac{1}{9}\right)^{12} \left(\frac{8}{9}\right)^{(18-12)} = \binom{18}{12} \times \left(\frac{1}{9}\right)^{12} \times \left(\frac{8}{9}\right)^{6} = 0.000\,000\,0$$

$$\binom{18}{13} \left(\frac{1}{9}\right)^{13} \left(\frac{8}{9}\right)^{(18-13)} = \binom{18}{13} \times \left(\frac{1}{9}\right)^{13} \times \left(\frac{8}{9}\right)^{5} = 0.000\,000\,0$$

$$\vdots$$

$$\binom{18}{18} \left(\frac{1}{9}\right)^{18} \left(\frac{8}{9}\right)^{(18-18)} = \binom{18}{18} \times \left(\frac{1}{9}\right)^{18} \times \left(\frac{8}{9}\right)^{0} = 0.000\,000\,0$$

$$P[Y \geqslant 11] = 0.000\,000\,4 + 0 + \cdots = 0.000\,000\,4$$

在 $N = 18$，$p = 1/9$ 时，$P[Y \geqslant 11] = 0.000\,000\,4$，小于 0.01。因此，可以拒绝零假设，接受备择假设，表明样本概率极显著不同于期望概率，说明雄性白头叶猴显著承担更多的领域保卫任务。

7.1.6　二项式检验的大样本计算

当样本量增大时，数据会逐步从二项式分布向正态分布转变，转变的快慢决定于 p 值：当 p 在 1/2 附近时，N 大约在 25 时接近正态分布；当 p 接近 0 或者 1 时，N 大约在 35 时接近正态分布。因此，当 p 在 1/2 附近、$N \geqslant 25$ 时，或者 p 接近 0 或者 1、$N \geqslant 35$ 时，我们称其为大样本数据，并通过下列公式计算统计值 z：

$$z = \frac{(Y \pm 0.5) - Np}{\sqrt{Npq}} \tag{7.5}$$

式中，当 $Y < Np$ 时，用 $Y + 0.5$；当 $Y > Np$ 时，用 $Y - 0.5$。

计算出 z 后，查附表 2，求得相对应的概率值 p：当 $p > 0.05$ 时，接受零假设，表明样本频率与期望频率间没有显著性差异；当 $p \leq 0.05$ 时，放弃零假设，接受备择假设，表明样本频率与期望频率存在着显著性差异；当 $p \leq 0.01$ 时，表明样本频率与期望频率间存在着极显著差异。附表 2 给出的是单侧检验结果。如果读者进行的是双侧检验，则应将附表 2 中给出的数据乘以 2 作为研究结果。

例 7.1 中，$N=34$，$p=0.5$，数据已经接近正态分布。以此例数据为例，计算 z 值。由于 $Y(=24) > Np(34 \times 0.5 = 17)$，因此式（7.5）中分子第 1 项用（$Y-0.5$）。结果如下：

$$z = \frac{(Y-0.5) - Np}{\sqrt{Npq}} = \frac{(24-0.5) - 34 \times 0.5}{\sqrt{34 \times 0.5 \times 0.5}} = 2.23$$

查附表 2，$z=2.23$ 对应的 $p=0.012\,9$，这个结果与上述计算结果 $p=0.011\,7$ 极其接近。

式（7.5）的计算远比式（7.2）～式（7.4）简单，但它的使用条件不同。因此，读者必须注意不同公式的使用条件。只有当数据符合大样本条件时，才能使用式（7.5）。

7.2　卡方吻合度检验

适用于分类型数据的单样本检验的第二个非参数统计方法是卡方吻合度检验（the chi-square goodness-of-fit test，χ^2-test），是使用时间较长、较为人熟知的统计学方法之一。它的适用面更广，既可用于二分型变量的样本，又可用于非二分型变量（一个变量拥有多于两种表现形式）的样本。使用卡方吻合度检验，首先根据理论探讨，划分出变量不同表现类型及各类型出现的理论期望频率，然后用采集到的实际频率与期望频率进行比较。如果两者差异出现的概率等于或小于 0.05，则拒绝零假设 H_0，接受备择假设 H_1，表明样本中的频率变化与理论预期不吻合，说明某种因素在起作用；如果小于 0.01，表明这种差异极显著，说明这种因素的作用极强。否则，如果大于 0.05，则接受零假设 H_0，表明样本中的频率与理论预期相吻合，说明这种因素不起作用。例如，研究者常常需要检验数据是否符合正态分布（2.1.4 节），在用高斯公式（2.2）进行计算后，就要用卡方吻合度检验来检测计算出来的估计值与研究数据间的差异显著性。

7.2.1　卡方吻合度检验的假设

零假设 H_0：变量在样本中的各种表现形式出现的频率与理论期望频率相同。
备择假设 H_1：变量在样本中的各种表现形式出现的频率与理论期望频率不同，

两者间存在显著性差异。

7.2.2　卡方吻合度检验的计算

卡方吻合度检验的计算如下：

$$\chi^2 = \sum_{i=1}^{k} \frac{(O_i - E_i)^2}{E_i} \tag{7.6}$$

式中，O_i 为第 i 种表现形式出现的频率（采样单元数）；E_i 为依据理论得出的、第 i 种表现形式的期望频率；k 为变量表现形式的种类数。

式（7.6）可以简化为

$$\chi^2 = \sum_{i=1}^{k} \frac{O_i^2}{E_i} - N \tag{7.7}$$

式中，N 为样本量，即采样单元总数（$N = O_1 + O_2 + \cdots + O_k$）。

在使用上述公式时要注意，O_i 是频率，在数据形态上它是整数，不能有小数，因为它本身不是测量来的数据，而是某种测量数据（在这里是某种分类类别，因为卡方检验用于分类型数据）出现的频率，即落在这种数据类别中的采样单元数，是离散型数据。在文献中不难发现，许多研究者直接将测量得到的数据（如身高、体重或者某种生物化学成分的浓度）直接作为 O_i 代入式（7.7）进行计算，这是错误的。正确的方法是将测量数据进行类别区分，然后计算各类别中采样单元数，作为 O_i 代入式（7.7）。另外，数据的分类类别间不能有大小差异，只能是类别差异。所以像身高、体重、生境等级或者生物化学成分的浓度这些本身含有大小差异的数据不能用卡方吻合度检验（有其他检验方法检验这类数据，见第 8 章~第 10 章）。

7.2.3　卡方吻合度检验的显著性检验

当上述 χ^2 计算出来后，先要确定自由度 df。卡方检验的自由度通常是 $df = k - 1$。在进行卡方吻合度检验时，有时比较采集到的数据是否与某种分布类型吻合（如正态分布），这时需要知道这种分布类型的参数。但是，这些参数常常无法知道，只能用采集到的数据对这些参数进行估计，这样就进一步减小自由度。因此，$df = k - n_p - 1$，其中 n_p 是用样本数据估计出的参数量。例如，在进行正态分布吻合度的检验时，需要估计总体的平均数和标准差，因此 $n_p = 2$，$df = k - 2 - 1$。如果检验过程中不需要进行这样的估计，则 $n_p = 0$；相应地，$df = k - 1$。

确定自由度后，查附表 1，用 χ^2 值与表中相应自由度所对应的、显著性 $p = 0.05$

的统计值比较。当 χ^2 大于表中统计值，拒绝零假设 H_0，接受备择假设 H_1，表明样本频率与理论期望频率存在着显著性差异（如果选定的 $p = 0.01$，则表明差异极显著）；否则，接受零假设，表明样本频率与期望频率没有显著性差异。

7.2.4 卡方吻合度检验的限制和解决办法

在进行卡方吻合度检验计算前，首先注意该方法有以下限制：

1）当 $k = 2$ 时（二分型变量），任何 E_i 必须大于/等于 5。如果这个条件无法满足，读者可以改用二项式检验。

2）当 $k > 2$ 时，小于 5 的 E_i 不得多于总的 E_i 的 20%，而且任何 E_i 不得小于 1。如果出现这些情况，读者可以将出现 $E_i < 1$ 或者 $E_i < 5$ 的变量表现类别与相邻类别合并，以消除这些数值的出现。

例 7.3 假设在云南某地进行 8 种蜱的种群调查，研究者假设这 8 种蜱是均匀分布的。通过实地调查，采集到 144 只蜱，分属于 8 个物种。数据详见表 7.1。

表 7.1　假设的蜱种分布数据

频率	蜱物种								总和
	1	2	3	4	5	6	7	8	
个体数 O_i	29	19	18	25	17	10	15	11	144
期望个体数 E_i	18	18	18	18	18	18	18	18	144

由于理论上假设不同蜱种的分布是均匀的，因此表中的期望个体数 $= 144/8 = 18$，得到每个 $E_i = 18$。用式（7.7）计算卡方值：

$$\chi^2 = \sum_{i=1}^{k} \frac{O_i^2}{E_i} - N = \frac{29^2 + 19^2 + 18^2 + 25^2 + 17^2 + 10^2 + 15^2 + 11^2}{18} - 144 = 16.33$$

本例不需要估计任何参数，因此 $n_p = 0$，自由度 $df = k - n_p - 1 = 8 - 0 - 1 = 7$。查附表 1 得到 $p < 0.05$，因此拒绝零假设，接受备择假设。结论是此地蜱的种类呈现不均匀分布，一些物种显著多于其他物种。

7.3　麦氏变化检验

7.1 节和 7.2 节方法检验的是单样本数据是否符合某种理论预期。本节与 7.4 节、7.5 节介绍的方法适用于两个样本间的比较。与 7.4 节和 7.5 节不同的是，麦氏变化检验适用于相关样本的比较，即相同采样单元组在不同条件下的表现得到的两组数据间的比较。它特别适用于探讨"之前与之后"这样的问题，如检验某种治疗效果。在社会科学中，研究者将这种方法用于研究会议、报纸社论、竞选演说或个人访问影响选民对候选人的偏好度，或者研究农村人入城前后的政治观点的变化。在动物行为研究中，可以用这种方法来探讨动物在不同时间或生境中某种行为的变化，也可以用于研究某种事件前后（如打斗前后、社会等级变化前后）的行为变化。野外生态学研究常常要比较两个不同时段的植物物候学变化，也可以使用这种方法。与二项式检验相似，麦氏变化检验适用于二分型变量数据。

7.3.1　麦氏变化检验列联表的建立和计算

麦氏变化检验将每一个采样单元既作为实验组（变量在"之后"的表现）又作为对照组（变量在"之前"的表现）。将采样单元的个体数或者行为反应次数作为频率，设置两种不同的反应（因此，麦氏变化检验适用的变量为二分型变量），然后建立列联表（表 7.2）。

表 7.2　麦氏变化检验列联表

之前	之后	
	-	+
+	A	B
-	C	D

其中，"+" 和 "-" 分别为两种不同的反应或者状态，A 代表"之前"为"+"、"之后"为"-"的频率（采样单元的个体数或者行为反应的次数），B 代表前后没有变化、都表现为"+"的频率，C 代表前后没有变化、但都表现为"-"的频率，D 代表"之前"为"-"、"之后"为"+"的频率。因此，$(B+C)$ 表示前后没有变化的频率之和，$(A+D)$ 表示前后发生了变化的频率之和。相应地，前后发生变化的期望频率（平均数）为 $\frac{A+D}{2}$。由于只关心变化，因此通过卡方公式推导得到如下公式：

$$\chi^2 = \frac{\left(\left|A-D\right|-1\right)^2}{A+D} \quad（自由度 df = 1）\tag{7.8}$$

7.3.2　麦氏变化检验的假设

假如有 100 个个体，在药物"治疗前"某种生理指标呈现阳性"+"的个体有 70 个，呈现阴性"-"的有 30 个；经过"治疗"后，如果有 20 个原先呈阳性的个体变成阴性（$A=20$），同时又有 20 个原先呈阴性的个体后来呈阳性（$D=20$）。那么，经过"治疗"后，呈阴性和阳性的个体数不变，仍然是阳性=70、阴性=30，因此，"治疗"无效。只有当 $A \neq D$ 时，"治疗"才可能有效。因此，麦氏变化检验的假设如下：

零假设 H_0："治疗"前后的两种变化（"阴-阳"和"阳-阴"）具有相同可能性，"治疗"无效。

备择假设 H_1："治疗"前后的两种变化的可能性不同，"治疗"有效。

7.3.3 麦氏变化检验显著性

通过式（7.8）计算出来的卡方值，在自由度为 df=1 的情况下，查附表 1。当计算出来的卡方值小于表中 $p=0.05$ 所对应的关键值时，接受零假设，表明"治疗前后"没有显著性差异；当卡方值等于/大于表中 $p=0.05$ 所对应的关键值时，拒绝零假设，接受备择假设，表明"治疗"有显著效应；当卡方值等于/大于表中 $p=0.01$ 所对应的关键值时，表明"治疗"有极显著的效应。

例 7.4 有 54 位游客到某保护区参加生态旅游。期间，保护区管理部门为他们举办一次讲座。在讲座前后分别进行一次问卷调查。在涉及是否值得对小昆虫加以保护的问题答案中，讲座前有 42 位游客回答"没必要"，12 位回答"应该"。讲座后，原先认为"没必要"的游客中有 34 位认为"应该"，8 位仍然认为"没必要"；原先认为"应该"的在讲座后仍然认为"应该"。数据见表 7.3。

表 7.3 小昆虫保护态度调查假设数据

讲座前	讲座后	
	应该	没必要
没必要	34	8
应该	12	0

表中，$A=34$，$D=0$。用式（7.8）计算如下：

$$\chi^2 = \frac{\left(|A-D|-1\right)^2}{A+D} = \frac{\left(|34-0|-1\right)^2}{34+0} = 32.03$$

查附表 1：在自由度 df=1 时，$\chi^2=32.03$ 大于 $p=0.001$ 所对应的统计值（10.83），因此可以拒绝零假设，接受备择假设，表明讲座前后游客对于保护小昆虫的态度存在极显著的差异，即讲座的公众保护意识教育作用极其显著。

7.3.4 麦氏变化检验的使用条件

麦氏变化检验有一个限制条件，即 $A+D$ 之和不能等于/小于 10；换言之，只有当 $A+D$ 之和大于 10 时，研究者才能使用这个方法。在 $(A+D) \leqslant 10$ 时，研究者可以考虑使用二项式检验。在使用二项式检验时，"之前"的样本数据作为对照组用于计算期望频率。例如，在例 7.4 中，假设"应该"为 1，"没必要"为 0，则

"应该"的期望概率 $p=12/54=0.222$，$q=1-0.222=0.778$；讲座后的数据作为试验组，$N=54$，$k=46$。

7.3.5　方法的互换使用

以例 7.4 为例，数据分析既可以用二项式检验，又可以用麦氏变化检验。二项式检验计算如下：

由于 $N>54$，数据接近正态分布，$Y(k=46)>Np(54×0.222=12)$，因此用二项式大样本式（7.5）计算，有

$$z=\frac{(Y-0.5)-Np}{\sqrt{Npq}}=\frac{46-0.5-54×0.222}{\sqrt{54×0.222×0.778}}=10.973$$

查附表 2，$z=10.973$ 对应的概率远远小于 0.001，表明公众保护意识教育对公众的态度影响极其显著。这个结果与麦氏变化检验结果相同。

7.4　费希尔检验

与 7.3 节不同，本节介绍的是两个独立样本间关系的统计方法。独立样本，即这两个样本采自两组不同采样单元。例如，两组不同的猴子在某段时间里用于摄食的时间，或者两组不同的人接受训练后对某种刺激的反应。适用于检验两个分类型数据的独立样本的方法有费希尔检验和两个独立样本的卡方检验。其中，费希尔检验适用于二分型变量。如果数据有多种分类，如一个采样单元既可以选择抵抗，又可以选择投降，还可以选择逃跑；或者既可以选择支持，也可以选择反对，还可以选择弃权，这时采用两个独立样本的卡方检验（7.5 节）。

7.4.1　费希尔检验的计算

研究者首先要建立一个 2×2 列联表。为了陈述的代表性，在列联表中使用"+"和"−"来代表变量的两个表现形式，见表 7.4。

表 7.4　费希尔检验列联表

变量表现形式	样本		行总和
	I	II	
+	A	B	$A+B$
−	C	D	$C+D$
列总和	$A+C$	$B+D$	N

在这个列联表中，A 是第 I 个样本中变量表现为"+"的采样单元数，也称频

率，C 是表现为"－"的频率；B 是第Ⅱ个样本中出现"＋"的频率，D 是表现为"－"的频率。$(A+B)$、$(C+D)$、$(A+C)$、$(B+D)$ 分别为边缘总和，N 为采样单元总数。

如果研究者要比较两个选区中工党和保守党支持率的差异，或者研究两种不同社会场合中某种行为出现频率的差异性，或者一种植物在两个地区中开花的物候差异，或者……这时，A 代表选区Ⅰ中支持工党的选民数，或者场合Ⅰ中出现该行为的频率，或者地区Ⅰ中这种植物开花的株数；C 则分别代表支持保守党的选民数、不出现这种行为的频率及无花的植株数。同理，B 代表选区Ⅱ中工党的支持人数、第Ⅱ种场合中该行为出现的频率或者地区Ⅱ中开花的植株数，D 代表支持保守党的支持人数，这种行为不出现的频率及无花的植株数。$(A+B)$ 是两个选区支持工党选民数的总和，或者两种场合中该种行为出现频率的总和，或者两个地区开花植株的总数；$(C+D)$ 是两个选区支持保守党选民数的总数、两种场合下该行为不出现的频率总和及两个地区无花植株的总数。$(A+C)$ 是选区Ⅰ中的选民总数、场合Ⅰ中记录到的行为事件总数，或者地区Ⅰ中的植株总数；同理，$(B+D)$ 是选区Ⅱ中的选民总数……N 是两个选区被访问的选民总数、两种场合下记录到的行为事件总数或者两个地区中记录到的该种植物的植株总数。研究者基于自己采集到的数据建立起这个列联表后，就用式（7.9）计算这些组合出现的概率，并探讨这些概率是否落在极端区中。

$$p = \frac{(A+B)!(C+D)!(A+C)!(B+D)!}{N!A!B!C!D!} \tag{7.9}$$

7.4.2 费希尔检验的假设

零假设 H_0：两个样本没有显著性差异。

备择假设 H_1：两个样本存在着显著性差异。

7.4.3 费希尔检验的显著性判断

p 值计算出来后，用式（7.9）进一步计算比研究得到的数据组合更极端的各种组合出现的概率，并求出这些概率的总和，作为极端区域出现的概率。求极端区域概率的方法如下：

1）保持列联表的各边缘总和不变，将最小观察值减去 1（与此同时相邻的两个格子各增加 1，以确保边缘总和不变），得到一个新的更为极端的列联表。

2）如果减小了的观察值仍然是一个非零的数值，继续上述操作，得到更多走向极端的新的列联表，直到零出现为止。这个数据变化方向称为方向 a。

3）用式（7.9）计算各列联表出现的概率，并将这些概率相加得到概率总和 p_a，p_a 便是极端区域的概率 p_T。p_T 用于单侧检验。

4）如果研究者需要进行双侧检验，则要沿着最小观察值的另一个方向（方向 b），逐步加 1（与此同时，相邻的两个格子各减少 1，以确保边缘总和不变），得到若干新的列联表，直至相邻格子出现零。然后确定这个方向的极端区域：如果方向 a 有 1 个新的列联表，则在方向 b 取最极端的 1 个列联表，将其概率加入极端区域的概率中；如果方向 a 有 2 个新的列联表，则在方向 b 取最极端的 2 个列联表；以此类推。方向 b 各极端组合的概率之和 p_b 与方向 a 的概率之和 p_a 相加得到 p_T，即 $p_T = p_a + p_b$，为双侧检验的极端区域概率。

如果 $p_T > 0.05$，则接受零假设 H_0，表明两个样本没有显著性差异；如果 $p_T \leqslant 0.05$，则放弃零假设 H_0，接受备择假设 H_1，表明两个样本存在着显著性差异；如果 $p_T \leqslant 0.01$，则表明差异达到极显著程度。

例 7.5　有些物种在生境偏好度上存在雌雄差异，如生活在非洲丛林中的黑猩猩，雌雄常常生活在不同地方，这与雌雄个体体形差异引起的食物偏好度及食物资源的分布差异有关。假设研究者选择了面积相同的两片不同类型的生境，分别记为生境类型 I 和生境类型 II。在这两片生境中用截线抽样法进行调查，记录遇到的黑猩猩个体数。其中，在生境类型 I 中记录到雄性 5 只，没有发现雌性个体；在生境类型 II 中记录到黑猩猩共 14 只，包括雄性 4 只，雌性 10 只。相应地，总共记录到 19 只，其中雄性 9 只，雌性 10 只。依据这些数据，建立下面的 2×2 列联表（表 7.5）。

表 7.5　黑猩猩生境偏好度假设数据

性别（变量表现形式）	生境类型		行总和
	I（样本 1）	II（样本 2）	
雄性	5	4	9
雌性	0	10	10
列总和	5	14	19

这里，$A=5$，$B=4$，$C=0$，$D=10$，$(A+B)=9$，$(C+D)=10$，$(A+C)=5$，$(B+D)=14$，$N=19$，代入式（7.9），有

$$p = \frac{(A+B)!(C+D)!(A+C)!(B+D)!}{N!A!B!C!D!} = \frac{9! \times 10! \times 5! \times 14!}{19! \times 5! \times 4! \times 0! \times 10!} = 0.010\,8$$

这里计算出的 p 值（0.010 8）是列联表 7.5 出现的概率，不是极端区域出现的概率。在列联表边缘总和项数值不变的情况下，还可以有多种数据组合类型（每一种类型在理论上都是有可能在野外碰上的）。将上面列联表简化为一个九宫格，底行左边两个格子为列总和，右列上面两个格子为行总和，右下格子为 N 值（采样单元总数）。在边缘总和不变的情况下，各种组合的数据变化反映在其余 4 个格

子中。各种组合详列如下：

1）实际采集到的组合（与上面列联表数据完全相同）见表 7.6。

表 7.6　第 1 组合

性别（变量表现形式）	生境类型		行总和
	Ⅰ（样本 1）	Ⅱ（样本 2）	
雄性	5	4	9
雌性	0	10	10
列总和	5	14	19

2）由于 $(A+C)=5$，而且 $C=0$，在边缘总和项 $(A+C)$ 不变的情况下，只要 A（左上第一格）增加（同时 B 减少），就会导致 C 出现负数，这是不可能的组合。这说明，第 1 组合已经是最极端的情况。因此，A 只能朝减少的方向变化。顺着 A 减少的方向变化，可能发生的组合见表 7.7～表 7.11。

表 7.7　第 2 组合

性别（变量表现形式）	生境类型		行总和
	Ⅰ（样本 1）	Ⅱ（样本 2）	
雄性	4	5	9
雌性	1	9	10
列总和	5	14	19

表 7.8　第 3 组合

性别（变量表现形式）	生境类型		行总和
	Ⅰ（样本 1）	Ⅱ（样本 2）	
雄性	3	6	9
雌性	2	8	10
列总和	5	14	19

表 7.9　第 4 组合

性别（变量表现形式）	生境类型		行总和
	Ⅰ（样本 1）	Ⅱ（样本 2）	
雄性	2	7	9
雌性	3	7	10
列总和	5	14	19

表 7.10　第 5 组合

性别（变量表现形式）	生境类型		行总和
	I（样本 1）	II（样本 2）	
雄性	1	8	9
雌性	4	6	10
列总和	5	14	19

表 7.11　第 6 组合

性别（变量表现形式）	生境类型		行总和
	I（样本 1）	II（样本 2）	
雄性	0	9	9
雌性	5	5	10
列总和	5	14	19

第 6 组合是对应于实际采集的数据组合（第 1 组合）的另一个极端组合，因为这时 $A=0$，再往下减少，或者 C（左列中间格子）再增加，就会导致 A 出现负数，那是不可能出现的组合。因此，第 1 组合和第 6 组合是两个极端，没有比它们更极端的组合了。这两个极端代表两种可能的生境偏好，第 1 组合代表的是雄性黑猩猩对两种生境类型没有偏好，但雌性对生境类型 II 极度偏好；第 6 组合刚好相反，代表的是雄性对生境类型 II 的极度偏好和雌性对两种生境类型没有偏好。

如果研究者需要检验的假设是，与雄性黑猩猩相比，雌性黑猩猩更偏好生境类型 II。这是一个单侧（单尾）检验，第 1 组合已经构成了极端区域的全部，极端区域出现的概率 $p=0.010\,8$，小于 0.05，因此拒绝零假设，接受备择假设，说明雌性黑猩猩对生境类型 II 的偏好度显著大于雄性黑猩猩。检验结束。

如果研究者需要检验的零假设是，雌雄两性黑猩猩对生境的选择没有差异。这是一个双侧（双尾）检验，极端区域除了第 1 组合（其概率记为 $p_1=0.010\,8$），还有第 6 组合，因此需要继续计算第 6 组合出现的概率：

$$p_6 = \frac{(A+B)!(C+D)!(A+C)!(B+D)!}{N!A!B!C!D!} = \frac{9!\times10!\times5!\times14!}{19!\times0!\times9!\times5!\times5!} = 0.021\,7$$

极端区域出现的概率为 $p_T = p_1 + p_6 = 0.010\,8 + 0.021\,6 = 0.032\,4$，小于 0.05，放弃零假设，接受备择假设，表明雌雄两性黑猩猩的生境偏好度存在显著差异。

极端区域的大小组成因实际采集到的数据组合而变化，这一点在例 7.6 中得到说明。

例 7.6　野外工作者不难发现，植物群落在不同环境下物种的组成不同，这种差异形成了动物摄食场地选择的基础。现在假设有两种食用树种，研究者要调查它们在阴坡和阳坡上分布的差异性。在野外工作中，研究者随机选择一块阴坡和一块阳坡进行穿插调查，记录这两种植物的株数。调查共记录到 15 株（$N=15$）。其中，在阳坡（样本 1）发现物种 1（+）5 株，在阴坡（样本 2）发现 2 株；在阳坡发现物种 2（−）只有 1 株，在阴坡发现 7 株。用这些数据建立一个 2×2 列联表（表 7.12）。

表 7.12　植物物种分布假设数据

树种（变量表现形式）	坡面		行总和
	阳坡（样本 1）	阴坡（样本 2）	
1（+）	5	2	7
2（−）	1	7	8
列总和	6	9	15

现在要弄清楚这个列联表的数据组合是否落在极端区域。要找到极端区域，首先保持边缘总和项不变，并进行数据不同组合的变化，如下：

1）实际采集到的数据组合（第 1 组合）见表 7.13。

表 7.13　第 1 组合

树种（变量表现形式）	坡面		行总和
	阳坡（样本 1）	阴坡（样本 2）	
1（+）	5	2	7
2（−）	1	7	8
列总和	6	9	15

这个组合出现的概率为

$$p_1 = \frac{(A+B)!(C+D)!(A+C)!(B+D)!}{N!A!B!C!D!} = \frac{6! \times 9! \times 7! \times 8!}{15! \times 5! \times 1! \times 2! \times 7!} = 0.033\,6$$

2）在第 1 组合基础上，边缘总和项不变，将植物株数向极端区域变化，这时物种 1 在阳坡（左列上行）从 5 变成 6；相应地，物种 2 在阳坡（左列中行）就从 1 变成 0。物种 1 在阴坡（中列上行）从 2 变成 1；物种 2 在阴坡（中列中行）从 7 变成 8。得到第 2 组合，见表 7.14。

表 7.14　第 2 组合

树种（变量表现形式）	坡面		行总和
	阳坡（样本 1）	阴坡（样本 2）	
1（+）	6	1	7
2（−）	0	8	8
列总和	6	9	15

这个组合出现的概率为

$$p_2 = \frac{(A+B)!(C+D)!(A+C)!(B+D)!}{N!A!B!C!D!} = \frac{6! \times 9! \times 7! \times 8!}{15! \times 6! \times 1! \times 0! \times 8!} = 0.0014$$

物种 1 在阳坡（左列上行）不能再往株数增加的方向（称为方向 a）变化，因为当再增加 1 时，物种 2 在阳坡（左列中行）的株数就会变成负数。因此，第 2 组合是最极端的组合；在方向 a 中，实际组合（第 1 组合）是次极端组合。相应地，方向 a 的极端区域由第 1 组合和第 2 组合构成，极端区域出现的概率为

$$p_a = p_1 + p_2 = 0.0336 + 0.0014 = 0.035$$

如果研究者的问题是，物种 1 是否偏向分布于阳坡，物种 2 是否偏向分布于阴坡？回答这个问题，可使用单侧（单尾）检验。$p_T = p_a = 0.0350$，小于 0.05，放弃零假设，接受备择假设，表明物种 1 确实不同于物种 2，物种 1 偏向于分布在阳坡面，物种 2 偏向于分布在阴坡面。

如果研究者的问题是，物种 1 和物种 2 在分布上是否不同？这时要采用双侧（双尾）检验，因此要向相反方向（方向 b）继续寻找极端区间。方向 b 就是物种 1 在阳坡的株数减少，在阴坡增加。在这个方向中，最极端的组合是物种 1 在阳坡（左列上行）的株数为 0，相应在阴坡（中列上行）的株数为 7，得到第 3 组合，见表 7.15。

表 7.15　第 3 组合

树种（变量表现形式）	坡面		行总和
	阳坡（样本 1）	阴坡（样本 2）	
1（+）	0	7	7
2（−）	6	2	8
列总和	6	9	15

这个组合出现的概率为

$$p_3 = \frac{(A+B)!(C+D)!(A+C)!(B+D)}{N!A!B!C!D!} = \frac{6! \times 9! \times 7! \times 8!}{15! \times 0! \times 6! \times 7! \times 2!} = 0.006$$

在方向 a 中，实际组合往极端方向只有一个新组合，即第 2 组合。因此，往方向 b，只需要一个最极端的组合（第 3 组合）即可，所以 $p_b = p_3 = 0.006$。如果实际组合在方向 a 中往极端方向有两个新组合，则在方向 b 中也需要求两个最极端组合的概率。本例中只有一个，因此可以计算极端区域的总概率，如下：

$$p_T = p_a + p_b = 0.035 + 0.006 = 0.041$$

$p_T < 0.05$，可以放弃零假设，接受备择假设，表明物种 1 和物种 2 在阴阳坡上的分布是不同的。

从上面两个例子可以看出：

1）极端区域的寻找以野外采集到的数据组合（实际组合）为基点，向极端方向延伸。在单侧检验中，极端区域出现的概率等于从基点到极端处所有数据组合出现概率之和 p_T。如果 $p_T > 0.05$，接受零假设。在双侧检验中，如果在上述方向中从基点出发有 1 个新组合出现，在反方向上要计算最极端组合出现的概率 p_k（$k =$ 组合总数）；如果有 2 个新组合，则还要计算次极端组合的概率 p_{k-1}。两个方向的极端组合概率之和等于极端区域的概率 p_T。

2）从上面的检验过程可以看出，当实际组合不在最极端处（研究数据中没有 0 出现）时，尤其是样本频率接近两个极端的中间位置时，计算过程比较烦琐。为此，统计学家们将 $N \leqslant 15$ 的所有数据组合的概率计算出来，方便研究者使用（见附表 10）。如果采集到的采样单元总数 $N \leqslant 15$，研究者可以直接使用附表 10。使用步骤：①首先，建立 2×2 列联表，并找出边缘总和中的最小项（如在例 7.6 中，边缘总和项 $(A+B) = 6$，是最小项），并记为 S_1（例 7.6 中，$S_1 = 6$）；然后找出第二小的边缘总和项（如在例 7.6 中，$(A+C) = 7$，是仅次于 $(A+B)$ 的最小项），记为 S_2（例 7.6 中，$S_2 = 7$）。②找出 S_1 和 S_2 所交汇的方格（例 7.6 中，交汇方格为 $A = 5$），记录为 X（例 7.6 中，$X = 5$）。③按照 S_1、S_2、X 及 N 的数值，在附表 10 中对应查询，得到 3 个概率数字，分别为"观察"、"另一方面"及"总和"。其中，"观察"是数据组合所在的单侧极端区域出现的概率，是单侧检验中得到的概率；"另一方面"是数据组合在另一个方向上比本数据组合更极端的数据组合出现概率的总和；最后一个是"总和"（总和=观察+另一方面），是双侧检验中数据组合所在的极端区域出现的概率，用于双侧检验。在使用附表 10 时，如果所进行的是单侧检验，选用"观察"下方的数据；如果进行的是双侧检验，则选用"总和"下方的数据。

附表 10 只适用于 $N \leqslant 15$ 的情况。当 $N > 15$ 时，需要用上面介绍的公式和分析方法进行计算。不过，在多数情况下，研究者得到的数据 N 不会超过 15，因此附表 10 对研究者是有帮助的。

7.5 两个独立样本的卡方检验

与费希尔检验类似，两个独立样本的卡方检验也适用于分类型数据。不同的是，费希尔检验适用于二分型变量，而卡方检验不但可用于二分型变量，还可用于多种表现形式的变量，如颜色（赤、橙、黄、绿、青、蓝、紫）、生境类型（多种生境类型比较）、针对某个问题发表的不同观点及同类产品的不同品牌等。进行两个独立样本的卡方检验时，首先建立列联表（表 7.16）。

表 7.16 两个独立样本的卡方检验列联表

变量表现形式	样本		行总和
	I	II	
1	n_{11}	n_{12}	R_1
2	n_{21}	n_{22}	R_2
3	n_{31}	n_{32}	R_3
⋮	⋮	⋮	⋮
r	n_{r1}	n_{r2}	R_i
列总和	C_1	C_2	N

表 7.16 中，n 是特定样本某个变量形式的频率（采样单元数）；R 是行之和；C 是列之和；N 是采样单元总数，等于两个样本的样本量之和。在一些统计软件中，表中的"变量表现形式"被写成"变量"，两者含义相同。

7.5.1 两个独立样本的卡方检验的假设

零假设 H_0：两个独立样本之间没有显著差异。

备择假设 H_1：两个独立样本在 $p=0.05$ 的水平上存在显著差异或者在 $p=0.01$ 的水平上存在极显著差异。

7.5.2 两个独立样本的卡方检验的统计值的计算

上述列联表建立起来后，进行下列计算：

$$\chi^2 = \sum_{i=1}^{r} \sum_{j=1}^{2} \frac{(n_{ij} - E_{ij})^2}{E_{ij}} = \sum_{i=1}^{r} \sum_{j=1}^{2} \frac{n_{ij}^2}{E_{ij}} - N \tag{7.10}$$

式中，r 为变量表现形式数；n_{ij} 为列联表中第 i 行第 j 列的采样单元数（频率），来自数据采集；E_{ij} 为相应的 n_{ij} 的期望值，通过下面计算获得

$$E_{ij} = \frac{R_i C_j}{N} \tag{7.11}$$

式中，R_i 为相应行的总和；C_j 为相应列的总和；N 为采样单元总数（列联表建立起来后，这些数据就已经有了）。

7.5.3 两个独立样本的卡方检验的显著性判断

卡方值 χ^2 计算出来后，首先计算自由度 $df = (r-1)$，即变量形式数减去 1。然后查附表 1。在相应自由度下，如果 χ^2 值小于表中显著性 $p=0.05$ 所对应的统计值，则接受零假设，表明两个样本没有显著差异，样本来自于同一个总体或者两个相同的总体；如果等于或者大于该统计值，拒绝零假设，接受备择假设，表明两个样本有显著差异，样本来自不同的总体；如果等于或者大于 $p=0.01$ 对应的统计值，则表明两个样本的差异极显著。

例 7.7 在进行动物社会行为研究时，常常要研究个体大小与个体在社会中的领导地位的关系。假设在野外工作中，共记录到 95 只成年雄性猕猴，它们的个体初步分为"大"和"小"两个样本，领导地位分为"领导者"和"追随者"。由于野外观察条件限制，部分个体的领导地位无法确定，所以在"领导者"和"追随者"之间加入"无法判断者"。研究者要探讨领导能力在个体大小间是否存在差异，首先建立列联表，见表 7.17。

表 7.17 雄性猕猴领导力假设数据

变量表现形式	样本		行总和
	小个体	大个体	
追随者	22	14	36
无法判断者	9	6	15
领导者	12	32	44
列总和	43	52	95

通过式（7.11）计算期望值，并放到列联表括号中，以与原始数据分开，得到列联表 7.18。

表 7.18 雄性猕猴领导力数据期望值

变量表现形式	样本		行总和
	小个体	大个体	
追随者	22（16.3）	14（19.7）	36
无法判断者	9（6.8）	6（8.2）	15
领导者	12（19.9）	32（24.1）	44
列总和	43	52	95

再通过式（7.10）计算 χ^2 值，如下：

$$\chi^2 = \sum_{i=1}^{3}\sum_{j=1}^{2}\frac{(n_{ij}-E_{ij})^2}{E_{ij}}$$

$$= \frac{(22-16.3)^2}{16.3}+\frac{(9-6.8)^2}{6.8}+\frac{(12-19.9)^2}{19.9}+\frac{(14-19.7)^2}{19.7}+\frac{(6-8.2)^2}{8.2}+\frac{(32-24.1)^2}{24.1}$$

$$= 1.99+0.71+3.14+1.65+0.59+2.59$$

$$= 10.67$$

自由度 df $= r-1 = 3-1 = 2$。查附表 1，在 df=2 时，$\chi^2 = 10.67$，大于 $p=0.01$ 所对应的统计值（9.21）。因此，放弃零假设，接受备择假设，表明雄性成年猕猴的领导力在个体大小间确实存在极显著的差异。进一步从原始数据来判断，大个体更多占据着领导地位。

式（7.10）适用于自由度 df，或者说变量表现形式数至少等于 3 的情况。但是，当变量表现形式数等于 2 时，这时的列联表是 2×2 列联表。自由度 df=1 时，不能直接使用式（7.10），而要用下列公式计算：

$$\chi^2 = \frac{N\left(|AD-BC|-N/2\right)^2}{(A+B)(C+D)(A+C)(B+D)} \quad (\text{df}=1) \tag{7.12}$$

式（7.12）中的符号含义同费希尔检验中的表 7.4。

χ^2 值计算完成后，在 df $=1$ 的情况下，查附表 1 以获取显著性水平的数据。

读者会问：当样本数=2、变量为二分型时，该采用费希尔检验还是卡方检验？这时，按以下条件进行选择。

1）当采样单元总数 $N \leqslant 20$ 时，永远采用费希尔检验。

2）当 $20<N\leqslant 40$ 时，如果列联表中所有的期望频率都等于或者大于 5，则采用卡方检验，并用式（7.12）；如果有一个期望频率小于 5，则使用费希尔检验。

3）当 $N>40$ 时，使用卡方检验式（7.12）。

7.6　柯克兰 Q 检验

读者如果关注国际新闻，不难发现：在西方国家进行大选前，不同时候进行的民意调查反映的党派支持率飘摆不定，而且常常与最终投票结果有很大差异。导致这种情况出现的原因在于竞选人每次进行辩论时，相同选民对同一党派在不同论题上的观点持不同态度，有时支持，有时反对。假如论题有税收、福利、移民、国际关系，相同 100 个选民听完 4 场辩论后，得到 4 个（相关）样本；保守党和工党的支持率在样本间存在差异。在现实生活中，许多人对相同问题在不同条件下的反应不同。例如，动物在不同生存环境下，对其他个体出现在自己的领域空间里的反应（允许或者驱离）不同……当同一组采样单元被放在 k 种条件下进行试验或者观察（$k \geqslant 3$），就可以得到 k 组相关的、彼此不独立的数据（k 个相关样本）。在每种条件下，每个采样单元的表现不是 a 就是 b（二分型变量）。检验这些相关样本（检验这组采样单元在不同条件下的反应）是否存在显著性差异，采用柯克兰 Q 检验。柯克兰 Q 检验实际上是麦氏变化检验的延伸。

7.6.1　柯克兰 Q 检验的假设

零假设 H_0：样本间没有差异。

备择假设 H_1：数据组间存在显著性差异。

7.6.2　柯克兰 Q 检验的计算

用 N 代表采样单元数（样本量），k 代表条件数（样本数）。首先将采集到的数据排列到表 7.19 中。

表 7.19　柯克兰 Q 检验中原始数据的排列

采样单元	条件 1	条件 2	条件 3	…	条件 k	L_i	L_i^2
1	O_{11}	O_{12}	O_{13}	…	O_{1k}	L_1	L_1^2
2	O_{21}	O_{22}	O_{23}	…	O_{2k}	L_2	L_2^2
3	O_{31}	O_{32}	O_{33}	…	O_{3k}	L_3	L_3^2
4	O_{41}	O_{42}	O_{43}	…	O_{4k}	L_4	L_4^2
⋮	⋮	⋮	⋮		⋮	⋮	⋮
N	O_{N1}	O_{N2}	O_{N3}	…	O_{Nk}	L_N	L_N^2
G_j	G_1	G_2	G_3	…	G_{1k}	…	…

表 7.19 中列出的是不同条件下采集到的数据，每种条件下采集到的数据构成一个样本。其中，O 是各采样单元在不同条件下（不同样本中）的表现。由于是二分型变量，数据表现形式是 0 或者 1。L_i 是第 i 行中数据表现形式为 1 的采样单元数；G_j 是第 j 列中数据为 1 的采样单元数。

基于表 7.19，柯克兰 Q 检验计算如下：

$$Q = \frac{(k-1)\left[k\sum_{j=1}^{k}G_j^2 - \left(\sum_{j=1}^{k}G_j\right)^2\right]}{k\sum_{i=1}^{N}L_i - \sum_{i=1}^{N}L_i^2} \qquad (7.13)$$

7.6.3　柯克兰 Q 检验显著性判断

Q 值的分布接近卡方分布。因此，当算出 Q 值后，查附表 1，自由度 $df = k-1$。如果计算出的 Q 值小于 $p = 0.05$ 所对应的卡方值，则接受零假设，表明样本间没有显著性差异；如果 Q 值等于或者大于显著性 $p = 0.05$ 所对应的卡方值，则拒绝零假设，接受备择假设，表明样本间存在显著性差异，不同条件下采样单元所做出的"反应"显著不同；如果等于或者大于 $p = 0.01$ 所对应的卡方值，表明这种差异极显著。

例 7.8　许多灵长类动物（如长臂猿、白头叶猴、豚尾叶猴等）像鸟类一样，有晨鸣习性，早上发出传播很远的叫声。在其分布区，群众都说这些动物的晨鸣与天气有关，天晴时最常出现。但是，野外工作中发现，在其他天气类型下也有晨鸣行为。这时，晨鸣到底与天气类型是否有关就成了许多野外生物学工作者感兴趣的问题。那么，如何分析天气类型与晨鸣活动的关系呢？假设有一组大学生进行野外实习，对某种灵长类动物进行行为观察，在野外共观察了 18 群动物，在晴天、阴天和雨天 3 种天气类型下各记录一次晨鸣活动。每天早上，只要听到晨鸣，就记录 1；如果没有晨鸣，就记录 0（表 7.20）。我们的问题：这种动物的晨鸣活动是否在不同天气条件下表现不同？

表 7.20　灵长类晨鸣活动假设数据

动物群	晴天	阴天	雨天	L_i	L_i^2
1	0	0	0	0	0
2	1	1	0	2	4
3	0	1	0	1	1
4	0	0	0	0	0
5	1	0	0	1	1
6	1	1	0	2	4
7	1	1	0	2	4
8	0	1	0	1	1
9	1	0	0	1	1
10	0	0	0	0	0
11	1	1	1	3	9
12	1	1	1	3	9
13	1	1	0	2	4
14	1	1	0	2	4
15	1	1	0	2	4
16	1	1	1	3	9
17	1	1	0	2	4
18	1	1	0	2	4
总计	13	13	3	29	63

要回答上述问题，先看数据类型。第一，这是从同一组采样单元在不同条件下采集到的数据，因此要用单样本重复数据（或者相关样本间）的检验方法。第二，在每种条件下，晨鸣行为要么发生，要么不发生，没有程度上的差异，这是典型的分类型数据，而且属于二分型变量。适合这两个条件的统计学方法有二项式检验、卡方检验、麦氏变化检验及柯克兰 Q 检验。由于是 3 种条件（3 个相关样本），因此只有柯克兰 Q 检验适合检验这种数据。检验过程如下：

这里，$N = 18$，$k = 3$。据表 7.20 和式（7.13），有以下计算：

$$Q = \frac{(3-1)\left[3\sum_{j=1}^{3} G_j^2 - \left(\sum_{j=1}^{3} G_j\right)^2\right]}{3\sum_{i=1}^{18} L_i - \sum_{i=1}^{18} L_i^2} = \frac{2 \times [3 \times (13^2 + 13^2 + 3^2) - (13 + 13 + 3)^2]}{3 \times 29 - 63} = 16.67$$

查附表 1：自由度 df $= 3-1 = 2$，$Q = 16.67$ 大于显著性 $p = 0.01$ 对应的关键值（9.21），因此拒绝零假设，接受备择假设，表明晨鸣行为在不同天气条件下的表现有极显著的差异。

柯克兰 Q 检验适用于分类型数据中多个相关样本的二分型变量。对于有多种表现形式的变量，本书没有提供相应的方法。在实际应用中，如果读者的数据是分类型，检验的是多个相关样本，但变量不是二分型，而是有多种表现形式，可以将变量的表现形式按照重要性合并成二分型变量，然后使用这个方法。

7.7 多个独立样本的卡方检验

柯克兰 Q 检验适用于分类型数据二分型变量组成的多个相关样本的检验。当要检验多个独立样本时，可以采用多个独立样本的卡方检验和 G 检验。这两种方法同样有效；但卡方检验是使用时间最长、已经被证明是很有效且实用的，但数理上有缺陷的方法，而 G 检验是已经数理证明为完美的方法。本节介绍多个独立样本的卡方检验，它从两个独立样本的卡方检验（7.5 节）直接延伸而来。

7.7.1 多个独立样本的卡方检验的假设

与两个独立样本的卡方检验一样，多个独立样本的卡方检验的假设如下。

零假设 H₀：需要进行检验的 3 个或多个样本来自于同一个总体或者完全相同的几个总体，即样本间没有显著性差异。

备择假设 H₁：这些独立样本来自于不同总体，样本间存在着显著性差异。

7.7.2 多个独立样本的卡方检验的计算

1）将样本的数据置于 $r \times k$ 列联表（表 7.21）中。其中，每列中的数据是每

个样本所对应的 r 个表现形式的频率，r 为变量表现形式数，k 为样本数。

表 7.21　多个独立样本的卡方检验列联表

变量表现形式	样本					行总和
	I	II	III	⋯	k	
1	n_{11}	n_{12}	n_{13}	⋯	n_{1k}	R_1
2	n_{21}	n_{22}	n_{23}	⋯	n_{2k}	R_2
3	n_{31}	n_{32}	n_{33}	⋯	n_{3k}	R_3
⋮	⋮	⋮	⋮		⋮	⋮
r	n_{r1}	n_{r2}	n_{r3}	⋯	n_{rk}	R_r
列总和	C_1	C_2	C_3	⋯	C_k	N

其中，n_{ij} 为第 i 行第 j 列的频率。类似两个独立样本的卡方检验，一些统计学软件可能将"变量表现形式"写成"变量"，两者含义相同。

2）用下列公式计算。

$$\chi^2 = \sum_{i=1}^{r} \sum_{i=1}^{k} \frac{n_{ij}^2}{E_{ij}} - N \tag{7.14}$$

式中，$i=1,2,\cdots,r$；$j=1,2,\cdots,k$；E_{ij} 为对应第 i 行第 j 列格子的期望频率，计算如下：

$$E_{ij} = \frac{R_i C_j}{N} \tag{7.15}$$

式中，R_i 为第 i 行的频率和（亦即采样单元数）；C_j 为第 j 列的频率和（亦即采样单元数）；N 为样本量之和（采样单元的总数）。

7.7.3　多个独立样本的卡方检验的显著性判断

先计算自由度 df $=(r-1)(k-1)$，然后查附表 1。如果用式（7.14）计算出的卡方值 χ^2 小于表中显著性 $p=0.05$ 所对应的统计值，则接受零假设，表明样本来自于同一个总体或者特征相同的几个总体；否则，如果其等于或大于该统计值，则拒绝零假设，接受备择假设，表明样本来自于不同总体，样本间存在显著性差异；如果其等于或大于 $p=0.01$ 对应的统计值，则表明样本间的差异极显著。

例 7.9　在一项临床情绪的医学心理学研究（McLean et al.，1979）中，研究者对 178 名患者进行不同的治疗，包括心理治疗、舒缓治疗、药物治疗和行为治疗，然后观察治疗后的反应。研究者对患者进行贝克情绪目录（BDI）测试，并将测试结果分为 3 个级别，分别为中-重度（测试得分 ≥23）、轻度（7≤测试得分 <23）及正常（测试得分<7）。结果见表 7.22。

表 7.22　情绪临床治疗数据

BDI 结果	心理治疗	舒缓治疗	药物治疗	行为治疗	行总和
中-重度	13（8.40）	8（8.21）	10（9.36）	3（8.02）	34
轻度	20（21.75）	23（21.26）	27（24.22）	18（20.76）	88
正常	11（13.84）	12（13.53）	12（15.42）	21（13.21）	56
列总和	44	43	49	42	178

注：括号内为通过式（7.15）计算出来的期望频率。

为了确定患者不同 BDI 的表现是否与治疗方式有关，研究者采用多个独立样本的卡方检验。这里，零假设是 H_0：BDI 的不同表现程度与治疗方式没有关系（3个样本间不存在显著性差异），表中采集到的数据表现出的差异是随机采样导致的。相应地，备择假设是 H_1：治疗方式会导致 BDI 的表现出现显著性变化。

首先，用式（7.15）计算列联表各期望频率。对于心理治疗中-重度，有

$$E_{11} = \frac{R_1 C_1}{N} = \frac{34 \times 44}{178} = 8.40$$

同理计算得到其他期望频率，见表 7.22 括号中数据。然后用式（7.14）计算卡方值，如下：

$$\chi^2 = \sum_{i=1}^{r} \sum_{j=1}^{k} \frac{n_{ij}^2}{E_{ij}} - N$$

$$= \frac{13^2}{8.40} + \frac{8^2}{8.21} + \frac{10^2}{9.36} + \frac{3^2}{8.02} + \frac{20^2}{21.75} + \frac{23^2}{21.26} + \frac{27^2}{24.22}$$

$$+ \frac{18^2}{20.76} + \frac{11^2}{13.84} + \frac{12^2}{13.53} + \frac{12^2}{15.42} + \frac{21^2}{13.21} - 178$$

$$= 20.12 + 7.80 + 10.68 + 1.12 + 18.39 + 24.88$$

$$+ 30.10 + 15.61 + 8.74 + 10.64 + 9.34 + 33.38 - 178$$

$$= 12.80$$

本例中，$r = 3$，$k = 4$，因此，自由度为 df $= (r-1)(k-1) = (3-1) \times (4-1) = 6$。查附表 1，当 df $= 6$ 时，$\chi^2 = 12.80$ 大于 $p = 0.05$ 所对应的统计值（12.59）。因此，可以拒绝零假设，接受备择假设，表明不同的治疗方式确实导致患者在 BDI 测试中表现不同。

7.7.4　多个独立样本的卡方检验的进一步分析

在例 7.9 中，检验结果表明 3 个样本存在显著性差异，但没有指出是什么因素导致这种差异性，也没有说明是哪种治疗方法引起患者的 DBI 表现差异或者哪些样本间存在着显著性差异。在实际研究工作中，绝大多数研究者都会进一步追问

类似的问题。这时，需要进行列联表的分区及小区中的卡方值计算。过程如下：

1）列联表分区。首先，假设原始数据为一个 4×4 列联表，从列联表（表 7.21）的左上角开始，分出第一个 2×2 列联表作为第 1 小区，见图 7.1（a）。

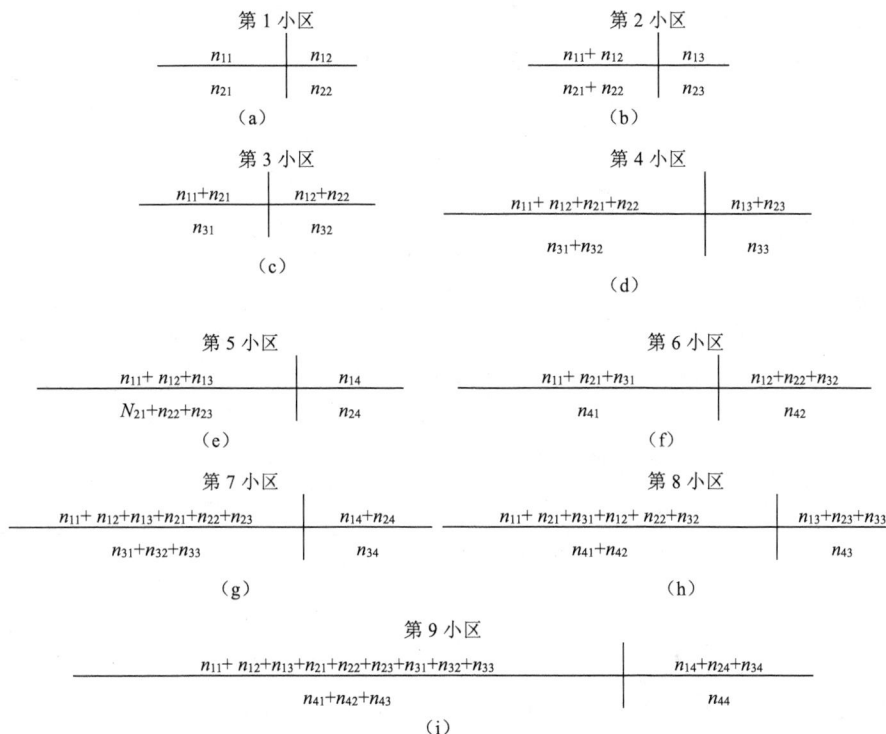

图 7.1　列联表分区

然后以第 1 小区为基础，将同行数据相加，作为左侧两个数据，并将界线向右扩展一列，形成第 2 个 2×2 列联表作为第 2 小区；将同列数据相加，作为上面两个数据，并将界线向下扩展一行，形成第 3 个 2×2 列联表作为第 3 小区［图 7.1（b）和（c）］。

在以上第 1～第 3 小区的基础上，将 2×2 列联表扩展到 n_{33}，作为第 4 小区，见图 7.1（d）。

完成 4 个小区后，左上角已有 6 个数据进入小区。此时，以第 4 小区为基础，将表 7.21 第 1 行第 1 到第 3 列数据相加，和数作为 2×2 列联表的第 1 行第 1 列，n_{14} 作为第 1 行第 2 列；将第 2 行第 1 到第 3 列数据相加，和数作为其第 2 行第 1 列，n_{24} 作为第 2 行第 2 列，得到第 5 小区。另外，将第 1 列第 1 到第 3 行数据相加作为 2×2 列联表的第 1 行第 1 列，n_{41} 作为第 2 行第 1 列；第 2 列第 1 到第 3 行数据相加，和数作为其第 1 行第 2 列，n_{42} 作为第 2 行第 2 列，得到第 6 小区。第

5 和第 6 小区见图 7.1（e）和（f）。

然后将第 1 和第 2 行的前 3 列（共 6 个数据）相加，和数作为 2×2 列联表的第 1 行第 1 列；第 4 列的前 2 行（n_{14} 和 n_{24}）相加，和数作为第 1 行第 2 列；第 3 行前 3 列相加，和数作为第 2 行第 1 列，n_{34} 作为第 2 行第 2 列，得到第 7 小区。再将第 1 和第 2 列前 3 行（6 个数据）相加，和数作为第 1 行第 1 列；第 3 列前 3 行数据之和作为第 1 行第 2 列；第 4 行前 2 列数据之和作为第 2 行第 1 列，n_{43} 作为第 2 行第 2 列，得到第 8 小区。第 7 小区和第 8 小区见图 7.1（g）和（h）。

最后将列联表的左上角 9 个数据之和作为 2×2 列联表的第 1 行第 1 列，第 4 列前 3 行数据之和作为第 1 行第 2 列，第 4 行前 3 列数据之和作为第 2 行第 1 列，n_{44} 作为第 2 行第 2 列，得到第 9 个小区，见图 7.1（i）。

如果列联表的行和列更多，就如此不断分区下去，直至覆盖全部数据。如果行数与列数不等（如例 7.9，$r=3$，$k=4$），一旦完成所有行的数据（如果行数少于列数）或者所有列的数据（如果列数少于行数），进一步的扩展就沿着列或者行进行。

2）分区结束后，计算卡方值。如下：

$$\chi_t^2 = \frac{N\left[C_j\left(R_i\sum_{h=1}^{i-1}\sum_{m=1}^{j-1}n_{hm}-\sum_{h=1}^{i-1}R_h\sum_{m=1}^{j-1}n_{im}\right)-\sum_{m=1}^{j-1}C_m\left(R_i\sum_{h=1}^{i-1}n_{hj}-n_{ij}\sum_{h=1}^{i-1}R_h\right)\right]^2}{C_jR_i\sum_{m=1}^{j-1}C_m\sum_{m=1}^{j}C_m\sum_{h=1}^{i-1}R_h\sum_{h=1}^{i}R_h}$$

（7.16）

式中，$t=i+(r-1)(j-2)-1$；h 和 m 分别为该小区的行数和列数；R 和 C 的含义同表 7.21。各小区卡方值的自由度 $df=1$，各小区卡方值 χ_t^2 的总和等于式（7.14）的计算值。

可见，无论是小区划分还是式（7.16）的计算，工作量都非常庞大，尤其是当原始数据量比较大的时候（r 和 k 继续增大时），不但耗时，还极易出错。因此，读者可以从一些商业软件包中选取相应的统计软件来完成小区划分和式（7.16）的计算。

例 7.10　上述例子中，检验结果表明不同治疗手段使患者在 BDI 测试中的表现不同，但没有揭示是哪些治疗手段造成的差异。为了弄清这个问题，我们需要对上面的列联表（原始数据）进行分区检验，见表 7.23～表 7.28。

表 7.23　第 1 小区

BDI 结果	心理治疗	舒缓治疗
中-重度	13	8
轻度	20	23

表 7.24　第 2 小区

BDI 结果	心理治疗	舒缓治疗
中-重度+轻度	33	31
正常	11	12

表 7.25　第 3 小区

BDI 结果	心理+舒缓治疗	药物治疗
中-重度	21	10
轻度	43	27

表 7.26　第 4 小区

BDI 结果	心理+舒缓治疗	药物治疗
中-重度+轻度	64	37
正常	23	12

表 7.27　第 5 小区

BDI 结果	心理+舒缓+药物治疗	行为治疗
中-重度	31	3
轻度	70	18

表 7.28　第 6 小区

BDI 结果	心理+舒缓+药物治疗	行为治疗
中-重度+轻度	101	21
正常	35	21

用式（7.16）计算得到下列卡方值（表 7.29）。

表 7.29　卡方值计算结果

小区	1	2	3	4	5	6	总和
χ^2	1.62	0.09	0.42	0.06	1.84	8.76	12.79
P	>0.20	>0.70	>0.50	>0.80	>0.10	<0.01	—

查附表 1 得到各小区卡方值的显著性（表 7.29）。结果表明：只有第 6 小区存在显著性差异，即与行为治疗相比，心理、舒缓及药物治疗对患者 BDI 表现的影响显著增大（或者说，与心理、舒缓及药物治疗相比，行为治疗对患者 BDI 表现的影响基本不存在）。

在进行分区时，从统计学来说，研究者可以以任何顺序对列联表进行分区。

然而，按照一定的逻辑顺序进行分区，有助于对统计结果的解析。在上述例子中，第 1 小区是检验心理治疗和舒缓治疗在 BDI 测试中表现为中-重度和轻度上是否存在显著性差异。检验结果是没有显著性差异，因此将这两种反应程度合并为一组，并与第三个反应级别"正常"进行比较（第 2 小区），结果显示仍然没有显著性差异。前两个小区的检验结果表明，心理治疗和舒缓治疗在所有级别的 BDI 测试反应中都没有显著性差异。因此，有理由将心理治疗和舒缓治疗合并，并与药物治疗在中-重度和轻度及中-重度+轻度和正常级别间进行检验（第 3 小区和第 4 小区）。在没有发现显著性差异时，进一步将这 3 种治疗方法合并，并与行为治疗进行比较检验（第 5 小区和第 6 小区）。这种顺序不是统计学的要求，而是具体研究课题的要求。

3）在完成上述检验后，绝大多数研究者已经获得满意的结果，因此可以停止检验。但是，部分研究者还想进一步确定差异来自列联表中什么位置。例如，在上述例子中，研究者可能要确定行为治疗引起的是"中-重度+轻度"的反应，还是"正常"反应。要达到这个目的，可以采用以下公式：

$$d_{ij} = \frac{n_{ij} - E_{ij}}{\sqrt{E_{ij}}} \sqrt{\frac{N - C_j}{N - R_i}} \tag{7.17}$$

式中，d_{ij} 是列联表中第 i 行第 j 列所对应的格子的标准化残差（standardized residual），其余各项见前述。

求出标准化残差后，查附表 2，以确定标准化残差是否具有显著性。用式（7.17）计算表 7.22 中的数据，得到以下结果（表 7.30）。

表 7.30　各种治疗手段及其反应的标准化残差数据

BDI 结果	心理治疗	舒缓治疗	药物治疗	行为治疗
中-重度	1.53	−0.07	0.20	−1.72
轻度	−0.46	0.46	0.67	−0.75
正常	−0.80	−0.44	−0.89	2.26

附表 2 中，在 $p = 0.05$ 的显著性水平上，只有 n_{34} 的标准化残差 $d_{34} = 2.26$ 达到了显著性水平，即行为治疗显著性地增加了 BDI 测试中正常反应的幅度。

使用卡方检验时要注意，列联表中每个格子的频率值数据不能太小，因为数据太小会使得采样数据分布偏离附表 2 的卡方分布太远。具体而言，当列联表的 r 或者 k 大于 2 时，期望频率值数据小于 5 的格子不应多于 20%，而且不能有任何格子的期望频率值小于 1。如果这些条件达不到，读者要么增加工作量以增大样本量，要么将相应的行或列进行合并，从而减小 r 或者 k 值，并且增大格子中的数据。进行合并操作时，要将有相同或相似特征的行/列进行合并，保持那些截然不同的行/列。

7.8　G 检 验

G 检验分单样本、独立双样本和独立多样本几种情况，计算操作不完全相同。单样本 G 检验可与卡方吻合度检验互换使用，独立双样本 G 检验可与费希尔检验互换使用，独立多样本 G 检验可与多个独立样本的卡方检验互换使用。在独立多样本的情况下，卡方检验操作烦琐，容易出错；G 检验简单，但无法准确定位样本间差异出现的位置。

7.8.1　G 检验的假设

零假设 H_0：样本间或者样本与理论期望频率间不存在显著性差异。
备择假设 H_1：样本间存在显著性差异。

7.8.2　G 检验的操作

1．单样本的 G 检验

单样本的 G 检验（G-test for one-way classification of frequencies）可用于分析数据的同质性或者与某个理论预测的吻合度，可与卡方吻合度检验（7.2 节）互换使用。不管自由度有多大，这个方法都要进行威廉斯修正（Williams' correction）。具体操作如下。

1）假设有样本（某事件在 4 种情况下，即 4 种类别中出现的频率），观察频率 O 为 24、32、10、9。

相应的期望频率（这里是各观察频率的平均数）E 为 18.75、18.75、18.75、18.75。

2）计算统计值 G：

$$G = 2 \times \sum \left(O \ln \frac{O}{E} \right) \tag{7.18}$$

上面的样本计算如下：

$$
\begin{aligned}
G &= 2 \times \sum \left(O \ln \frac{O}{E} \right) \\
&= 2 \times \left[24 \times \ln \left(\frac{24}{18.75} \right) + 32 \times \ln \left(\frac{32}{18.75} \right) + 10 \times \ln \left(\frac{10}{18.75} \right) + 9 \times \ln \left(\frac{9}{18.75} \right) \right]
\end{aligned}
$$

$$= 2 \times (5.925 + 17.105 - 6.286 - 6.606)$$
$$= 20.276$$

3）计算威廉斯修正项 W：

$$W = 1 + \frac{\alpha^2 - 1}{6nv} \tag{7.19}$$

式中，α 为样本中的类别数（在上面数据中，$\alpha = 4$）；n 为各项频率之和（上面数据的 $n = 24 + 32 + 10 + 9 = 75$）；$v$ 为自由度 df（$v = \mathrm{df} = \alpha - 1$；上面数据的 $v = \mathrm{df} = 4 - 1 = 3$）。相应地，上面数据的威廉斯修正项计算如下：

$$W = 1 + \frac{\alpha^2 - 1}{6nv} = 1 + \frac{4^2 - 1}{6 \times (24 + 32 + 10 + 9) \times (4 - 1)} = 1 + \frac{15}{1350} = 1.0111$$

4）用威廉斯修正项对统计值 G 进行修正，得到修正后的统计值：

$$G_{\mathrm{adj}} = \frac{G}{W} \tag{7.20}$$

上面的数据统计值修正后为

$$G_{\mathrm{adj}} = \frac{G}{W} = \frac{20.276}{1.0111} = 20.053$$

5）显著性判断。查附表 1，在相应自由度 df 下，计算出的 G_{adj} 如果小于表中显著性 $p = 0.05$ 所对应的关键值，则接受零假设，表明样本中各观察值与期望值间没有显著性差异；如果 G_{adj} 等于或者大于该关键值，则拒绝零假设，接受备择假设，表明各观察值与期望值间存在着显著性差异；如果等于或者大于 $p = 0.01$ 对应的关键值，则表明差异性达到极显著水平。

上面的计算结果是 df $= 3$，$G_{\mathrm{adj}} = 20.053$，远远大于 $p = 0.01$ 对应的关键值（11.34）。因此，拒绝零假设，接受备择假设，表明该组数据各观察频率间存在着极显著的差异。

例 7.11　研究者在云南 5 条干热河谷（A、B、C、D 和 E）中采集蜱标本各 100 只，其中属于物种 1 出现的个体数：河谷 A 为 85 只，河谷 B 为 50 只，河谷 C 为 45 只，河谷 D 为 20 只，河谷 E 为 40 只。为了弄清物种 1 在这几条河谷分布的偏好性，研究者用 G 检验进行分析，过程如下：

1）假设这种蜱没有分布偏好性（G 检验的零假设），得到如下观察频率及期望频率（表 7.31）。

表 7.31　云南干热河谷中一种蜱的观察频率及期望频率

频率	A	B	C	D	E
观察频率 O	85	50	45	20	40
期望频率 E	48	48	48	48	48

2）为了检验上述假设，用式（7.18）计算统计值 G，如下：

$$G = 2 \times \sum \left(O \ln \frac{O}{E} \right)$$

$$= 2 \times \left[85 \times \ln \left(\frac{85}{48} \right) + 50 \times \ln \left(\frac{50}{48} \right) + 45 \times \ln \left(\frac{45}{48} \right) + 20 \times \ln \left(\frac{20}{48} \right) + 40 \times \ln \left(\frac{40}{48} \right) \right]$$

$$= 2 \times (48.57 + 2.04 - 2.90 - 17.5 - 7.29) = 45.84$$

3）本例中，$\alpha = 5$，$n = 85 + 50 + 45 + 20 + 40 = 240$，$v = df = 5 - 1 = 4$。用式（7.19）计算威廉斯修正项：

$$W = 1 + \frac{\alpha^2 - 1}{6nv} = 1 + \frac{5^2 - 1}{6 \times 240 \times 4} = 1 + \frac{24}{5\,760} = 1.004\,2$$

4）用威廉斯修正项对统计值 G 进行修正［式（7.20）］，得到

$$G_{adj} = \frac{G}{W} = \frac{45.84}{1.004\,2} = 45.65$$

5）查附表 1，在 df = 4 的情况下，$G_{adj} = 45.65$ 远大于显著性 $p = 0.001$ 所对应的关键值（18.46）。因此，拒绝零假设，接受备择假设，表明该种蜱在 5 条河谷间存在着极强的分布偏好性。

2. 两个独立样本的 G 检验（2×2 列联表的 G 检验）

2×2 列联表的 G 检验是两个样本检验中的特例，它是两个二分型变量样本的比较，对应费希尔检验（7.4 节），可以与其互换使用。检验操作过程如下。

1）首先建立以下列联表（表 7.32）。

表 7.32 G 检验的 2×2 列联表

样本	变量表现形式		行总和
	1	2	
1	a	b	T_1
2	c	d	T_2
列总和	S_1	S_2	T

其中，a、b、c、d 分别为各样本中变量不同表现形式的观察频率，T_1 和 T_2 分别为两个样本的样本量，S_1 和 S_2 分别为两种表现形式的频率，T 为总观察频率（也是采样单元总数）。

2）统计值 G 的计算过程如下。

① 观察频率及其对数乘积之和：

$$A = a \times \ln a + b \times \ln b + c \times \ln c + d \times \ln d \qquad (7.21)$$

式中，ln 为自然对数。

② 样本量和变量表现形式的频率及其对数乘积之和：

$$B = T_1 \times \ln T_1 + T_2 \times \ln T_2 + S_1 \times \ln S_1 + S_2 \times \ln S_2 \tag{7.22}$$

③ 统计值：

$$G = 2 \times (A + T \times \ln T - B) \tag{7.23}$$

3）计算威廉斯修正项：

$$W = 1 + \frac{\left(\dfrac{T}{T_1} + \dfrac{T}{T_2} - 1\right)\left(\dfrac{T}{S_1} + \dfrac{T}{S_2} - 1\right)}{6 \times T} \tag{7.24}$$

4）用威廉斯修正项对统计值 G 进行修正［式（7.20）］。

5）显著性判断。首先计算自由度 $df = (r-1)(c-1)$。这里的 r 和 c 分别为列联表的行数和列数。由于是 2×2 列联表，行数和列数均为 2，因此自由度是 1。然后查附表 1，如果 G_{adi} 小于表中 df $=1$、$p=0.05$ 对应的关键值（3.84），则接受零假设；如果等于或者大于该关键值，则接受备择假设；如果等于或者大于 $p=0.01$ 对应的关键值（6.64），则表明样本间的差异达到极显著水平。

例 7.12　对于延迟退休，不同人出于自身利益有不同观点。在一次调查中，访谈了 101 个普通工作人员（样本 1）和 44 个领导干部（样本 2）。受访者的观点汇总后得到表 7.33 中的数据。为了弄清普通工作人员和领导干部间对延迟退休的观点是否存在系统性差异，研究者用两个独立样本的 G 检验进行分析，过程如下。

表 7.33　关于延迟退休的假设访谈数据

样本	表现形式		行总和
	1（反对）	2（赞成）	
1（普通工作人员）	86	15	101
2（领导干部）	32	12	44
列总和	118	27	145

首先，用式（7.21）～式（7.23）进行以下计算：

$$A = a \times \ln a + b \times \ln b + c \times \ln c + d \times \ln d$$
$$= 86 \times \ln 86 + 15 \times \ln 15 + 32 \times \ln 32 + 12 \times \ln 12$$
$$= 383.07 + 40.62 + 110.90 + 29.82$$
$$= 564.41$$

$$B = T_1 \times \ln T_1 + T_2 \times \ln T_2 + S_1 \times \ln S_1 + S_2 \times \ln S_2$$
$$= 101 \times \ln 101 + 44 \times \ln 44 + 118 \times \ln 118 + 27 \times \ln 27$$
$$= 466.13 + 166.50 + 562.94 + 88.99$$
$$= 1\,284.56$$

116

$$G = 2 \times (A + T \times \ln T - B)$$
$$= 2 \times (564.41 + 145 \times \ln 145 - 1\,284.56)$$
$$= 2.953$$

然后，用式（7.20）和式（7.24）计算威廉斯修正值及修正后的统计值：

$$W = 1 + \dfrac{\left(\dfrac{T}{T_1} + \dfrac{T}{T_2} - 1\right)\left(\dfrac{T}{S_1} + \dfrac{T}{S_2} - 1\right)}{6T} = 1 + \dfrac{\left(\dfrac{145}{101} + \dfrac{145}{44} - 1\right)\left(\dfrac{145}{118} + \dfrac{145}{27} - 1\right)}{6 \times 145} = 1.024$$

$$G_{adj} = \frac{G}{W} = \frac{2.953}{1.024} = 2.884$$

最后，查附表 1，修正后的统计值 $G_{adj} = 2.884$ 小于 $df = 1$、$p = 0.05$ 所对应的关键值（3.84）。因此，接受零假设，表明两个样本的观察频率间没有显著性差异，两组受访者对延迟退休没有显著不同的意见。

这里介绍的方法适用于二分型变量的双独立样本的比较。对于变量存在多种表现形式的样本，读者可以求助于两个独立样本的卡方检验（7.5 节）。

3. 多个独立样本的 G 检验（$r{\times}c$ 列联表的 G 检验）

当表 7.32 的行数/列数增加时，应当采用 $r{\times}c$ 列联表的 G 检验。这时，G 检验可与多个独立样本的卡方检验互换使用。$r{\times}c$ 列联表 G 检验的计算过程与 $2{\times}2$ 列联表 G 检验的计算过程基本一样，不同处在于：①$r{\times}c$ 列联表的 G 检验不需要威廉斯修正项的修正；②自由度 $df = (r-1)(c-1)$ 不再是 1，而是大于 1，因为 r 和 c 中至少有一个大于 2。

例 7.13　在对一个景区的 4 个景点的评估中，研究者共访问了 289 名游客，询问他们最感兴趣的景点。其中，79 人具有大学及以上学历，210 人具有大学以下学历。数据见表 7.34。

表 7.34　游客对不同景点的偏爱度假设数据

样本	景点				行总和
	1	2	3	4	
1	38	70	32	70	210
2	4	22	11	42	79
列总和	42	92	43	112	289

计算过程如下：

$$A = 38 \times \ln 38 + 70 \times \ln 70 + 32 \times \ln 32 + 70 \times \ln 70 + 4 \times \ln 4$$
$$+ 22 \times \ln 22 + 11 \times \ln 11 + 42 \times \ln 42$$
$$= 1\,100.828$$

$$B = 210 \times \ln 210 + 79 \times \ln 79 + 42 \times \ln 42 + 92 \times \ln 92$$
$$+ 43 \times \ln 43 + 112 \times \ln 112$$
$$= 2\,731.27$$
$$G = 2 \times (1\,100.83 + 289 \times \ln 289 - 2\,731.27) = 14.31$$

$r = 2$，$c = 4$，自由度 $\mathrm{df} = (r-1)(c-1) = (2-1) \times (4-1) = 3$。查附表 1：$G = 14.32$（注意：不需要进行威廉斯修正）大于 $p = 0.01$ 对应的关键值（11.34），因此拒绝零假设，接受备择假设，表明两个样本间存在着极显著的差异（不同文化程度对景点有不同的偏爱）。

以上例子是两个多表现形式变量样本的比较。对于多样本，式（7.21）需要涵盖所有观察频率。如果用 x_{ij} 代替 $a, b, c, d, \cdots$，相应地，式（7.21）变成

$$A = x_{11} \times \ln x_{11} + x_{12} \times \ln x_{12} + \cdots + x_{1k} \times \ln x_{1k} + x_{21} \times \ln x_{21}$$
$$+ \cdots + x_{2k} \times \ln x_{2k} + \cdots + x_{r1} \times \ln x_{r1} + \cdots + x_{rk} \times \ln x_{rk} \tag{7.25}$$

式中，r 为行数，k 为列数。

相应地，式（7.22）变成

$$B = T_1 \times \ln T_1 + T_2 \times \ln T_2 + \cdots + T_i \times \ln T_i + S_1 \times \ln S_1$$
$$+ S_2 \times \ln S_2 + \cdots + S_k \times \ln S_k \tag{7.26}$$

然后代入式（7.23）计算统计值 G，并查附表 1。

上述计算过程表明，G 检验无法检测显著性差异出现在哪些样本间。这是多数研究者愿意使用卡方检验的重要原因之一。

7.9 方法选择检索表

1. 样本数

（1）= 1（属于吻合度检验）·· 2
（2）≥2（属于样本间差异性判断）··· 3

2. 变量表现形式有

（3）2 种（即：二分型数据）······················· 二项式检验（7.1 节）
（4）>2 种·················· 卡方吻合度检验（7.2 节）或 G 检验（7.8 节）

3. 样本数

（5）= 2·· 4
（6）>2·· 6

4. 按照采样单元独立性判断，数据组属于

（7）相关样本（也称匹配样本）…………………… 麦氏变化检验（7.3 节）

（8）独立样本………………………………………………………………… 5

5. 变量表现形式有

（9）2 种（即二分型数据）

　　　………………………… 费希尔检验（7.4 节）或 G 检验（7.8 节）

（10）>2 种…………………………… 两个独立样本的卡方检验（7.5 节）

6. 按照采样单元独立性判断，数据组属于

（11）相关样本（也称匹配样本）…………… 柯克兰 Q 检验（7.6 节）

（12）独立样本

　　　………… 多个独立样本的卡方检验（7.7 节）或 G 检验（7.8 节）

第 8 章

样本间的比较 Ⅱ：等级型数据

等级型数据是指变量的表现形式不是在不同类别上（如赤、橙、黄、绿、青、蓝、紫），而是在信息含量上（如 1 级、2 级、3 级……）。但是，信息含量在级别间并不相等，或者说，没有信息量的等值性。由于时间或者财力上的限制，研究者常常无法进行细致的数据采集，而是粗略估计大小、高矮、胖瘦等。依据这些粗略估计，将采样单元划分在不同级别里。本章介绍的方法适用于这类数据。相比分类型数据，等级型数据的信息含量更高，相应的统计分析方法判断样本间差异的能力就更强。

与第 7 章类似，等级型变量构成的样本间的比较也分 3 种大的比较类型，包括单样本、双样本和多样本的比较。

单样本的比较方法有科尔莫戈罗夫-斯米尔诺夫单样本检验（Kolmogorov-Smirnov one-sample test，以下简称 K-S 单样本检验）和变点检验（change-point test）。K-S 单样本检验（8.1 节）对应分类型数据中的二项式检验和卡方吻合度检验，用于检验等级型数据样本与某种理论数据分布类型的吻合度。变点检验（8.2 节）用于检测一个样本内是否存在系统性的数据变化趋势的改变。

双样本和多样本各自可再分为相关样本的检验和独立样本的检验。在双样本比较中，符号检验（sign test）和威尔科克森符号秩检验（Wilcoxon signed rank test）用于相关样本的比较。其中，当研究者无法详细区分变量的等级，只能确定变量的表达是大还是小（只有两种等级）时，使用符号检验（8.3 节）检测变量的变化方向（变大/变小、增强/减弱……）。当研究者不仅需判断变量的变化方向，还需确定变化的不同程度时（变大或者增强几个等级），使用威尔科克森符号秩检验（8.4 节）。适用于两个独立样本的检验方法有曼-惠特尼 U 检验（Mann-Whitney U test）、罗伯斯特秩检验（Robust rank-order test）、K-S 双样本检验及西格尔-图奇检验（Siegel-Tukey test for scale differences）。曼-惠特尼 U 检验（8.5 节）是在两个样本的数据分布类型相同（数据变异性相同）的情况下检测中位数的可能差异，而罗伯斯特秩检验（8.6 节）是在已知数据分布类型不同（数据变异性不同）的情况下检测两个样本的中位数的可能差异。K-S 双样本检验（8.7 节）与 K-S 单样本检验类似，它检测两个样本的吻合度，因此能够检测到两个样本间任何形式的差异，包括样本数据中心（中位数/平均数）、分散性和偏向性。在实际研究中，实验条件的变化有时导致采样单元向极端化方向发展。例如，在经济危机或者社会政治动荡（实验条件）中，贫富两极分化加剧，贫者更贫富者更富。再如，一些药物注射后，一些受试者变得更亢奋，另一些变得更抑郁。这些情况的共同特征：样本的中位数相同，采样单元的表现不是随着实验条件的改变朝着同一个方向变化，而是有不同变化趋势。本章介绍的西格尔-图奇检验（8.8 节）用于比较这种数据构成的样本。

　　在多样本的比较中，弗里德曼秩次双向方差分析（8.9 节）和佩奇检验（8.10 节）适用于相关样本的比较。其中，弗里德曼秩次双向方差分析检测的是同一样本在不同条件下是否存在差异，但无法检测到采样单元的变异方向。佩奇检验能够告诉研究者采样单元是否随着条件的变化而呈现向某个方向（增大/减小）持续发生的变化。克鲁斯卡尔-沃利斯单向方差分析（8.11 节）和荣基尔检验（8.12 节）适用于多个独立样本的检验。克鲁斯卡尔-沃利斯单向方差分析适用于检测样本间的任何差异。与佩奇检验对应的是荣基尔检验，检测多个独立样本中位数的渐次增加。

　　相应地，本章的方法选择检索表见 8.13 节。

8.1　K-S单样本检验

　　在卡方吻合度检验中，如果数据分类类别间存在大小差异，该方法无法检测到类别间的大小差异带来的影响。例如，野外工作中采集到一组数据，里面隐含着生境质量（人为破坏程度）的不同；或者实验室中采集到一组生理指标，里面隐含着某种生物化学成分浓度上的差异。这些差异反映的数据变化规律可能与某种理论模型不吻合，而这种不吻合正是研究者所寻求的。卡方吻合度检验检测不到这种不吻合，这时可求助于 K-S 单样本检验。K-S 单样本检验的思路与卡方吻合度检验相似，首先将变量进行划分，形成不同的数据组别（类似于卡方吻合度检验中的数据类别），然后计算不同数据组别的频率（数据组中的采样单元数）。卡方吻合度检验止于此，但 K-S 检验进一步计算各数据组的频率占总采样单元数的频率的比例，然后进行这些比例的累加，最后的比例累加总和为 1.0。K-S 单样本检验的具体操作如下。

8.1.1 K-S 单样本检验的假设

零假设 H_0：研究数据的频率分布与理论分布相吻合。

备择假设 H_1：研究数据的频率分布与理论分布存在着显著性差异。

8.1.2 K-S 单样本检验的计算

1）首先，假设有 N 个采样单元（样本量 $=N$），将变量划分为不同等级的表现形式或类别，并按等级大小（从小到大）进行排列。在此基础上，计算各类别中的实际频率（实际落在各类别中的采样单元数）、实际相对频率 F_i（某一类别的实际频率除以采样单元总数 N 得到的商），以及实际累计相对频率 $S_N(X_i)$（某一特定类别的相对频率与该类别以下各类别相对频率之和）。

2）其次，基于 N 值和理论模型预测各类别的期望频率（F_iN）和期望累计相对频率 $F_0(X_i)$。

3）最后，计算各等级类别的期望累计相对频率和实际累计相对频率的差 $(F_0(X_i)-S_N(X_i))$ 及其绝对值 $|F_0(X_i)-S_N(X_i)|$，并找出最大绝对值 D：

$$D = \max |F_0(X_i) - S_N(X_i)| \tag{8.1}$$

式中，$i = 1,2,\cdots,N$。

8.1.3 显著性的判断

求出 D 后，依据样本量 N，在附表 11 查出显著性水平 p。附表 11 列出 $N \leqslant 35$ 的情况下各显著性水平 p 所对应的关键值。如果 D 小于 $p = 0.05$ 所对应的关键值，接受零假设，拒绝备择假设，表明研究数据与理论预测相吻合；如果 D 等于/大于 $p = 0.05$ 所对应的关键值，则拒绝零假设，接受备择假设，表明研究数据与理论预测不吻合，存在着显著性差异；如果 D 等于/大于 $p = 0.01$ 所对应的关键值，表明两者差异达到极显著水平。

当 $N > 35$ 时，关键值要通过计算。对应 $p = 0.05$ 的关键值，有

$$D_{c-0.05} = \frac{1.36}{\sqrt{N}} \tag{8.2}$$

对应 $p = 0.01$ 的关键值，有

$$D_{c-0.01} = \frac{1.63}{\sqrt{N}} \tag{8.3}$$

如果式（8.1）计算出来的 D 值等于/大于式（8.2）计算得到的关键值（该 D 值出现的概率 $p \leqslant 0.05$），则拒绝零假设 H_0（样本数据与理论模型相吻合），接受

备择假设 H_1（样本数据与理论模型不吻合）；如果式（8.1）计算出来的 D 值等于/大于式（8.3）计算得到的关键值，表明研究数据与理论模型间的差异性达到极显著水平。

　　例 8.1　梳理（俗称理毛）是灵长类动物中常见的社会行为。在一个稳定的社群中，每次梳理行为持续的时间有长有短。在一项行为研究中，共采集到 840 次梳理行为记录。研究者要探讨梳理行为所用时间是否是随机的，相应的零假设是 H_0（梳理行为的时间长短是随机性的），理论期望的相对频率（F_0）在不同时间长度里是一样的。数据详见表 8.1。

表 8.1　灵长类梳理行为假设数据

时间/min	实际频率	累计绝对频率		累计相对频率		$|F_0(X_i) - S_N(X_i)|$
		观察值	期望值	观察值 $S_N(X_i)$	期望值 $F_0(X_i)$	
1～2	203	203	33.6	0.242	0.040	0.202
2～3	149	352	67.2	0.419	0.080	0.339
3～4	100	452	100.8	0.538	0.120	0.418
4～5	71	523	134.4	0.623	0.160	0.463
5～6	49	572	168.0	0.681	0.200	0.481
6～7	33	605	201.6	0.720	0.240	0.480
7～8	29	634	235.2	0.755	0.280	0.475
8～9	26	660	268.8	0.786	0.320	0.466
9～10	23	683	302.4	0.813	0.360	0.453
10～11	14	697	336.0	0.830	0.400	0.430
11～12	12	709	369.6	0.844	0.440	0.404
12～13	9	718	403.2	0.855	0.480	0.375
13～14	11	729	436.8	0.868	0.520	0.348
14～15	15	744	470.4	0.886	0.560	0.326
15～16	6	750	504.0	0.893	0.600	0.293
16～17	7	757	537.6	0.901	0.640	0.270
17～18	6	763	571.2	0.908	0.680	0.228
18～19	4	767	604.8	0.913	0.720	0.193
19～20	4	771	638.4	0.918	0.760	0.158
20～25	17	788	672.0	0.938	0.800	0.138
25～30	16	804	705.6	0.957	0.840	0.117
30～35	8	812	739.2	0.967	0.880	0.087
35～40	8	820	772.8	0.976	0.920	0.056
40～50	12	832	806.4	0.990	0.960	0.030
>50	8	840	840	1.000	1.003	0.000

首先对变量（梳理持续时间）进行类别划分：每次梳理持续的时间在 20min 以内的，以 1min 为一组，其中第一组（1～2min）包括那些每次持续时间不到 1min 的梳理行为记录；每次持续时间为 20～40min 的，以 5 分钟为一组；40～50min 为一组；超过 50min 的为一组。因此总共有 25 组，它们是时间变量表现的 25 个不同等级。

各组出现的频率（梳理次数）的原始数据在表 8.1 第 2 列中。第 3 列为累计频率的观察值，它等于这个时间段的频率与上面所有时间段的频率之和。由于各组的相对期望频率一样，为 0.04（1/25），因此每组的期望频率是 0.04×840＝33.6。各组的累计期望频率详见第 4 列，它等于这个时间段的期望频率与上面所有时间段的期望频率之和。各组的累计相对频率等于该组的累计绝对频率除以总频率 N（为 840），累计相对频率的观察值和期望值详见第 5 列和第 6 列。

用式（8.1）计算得到表 8.1 第 7 列，即累计相对频率的观察值与期望值之差。从该列中得到

$$D = \max \left| F_0(X_i) - S_N(X_i) \right| = 0.481$$

由于 N＝840>35，计算关键值。对应 p＝0.05 的关键值有

$$D_{c-0.05} = \frac{1.36}{\sqrt{840}} = \frac{1.36}{28.98} = 0.047$$

对应 p＝0.01 的关键值有

$$D_{c-0.05} = \frac{1.63}{28.98} = 0.056$$

计算得到的 D 值（0.481）大于 p＝0.01 时的关键值 $D_{c-0.05}$（0.056），因此拒绝零假设，接受备择假设，即研究数据与随机理论预测差异达到极显著水平，表明梳理行为持续的时间长短不是随机分布的，而是某些因素导致灵长类个体决定梳理时间的长短。

8.2 变点检验

经常有类似这样的情况：研究者在野外调查蜱的分布，沿着一条线路，穿越两种生境（低地/高地或者草原/森林）采集蜱样本，最后分析不同物种的分布体现其对生境类型的偏好性；教育工作者采用某种认知技术干预学生的学习过程，最后分析这种认知技术对学习效率的影响效果；驯兽师采用某种类型的食物来激发受驯动物做出正确行为反应，然后分析这种类型的食物受动物喜好的程度……在这些情况下，研究者事先不知道蜱的分布差异出现在什么地方，或者不知道学习效率的改变出现在干预后的什么时间，或者不知道受驯动物行为反应正确率的改

变出现在什么时间。因此，研究者无法事先进行样本划分，他们能做的是连续进行数据采集，得到一个单一样本。在这种情况下，许多人凭主观经验判断不同物种的分布区、学习效率改变的时间及行为反应正确率的改变出现的时间。变点检验可用于探测这些单一样本中数据变化趋势发生变化的时空位点，以提高研究结果的客观性。

变点检验的原理：寻找一个样本中是否存在两个中位数，并检验这两个中位数的差异是否具有显著性，从而判定这个样本是否存在前后变化并且找出变化发生的位置（变点）。变点检验适用于两种数据类型，一种是二分等级数据（数据只有两个等级），另一种是多等级数据（数据有任意多的等级）。

8.2.1 变点检验的假设

零假设 H_0：样本中不存在变点。
备择假设 H_1：样本中存在变点。

8.2.2 变点检验的过程

1. 二分等级变量

1）假设在一项研究中，研究者采集到一个规模为 N 的样本：$X_1, X_2, \cdots, X_N$。由于是二分等级数据，每个观察值的表现可以记录为 $X_i = 0$（等级低者）或者 $X_i = 1$（等级高者）（$i = 1, 2, \cdots, N$）。在这 N 个观察值中，假设 m 为 $X_i = 1$ 的观察数（采样单元数），n 为 $X_i = 0$ 的观察数（$n = N - m$），有

$$m = \sum_{i=1}^{N} X_i \tag{8.4}$$

2）$X_i = 1$ 在样本中出现的频率为

$$S_j = \sum_{i=1}^{j} X_i \tag{8.5}$$

式中，$j = 1, 2, \cdots, N$。

3）然后计算下列统计值：

$$D_{m,n} = \max \left| \frac{N}{mn} \left(S_j - \frac{jm}{N} \right) \right| \tag{8.6}$$

式中，$D_{m,n}$ 为样本中最大差异的绝对值。

最大差异的绝对值所对应的数据位置就是变点，即变化的开始点。

4）显著性判断。查附表 12。如果计算出的统计值 $D_{m,n}$ 等于/大于表中 m、$n = 1$ 以及 $p = 0.05$ 所对应的关键值（表中普通字体），则拒绝零假设 H_0，接受备择假设 H_1，表明样本中存在显著性的变化，即存在变点；否则，接受零假设 H_0，表明样

本中没有数据变化趋势的显著性变化。如果 $D_{m,n}$ 等于 1 且大于 $p = 0.01$ 所对应的关键值（斜体数字），则表明变化趋势极显著。

在数理上，变点检验是一种 K-S 检验，因此附表 12 称为 K-S 双样本（双侧）检验关键值。该表适用于 m 或者 $n \leqslant 25$ 的情况。当 $m > 25$ 或者 $n > 25$ 时，无法得到相应的关键值，这种情况属于大样本情况。对于大样本，需要查附表 13。如果在显著性为 0.05 的水平上拒绝零假设，则计算出的统计值 $D_{m,n}$ 应该大于/等于 $1.36\sqrt{\dfrac{N}{mn}}$（注意：$N = m+n$）。当 $D_{m,n} \geqslant 1.63\sqrt{\dfrac{N}{mn}}$ 时，样本中数据变化趋势出现极显著的改变。

例 8.2 一位驯兽师要研究奖励对海豹正确做出表演动作的影响。他选择两只训练有素的海豹，对每一只都进行 240 次测试。但是，对其中一只（海豹 A）的奖励方式是每当海豹完成 1 次正确行为，就奖励 1 条大沙丁鱼；另一只（海豹 B）的奖励方式是首先试验 120 次，每次海豹正确完成动作后奖励 1 条大沙丁鱼，但之后 120 次试验中奖励的是 1 条小沙丁鱼。海豹行为正确时，研究者给 1 分，失败时给 0 分。得到以下两个样本（假设数据）。

海豹 A（奖励方式没有变化）：

```
1 1 1 1 0 0 1 1 1 1 0 0 1 1 1 1 1 1 1 1 1 1 0 1 1 0 0 1 1
1 0 0 1 1 1 1 1 1 1 1 1 0 0 1 1 1 1 1 1 1 0 1 1 1 1 0 0 1 1
0 1 1 0 1 1 1 1 0 0 1 0 1 1 1 1 0 1 1 1 0 0 1 1 1 1 1 1 1 0
0 0 1 1 1 1 1 0 1 1 1 1 0 1 1 0 0 0 1 1 0 0 0 0 1 1 1 0 1 1
0 1 1 0 1 1 1 1 0 0 1 1 1 1 1 1 1 1 1 1 1 0 1 1 0 1 1 1 1 1
1 1 1 1 1 1 1 1 1 1 1 1 1 0 0 1 1 0 0 1 1 1 0 0 1 1 0 1 1 0 1
0 0 1 1 1 0 1 0 1 1 1 1 1 1 1 1 0 0 1 1 1 1 1 1 1 0 0 0 1
1 1 1 1 1 1 1 1 1 0 1 1 1 1 0 0 1 1 1 1 1 1 1 1 0 0 1 1
```

海豹 B（奖励方式有变化）：

```
0 0 1 1 0 1 1 1 1 1 1 1 1 1 1 1 1 1 1 1 1 1 1 1 1 1 1 1 1
1 1 1 1 1 1 1 1 1 1 1 1 1 1 1 1 1 1 1 1 1 1 1 0 1 1 1 1 1 0
1 1 0 1 1 0 0 1 1 1 0 0 0 0 1 1 1 1 0 1 1 1 0 0 1 0 1 1
1 1 1 1 1 1 1 1 0 1 1 0 1 1 1 1 0 0 1 1 1 1 0 0 0 0 0 1 0 1
1 1 0 1 1 1 0 1 0 0 0 0 1 0 0 1 1 1 1 1 0 1 1 1 0 1 0 0 1 0
1 1 1 1 1 0 1 1 1 0 1 1 1 0 1 0 0 1 1 1 1 0 1 1 1 0 1 0 1
1 0 0 0 0 1 1 1 1 0 0 1 1 0 1 0 0 0 0 1 1 0 0 1 1 1 1 1
1 1 0 0 0 0 1 0 1 1 1 1 1 0 1 1 0 1 0 1 0 0 1 0 0 0 0 1 1 1 0 0 1 1
```

驯兽师要分析改变奖励方式是否对海豹做出正确行为有影响。然而，从上述数据无法做出判断，因此要采用变点检验。首先对海豹 A 的数据进行分析，计算如下。

据式（8.4），有 $m = \sum_{i=1}^{N} X_i = \sum_{i=1}^{240} X_i = 178$，并且 $n = N - m = 240 - 178 = 62$。

另据式（8.5），有

$$S_1 = \sum_{i=1}^{1} X_i = 1$$

$$S_2 = \sum_{i=1}^{2} X_i = 1 + 1 = 2$$

$$S_3 = \sum_{i=1}^{3} X_i = 1 + 1 + 1 = 3$$

$$S_4 = \sum_{i=1}^{4} X_i = 1 + 1 + 1 + 1 = 4$$

$$S_5 = \sum_{i=1}^{5} X_i = 1 + 1 + 1 + 1 + 0 = 4$$

$$\vdots$$

$$S_{240} = \sum_{i=1}^{240} X_i = 1 + 1 + 1 + 1 + 0 + 0 + \cdots + 1 = 178$$

计算式（8.6）中的绝对值，有

$$\left| \frac{N}{mn} \left(S_1 - \frac{jm}{N} \right) \right| = \left| \frac{240}{178 \times 62} \left(1 - \frac{1 \times 178}{240} \right) \right| = 0.005\,6$$

$$\left| \frac{N}{mn} \left(S_2 - \frac{jm}{N} \right) \right| = \left| \frac{240}{178 \times 62} \left(2 - \frac{2 \times 178}{240} \right) \right| = 0.011\,4$$

$$\left| \frac{N}{mn} \left(S_3 - \frac{jm}{N} \right) \right| = \left| \frac{240}{178 \times 62} \left(3 - \frac{3 \times 178}{240} \right) \right| = 0.017\,0$$

$$\left| \frac{N}{mn} \left(S_4 - \frac{jm}{N} \right) \right| = \left| \frac{240}{178 \times 62} \left(4 - \frac{4 \times 178}{240} \right) \right| = 0.022\,7$$

$$\left| \frac{N}{mn} \left(S_5 - \frac{jm}{N} \right) \right| = \left| \frac{240}{178 \times 62} \left(4 - \frac{5 \times 178}{240} \right) \right| = 0.006\,4$$

$$\vdots$$

$$\left| \frac{N}{mn} \left(S_{240} - \frac{jm}{N} \right) \right| = \left| \frac{240}{178 \times 62} \left(178 - \frac{240 \times 178}{240} \right) \right| = 0$$

上述计算过程中发现，绝对值最大的是 0.095 84。因此有

$$D_{178,62} = \max \left| \frac{N}{mn}\left(S_j - \frac{jm}{N} \right) \right| = 0.095\ 84$$

上述计算量相当大，笔算非常容易出错。如果读者能找到计算软件，尽量用计算机计算。如果没有计算软件，则可借助 Microsoft Excel 来完成（使用 Microsoft Excel 的技巧已经超出本书范围，不在这里介绍）。

由于 $m=178$，$n=62$，已经超出附表 12 的最大值 25，属于大样本情况，因此使用附表 13。通常情况下，人们接受的显著性水平为 0.05，因此进行以下计算：

$$1.36\sqrt{\frac{N}{mn}} = 1.36 \times \sqrt{\frac{240}{178 \times 62}} = 0.200\ 6$$

$D_{178,62} = 0.095\ 84 < 0.200\ 6$，因此接受零假设，表明海豹 A 的行为正确率自始至终没有显著性变化。

进行相同的计算得到海豹 B 的统计值 $D_{167,73} = 0.274\ 7$，大于 $m=167$ 和 $n=73$ 所对应的关键值 $0.191 \left(1.36 \times \sqrt{\frac{240}{167 \times 73}} \right)$，因此拒绝零假设，接受备择假设，表明驯兽师改变对海豹 B 的奖励导致海豹 B 行为正确率出现显著性变化。

$D_{167,73} = 0.274\ 7$ 出现在第 59 次测试，这里是变点，早于奖励方式变化前，似乎表明海豹行为正确率的变化与奖励无关。然而，进一步分析发现：在前 60 次测试中，海豹 B 做出正确行为 55 次，正确率为 93.2%；在第二个 60 次（第 61～120 次）测试中，做出正确行为仅 37 次，正确率为 60.6%。在后 120 次（第 121～240 次）测试中（海豹得到的回报差），正确行为仅有 75 次，正确率仅为 62.5%，非常接近第二个 60 次测试的结果。这表明海豹 B 可能有两种行为策略应付驯兽师：①当得到高回报时，它的表现出现好坏交替（以警告驯兽师不要减少给它的回报）；②当持续低回报时，它持续做出差的表现（以惩罚驯兽师的克扣）。因此，奖励的变化确实影响了海豹的行为表现。

以上计算过程表明：由于数据只有两个等级，记录为 1 或者 0，本质上与分类型数据中的二分型数据相同。因此，如果读者手中的数据是分类型中的二分型数据，并且需要探讨样本中的数据是否存在趋势上的变化，可以采用本方法。

2. 多等级变量

（1）小样本

1）首先，假设在一项研究中，研究者采集到一个规模为 N 的样本：$X_1, X_2, \cdots, X_N$。如果观察值 X_i 不是等级型数据，而是间隔型或比例型数据，要依其大小将每个 X_i

赋予相应的等级 r_i（$i=1, 2, \cdots, N$）；如果原始数据是等级型数据，则 $X_i = r_i$。在等级化处理中，当存在相同数值时，要对等级进行关联处理（相同数据所对应的等级进行平均）。然后，在样本的每个观察值上计算这个观察值及其前面的等级和，如下：

$$W_j = \sum_{i=1}^{j} r_i \tag{8.7}$$

式中，$j=1, 2, \cdots, N-1$。

2）在每个观察值上进行以下计算：

$$K_j = \left| 2W_j - j(N+1) \right| \tag{8.8}$$

式中，$j=1, 2, \cdots, N-1$。

3）从中选择最大值：

$$K_{m,n} = \max \left| 2W_j - j(N+1) \right| \tag{8.9}$$

式中，$j=1, 2, \cdots, N-1$。

$K_{m,n}$ 用于估计变点出现的位置，它及它之前的观察数记为 m，即变化前的观察数；它之后的观察数记为 n。变点位置所对应的 W_j 记为 W_m。

4）显著性判断。确定变点 j 后，就知道 m 和 n。查附表 14，如果 W_m 等于/大于 m、n 及 $p=0.05$ 所对应的 c_u 值，则拒绝零假设，表明样本内有变点。

当 m 和 n 的数值超出附表 14 中的最大值时，属于大样本情况。这时，需要进行以下大样本计算。

（2）大样本

1）W 的平均数：

$$\overline{W} = \frac{m(N+1)}{2} \tag{8.10}$$

2）W 的方差：

$$\sigma_W^2 = \frac{mn(N+1)}{12} \tag{8.11}$$

3）统计值：

$$z = \frac{W_m + h - \dfrac{m(N+1)}{2}}{\sqrt{\dfrac{mn(N+1)}{12}}} \tag{8.12}$$

式中，当 $W_m > \dfrac{m(N+1)}{2}$ 时，$h=-\dfrac{1}{2}$；当 $W_m < \dfrac{m(N+1)}{2}$ 时，$h=\dfrac{1}{2}$。

4）显著性判断。查附表 2，当 z 值所对应的概率 $p \leqslant 0.05$ 时，拒绝零假设，接受备择假设，表明样本中存在变点，数据存在显著性变化。

例 8.3　假设在格陵兰岛北部某地区对北极熊数量进行跟踪观察，以探讨全球气候变化对这种动物的影响。研究者共跟踪了 25 年，每年夏季特定时间通过航空普查记录个体数，得到表 8.2 的种群密度（单位面积内的个体数）数据（表 8.2 中第 1 和第 2 列）。

表 8.2　格陵兰岛北部北极熊种群密度假设数据

跟踪年份	北极熊的种群密度	等级	W_j	$\|2W_j - j(N+1)\|$
1	112	23.5	23.5	21
2	102	14.5	38.0	24
3	112	23.5	61.5	45
4	120	25	86.5	69
5	105	19	105.5	81
6	105	19	124.5	93
7	100	11	135.5	89
8	105	19	154.5	101
9	97	6	160.5	87
10	102	14.5	175.0	90
11	91	4	179.0	72
12	97	6	185.0	58
13	89	3	188.0	38
14	85	1	189.0	14
15	101	12	201.0	12
16	98	8.5	209.5	3
17	102	14.5	224.0	6
18	99	10	234.0	0
19	102	14.5	248.5	3
20	110	22	270.5	21
21	97	6	276.5	7
22	88	2	278.5	15
23	107	21	299.5	1
24	98	8.5	308.0	8
25	104	17	325.0	0

1）本例变量是种群密度，采集到的数据是单位面积内的北极熊头数，而不是密度等级，因此需要进行等级化处理：将原始数据（表 8.2 中第 2 列）从小到大排列，并赋予等级分值（由于部分数据数值相同，进行关联处理），得到表 8.2 中第 3 列数据。

2）用式（8.7）计算 W_j，得到

$$W_1 = 23.5$$
$$W_2 = 23.5 + 14.5 = 38.0$$
$$W_3 = 23.5 + 14.5 + 23.5 = 61.5$$
$$\vdots$$

计算结果详见表 8.4 中第 4 列。

3）用式（8.8）计算，得到

$$|2W_1 - 1 \times (25+1)| = |2 \times 23.5 - 26| = 21$$
$$|2W_2 - 2 \times (25+1)| = |2 \times 38.0 - 52| = 24$$
$$|2W_3 - 3 \times (25+1)| = |2 \times 61.5 - 78| = 45$$
$$\vdots$$

计算结果详见表 8.2 中第 5 列。从结果中知道：$K_{m,n} = \max|2W_j - j(N+1)| = 101$，发生在第 8 年。因此变点是第 8 年，$m = 8$，$n = 17$，$W_m = 154.5$。相应地，查附表 14 以确定差异显著性。然而，由于 $n = 17 > 10$，属于大样本情况，无法在附表 14 中确定差异显著性，而需要继续进行以下大样本计算。

4）用式（8.10）计算 W_j 的平均数：

$$\overline{W} = \frac{m(N+1)}{2} = \frac{8 \times (25+1)}{2} = 104$$

5）用式（8.11）计算 W 的方差：

$$\sigma_W^2 = \frac{mn(N+1)}{12} = \frac{8 \times 17 \times (25+1)}{12} = 294.67$$

6）用式（8.12）将 W 值转化为 z 值。由于 W 的平均数 $\overline{W} = 104$，小于 W_m（154.5），因此取 $h = -\frac{1}{2}$。代入计算：

$$z = \frac{W_m + h - \dfrac{m(N+1)}{2}}{\sqrt{\dfrac{mn(N+1)}{12}}} = \frac{154.5 - \dfrac{1}{2} - \dfrac{8 \times (25+1)}{2}}{\sqrt{\dfrac{8 \times 17 \times (25+1)}{12}}} = \frac{50}{17.16} = 2.91$$

7）查附表 2，$z = 2.91$ 所对应的概率 $p = 0.0018$，所以完全可以放弃零假设，接受备择假设，表明第 8 年前后北极熊在该地区的种群密度差异极显著。进一步计算知道：前 8 年种群密度平均为单位面积 107.6 头，后 17 年为单位面积 98.0 头。

以上例子说明两点：

1）原始数据波动大，无法凭直观判断变化的差异程度。

2）如果用气象数据与种群密度进行相关分析，由于两者间存在复杂的直接和

间接的关联性，并且气候变化与种群密度的变化之间存在时间差，相关分析可能体现不出两者的关系。但是，对气象数据进行变点检验，如果在第 8 年或其前后气象也存在显著性变化，那么可以断定北极熊的种群密度变化与气候变化紧密相关。

8.3 符 号 检 验

研究者无法判断某种影响发生在何时或何地，因而无法将一组数据分为两个样本进行采样时，使用变点分析，以帮助寻找变化点。当这种影响能够在时间或空间上准确定位时，就可以从同一组采样单元中采集两组数据（两个不独立的样本或相关样本），并用符号检验或威尔科克森符号秩检验来比较影响前后的数据变化。

符号检验的名称来源于这个检验方法是对符号（+或者−）出现频率的概率的判断。与麦氏变化检验（7.3 节）相似，符号检验适用于检验相同采样单元在两种不同情况下的表现。但麦氏变化检验适用于分类型数据，符号检验适用于等级型数据。

8.3.1 符号检验的假设

零假设 H_0：$P[X_i > Y_i] = P[X_i < Y_i] = 1/2$，即第二个样本中采样单元的表现程度高于第一个样本的表现程度的概率等于/低于第一个样本的表现程度的概率，也即两个样本没有差异。

备择假设 H_1：两个样本中采样单元的表现程度不同（双侧检验）或者第一个样本的表现程度低于/高于第二个样本（单侧检验）。

8.3.2 符号检验的计算

在使用符号检验时，假定第一个样本（某种影响"之前"的采样单元情况）作为对照组，第二个样本（某种影响"之后"的采样单元情况）作为实验组。如果第二个样本中某个采样单元表现某种特征的程度 Y_i 高于它在第一个样本中的表现程度 X_i，则给这个采样单元一个正号"+"，即 $Y_i > X_i$ 为+；如果低于第一个样本中的表现程度，则给一个负号"−"，即 $Y_i < X_i$ 为−。如果没有变化，则 $Y_i = X_i = 0$。最后计算总共有多少个正号和负号，并依据样本量 N，判断正负符号数的差异出现的概率。如果有 0 出现，N 值等于总样本量减去出现 0 的采样单元数（因为关心的是变化，没有变化的采样单元不能包含在数据分析中）。

8.3.3 符号检验的显著性判断

1．小样本

在进行符号检验时，首先要看样本量大小。如果样本量 $N \leqslant 35$，不需要进行计算，只需要数出正号数和负号数，并将其中一个较小的数值设为 k。然后，依据 N 值和 k 值，查附表 15，即可得到出现这种频率的概率 p。如果 $p \leqslant 0.05$，则拒绝零假设，接受备择假设，表明经"治疗"后有明显变化（双侧检验）或者"治疗"有明显的"疗效"（单侧检验）；如果 $p \leqslant 0.01$，表明变化极其显著。

例 8.4　在一项学习能力的培训中，有 17 个幼儿园小朋友参加了记忆能力的培训。为了检验培训效果，分别对这些孩子在培训前后进行记忆能力的评估，得到的结果见表 8.3。

表 8.3　幼儿园小朋友记忆能力培训结果假设数据

小朋友代号	培训前得分（X_i）	培训后得分（Y_i）	培训结果	符号
1	3	5	$Y_1 > X_1$	+
2	4	5	$Y_2 > X_2$	+
3	2	3	$Y_3 > X_3$	+
4	2	4	$Y_4 > X_4$	+
5	3	3	$Y_5 = X_5$	0
6	4	3	$Y_6 < X_6$	−
7	4	5	$Y_7 > X_7$	+
8	2	2	$Y_8 = X_8$	0
9	3	2	$Y_9 < X_9$	−
10	4	5	$Y_{10} > X_{10}$	+
11	4	5	$Y_{11} > X_{11}$	+
12	2	4	$Y_{12} > X_{12}$	+
13	3	2	$Y_{13} < X_{13}$	−
14	3	2	$Y_{14} < X_{14}$	−
15	2	2	$Y_{15} = X_{15}$	0
16	1	3	$Y_{16} > X_{16}$	+
17	1	3	$Y_{17} > X_{17}$	+

在这 17 个小朋友的记录中，有 3 个记录的符号为 0，将其剔除，因此样本量 $N = 17 - 3 = 14$。在 14 个记录中，有 4 个负号（记忆能力表现下降），10 个正号（记忆能力表现提高），因此 $k = 4$。研究者要评估这种培训方式的作用（可以是正作用，也可以是负作用），因此是双侧检验。查附表 15，得单侧检验 $p = 0.090$，对应的

双侧检验概率需要乘以 2，得 $p=0.180$。因此，不能拒绝零假设，表明虽然该方法看起来能提高孩子们的记忆力，但作用不显著。

2. 大样本

当 $N>35$ 时，数据的分布类型逐渐接近正态分布，而且"治疗"前后数据出现的频率越接近 $\frac{1}{2}$，数据接近正态分布越快。这时，不能使用附表 15 来求显著性，但可以通过下列公式计算：

$$z = \frac{2k \pm 1 - N}{\sqrt{N}} \tag{8.13}$$

式中，k 为发生变化的采样单元数。k 可以是正号数，也可以是负号数，因为计算的结果是一样的；在使用这个式（8.13）时，当 $k<\frac{N}{2}$ 时，式中分子第二项用"+1"；当 $k>\frac{N}{2}$ 时，式中分子第二项用"-1"。

计算出 z 值后，查附表 2。当 z 值的概率小于 0.05 时，拒绝零假设，接受备择假设，表明经过"治疗"后，采样单元出现显著变化（双侧检验），或者采样单元表现出的程度明显增加或减少（单侧检验）；当 z 值的概率小于 0.01 时，表明"治疗"效果极显著。

式（8.13）看起来很像式（7.5），只是公式中的细节不同。这是因为在符号检验中，数据也是"非此即彼"，从"治疗"前到"治疗"后，一个采样单元的表现不是提高了，就是降低了，数据的行为特征与二项式检验中的数据行为特征相似，但是数据类型不同。

例 8.5　在广西龙虎山记录到 100 只成年雌性恒河猴的怀孕和攻击行为。为了研究怀孕对成年雌性攻击性的影响，研究者记录了这 100 只个体怀孕前后的攻击性的变化，数据见表 8.4。

表 8.4　龙虎山雌性恒河猴怀孕前后攻击性变化假设数据

怀孕后的攻击性	个体数
增强	26
减弱	59
不变	15

由于攻击性不变的个体有 15 只，因此 $N=100-15=85$。在 85 只攻击性发生变化的个体中，有 26 只个体攻击性增强了，59 只个体攻击性减弱了。

1）设 $k=26$，这时，$k<\dfrac{N}{2}$（$=42.5$），代入式（8.13）时，分子第二项用"+1"，因此

$$z=\frac{2k+1-N}{\sqrt{N}}=\frac{2\times26+1-85}{\sqrt{85}}=-3.47$$

2）设 $k=59$，这时，$k>\dfrac{N}{2}$，代入式（8.13）时，分子第二项用"−1"，因此

$$z=\frac{2k-1-N}{\sqrt{N}}=\frac{2\times59-1-85}{\sqrt{85}}=3.47$$

上述计算表明，取 $k=26$ 得到的结果与取 $k=59$ 得到的结果是一样的，所不同的是符号。$k=26$ 时，z 值为负；$k=59$ 时，z 值为正。由于真正反映变化程度的是 z 的绝对值，所以符号差异没有意义。

查附表 2，$z=3.47$ 的概率小于 0.01（包括双侧和单侧），可以拒绝零假设，接受备择假设，表明这些雌性恒河猴怀孕后攻击性发生极显著变化（双侧），攻击性极显著下降（单侧）。

8.4　威尔科克森符号秩检验

如果数据只表明采样单元在进行试验后（8.3 节的"治疗"后）变大/变小，不表明变化有多大，研究者就使用 8.3 节介绍的符号检验。但是，在更多时候，经过"试验"/"治疗"，研究者不但想知道"前后"的变化方向，还想知道变化程度及各采样单元间变化程度的差异性。这时，符号检验无能为力，需要借助威尔科克森符号秩检验（T^+）。

8.4.1　威尔科克森符号秩检验的假设

零假设 H_0：两个相关样本间没有显著性差异，即"前后"没有显著性变化。
备择假设 H_1：两个相关样本间存在着显著性差异，即"前后"有显著性变化。

8.4.2　威尔科克森符号秩检验的计算

对于每一个采样单元，在"治疗"前有一个观察值 X（至少是等级型数值），"治疗"后也有一个观察值 Y，X 和 Y 就成为一对观察值。每一对观察值都有一个差值，记为 d。那么，对于第 i 个采样单元，有 $d_i=X_i-Y_i$。如果 X 和 Y 不是等级型数据，要对 d_i 进行等级化处理，即 X_i-Y_i 计算出来后，根据其绝对值的大小来依次从小到大排列，最小的给等级 1，其次给等级 2，依此类推。然后，再将正负

符号放到各等级值前。如果遇到 $d_i=0$，与符号检验中的处理方法相同，即将这些相关的采样单元剔除掉，最后的样本量 N 等于所有 $d_i \neq 0$ 的采样单元数。当不同采样单元出现相同的 d_i 时，需要进行关联等级处理，处理方法同斯皮尔曼秩相关系数检验（4.1 节）。例如，有 3 个 d_i 值，分别为-1、-1、+1，它们占据着等级系统中最低的位置。由于有 3 个 d_i，我们给它们 3 个最低等级 1、2、3，然后将这 3 个等级进行平均，得到 2，将平均数 2 给予这 3 个采样单元。相应地，处理后的 d_i 值为-2、-2、+2。

在上述操作基础上，计算：

$$T^+ = \text{所有 } d_i \text{ 为正数的等级之和}$$
$$T^- = \text{所有 } d_i \text{ 为负数的等级之和}$$

由于总的级别数为 $\dfrac{N(N+1)}{2}$，因此，T^- 也可以这样计算：

$$T^- = \frac{N(N+1)}{2} - T^+$$

8.4.3 威尔科克森符号秩检验的显著性判断

威尔科克森符号秩检验的显著性判断分两种情况进行，一种是小样本情况（当 $5<N\leq33$ 时），另一种是大样本情况。

1. 小样本

在 T^+ 和 T^- 间选择绝对值小者，记为 T_{min}。依据 N 和 T_{min}，查附表 16，得到 N 值和 T_{min} 值所对应的概率 p。如果 $p\leq0.05$，则拒绝零假设，接受备择假设，表明两个相关样本间存在着显著性差异，或"前后"有显著性变化；如果 $p\leq0.01$，说明差异极显著。

例 8.6　在对蜱生物学特性的研究中，研究者对蜱的幼虫生长速率进行比较，总共测定了 10 只个体两个龄期的体形指数，数据见表 8.5。

表 8.5　蜱不同龄期的体形变化假设数据

龄期 1（数据组 X）	龄期 2（数据组 Y）	X_i-Y_i	d_i
10.3	12.2	-1.9	-8
11.4	12.1	-0.7	-4
10.9	13.1	-2.2	-10
12.0	11.9	+0.1	+1
10.0	12.0	-2.0	-9

续表

龄期 1（数据组 X）	龄期 2（数据组 Y）	$X_i - Y_i$	d_i
11.9	12.9	−1.0	−6
12.2	11.4	+0.8	+5
12.3	12.1	+0.2	+2
11.7	13.5	−1.8	−7
12.0	12.3	−0.3	−3

首先，将数据组 X 减去数据组 Y，得到表 8.5 中第 3 列数据。由于原始数据不是等级型数据，而是指数，因此要将 $X_i - Y_i$ 的结果进行等级转化，得到第 4 列的 d_i。由于没有为 0 的 d_i，$N = 10$，因此

$$T^+ = 1 + 5 + 2 = 8$$

$T^- = 8 + 4 + 10 + 9 + 6 + 7 + 3 = 47$，或 $T^- = \dfrac{N(N+1)}{2} - T = \dfrac{10 \times (10+1)}{2} - 8 = 47$

这里，$T_{\min} = 8$，$N = 10$，查附表 16，$p = 0.05$。因此，可以拒绝零假设，接受备择假设，表明两个龄期的蜱的体形指数差异显著。

2. 大样本

在大样本情况下，数据分布类型逐步趋近正态分布，与前面的一些方法一样，这时采用下面的公式进行计算：

$$z = \frac{T^+ - \dfrac{N(N+1)}{4}}{\sqrt{\dfrac{N(N+1)(2N+1)}{24}}} \tag{8.14}$$

z 计算完成后，查附表 2 以判断显著性。当 z 对应的概率 $p \leqslant 0.05$ 时，拒绝零假设，接受备择假设，表明两个相关样本间存在着显著性差异；如果 $p \leqslant 0.01$，则表明差异极显著。

8.5　曼–惠特尼 U 检验

曼–惠特尼 U 检验是适用于等级型数据组成的两个独立样本间比较的最强有力的方法，与之相对应的参数统计方法是 t 检验。因此，当读者的数据满足参数统计条件时，采用 t 检验；否则，采用曼–惠特尼 U 检验。

8.5.1 曼-惠特尼 *U* 检验的假设

零假设 H_0：两个样本来自同一个总体或者中位数相同的两个总体。

备择假设 H_1：两个样本来自中位数不同的总体。

8.5.2 曼-惠特尼 *U* 检验的计算

1）首先，将两个样本的数据从低到高排列如下。

样本1：$x_1, x_2, x_3, \cdots, x_m$。

样本2：$y_1, y_2, y_3, \cdots, y_n$。

数据中，m 和 n 可以相等，也可以不等。

2）然后，将两个样本合并在一起由低到高地排序，排序时要记清各个采样单元所从属的样本。例如，有两个样本，数据如下（为方便区分，样本1的数据加下划线）。

样本1：9，11，15。

样本2：6，8，10，13。

合并排序如下。

分值：6，8，9，10，11，13，15。

样本：2，2，1，2，1，2，1。

等级：1，2，3，4，5，6，7。

3）排序后，用等级取代原来的数据，并代入原样本，代入等级后结果如下。

样本1：3，5，7。

样本2：1，2，4，6。

4）然后进行等级数之和的计算，结果如下。

样本1的等级数之和：$W_1 = 3+5+7 = 15$。

样本2的等级数之和：$W_2 = 1+2+4+6 = 13$。

5）计算统计值 U_1 和 U_2，如下：

$$U_1 = mn + \frac{n(n+1)}{2} - W_2 \tag{8.15}$$

$$U_2 = mn + \frac{m(m+1)}{2} - W_1 \tag{8.16}$$

针对上述数据，有

$$U_1 = 3 \times 4 + \frac{4 \times (4+1)}{2} - 13 = 9$$

$$U_2 = 3 \times 4 + \frac{3 \times (3+1)}{2} - 15 = 3$$

6）验算。如果上述计算结果满足关系式（8.17），则表明计算过程无误。

$$U_1 + U_2 = mn \tag{8.17}$$

将上述数据的计算结果代入式（8.17），有 9+3＝12＝3×4，表明上述计算过程无误。

8.5.3　曼-惠特尼 U 检验的显著性判断

选择 U_1 和 U_2 中数值小者（上述数据计算结果是 $U_2 = 3$），代入附表 17 进行比较。如果计算出的统计值 U 大于表中 n_1（m）和 n_2（n）所对应的数值，则接受零假设，表明两个样本间没有显著性差异；如果等于或者小于表中数值，则拒绝零假设，接受备择假设，表明两个样本间存在着显著性差异。在附表 17 中，读者不难发现：当 $n_1 < 8$（这时 $n_2 < 3$）或者 $n_2 < 8$（相应地，$n_1 < 3$）时，无法判断显著性。这是使用曼-惠特尼 U 检验的限制条件。上述数据中，$n_1 = 3$，$n_2 = 4$，曼-惠特尼 U 检验无法给出检验结果。另外，当 m（n_1）或者 n（n_2）大于 20 时，附表 17 也无能为力。为此，读者在进行数据采集时就要考虑到该方法的限制条件。

例 8.7　通过研究两种榕树（*Ficus* spp.）在石灰岩上的垂直分布的差异性，从而研究它们对白头叶猴和黑叶猴摄食行为的影响。由于研究者无法爬上悬崖峭壁测量叶猴摄食物种的高度，所以只能通过望远镜观察，并随机记录观察到的这些物种的植株相对位置。在从下往上观察过程中，以最低位置记录为高度等级 1，并依次往上为 2,3,4,…。从最低处到最高处，共在 23 个高度不同的点上记录到 28 株植物。表 8.6 显示各植株的高度记录。为了区别样本，物种 1 加上标以别于物种 2。

表 8.6　两种榕树植株出现的高度等级

物种 1 （共 12 株）	1′	2′	3′	4′	5′	6′	7′	8′	10′	11′	17′	19′			
物种 2 （共 16 株）	5	8	9	10	12	13	14	15	16	17	18	19	20	21	22	23

合并排序后的高度等级如下（括号外为合并后的等级，括号内为研究中采集到的高度等级）：

1 (1')	2 (2')	3 (3')	4 (4')	5 (5')	6 (5)	7 (6')	8 (7')	9 (8')	10 (8)
11 (9)	12 (10')	13 (10)	14 (11')	15 (12)	16 (13)	17 (14)	18 (15)	19 (16)	20 (17')
21 (17)	22 (18)	23 (19')	24 (19)	25 (20)	26 (21)	27 (22)	28 (23)		

由于有相同等级（上述数据中下划线部分），所以对这些采样单元的等级要进行平均。平均后再放回各自样本，并算出和，结果如下。

物种 1:

$$W_1 = 1+2+3+4+5.5+7+8+9.5+12.5+14+20.5+23.5=110.5$$

物种 2:

$$W_2 = 5.5+9.5+11+12.5+15+16+17+18+19+20.5+22$$
$$+23.5+25+26+27+28=295.5$$

用式（8.15）和式（8.16）计算，有

$$U_1 = 12 \times 16 + \frac{16 \times (16+1)}{2} - 295.5 = 32.5$$

$$U_2 = 12 \times 16 + \frac{12 \times (12+1)}{2} - 110.5 = 159.5$$

验算：$U_1 + U_2 = 32.5 + 159.5 = 192$，$mn = 12 \times 16 = 192$。

条件满足，表明上述计算过程无误。

查附表 17：$U = 32.5$ 小于 $n_1 = m = 12$、$n_2 = n = 16$ 所对应的关键值（53），因此拒绝零假设，接受备择假设，表明两个样本间存在着显著性差异，即两个物种的垂直分布存在着显著性差异。

8.6 罗伯斯特秩检验

曼-惠特尼 U 检验的零假设是两个独立样本的数据分布相同（数据变异性相同）的情况下中位数也相同。在许多情况下，研究者由于某种原因知道数据变异性不相同，但仍然要检验中位数是否相同。这时，不能用曼-惠特尼 U 检验，而应用罗伯斯特秩检验（Robust rank-order test）。

8.6.1 罗伯斯特秩检验的假设

零假设 H_0：$\theta_x = \theta_y$，即两组数据的中位数相等。

备择假设 H_1：$\theta_x \neq \theta_y$。

8.6.2 罗伯斯特秩检验的计算

1）看两个样本中各有几个观察值，并分别记录为 m 和 n。假设有以下两个样

本 X 和 Y，数据如下。

样本 X（假设为实验组得分）：9，11，15。

样本 Y（假设为控制组得分）：6，8，10，13。

那么，$m=3$，$n=4$。

然后，将两组数据混合，并按照大小排序如下。

分值：　6　　8　　9　　10　　11　　13　　15

组别：　Y　　Y　　X　　Y　　X　　Y　　X

2）对于实验组 X 的每个观察值 X_i，通过比较数出控制组 Y 中有几个观察值小于这个 X_i，并将相关采样单元数记录为 $U(YX_i)$。例如，对于上述实验组的 $X_1=9$，有两个 Y 的观察值小于 9，则 $U(YX_1)=2$。如果有与 X_i 相等的 Y 的观察值，那么看有几个相同的观察值，这些采样单元数除以 2，将商值加入以得到最后的 $U(YX_1)$。在上述样本 X 和 Y 中，控制组的观察值没有与 $X_1=9$ 相等的，因此 $U(YX_1)$ 仍然等于 2。同理，对于各 X_i，有以下相应结果（表 8.7）。

表 8.7　$U(YX_i)$ 的计算结果

X_i	$U(YX_i)$
9	2
11	3
15	4

然后，计算 $U(YX_i)$ 的平均数 $U(YX)$：

$$U(YX) = \sum_{i=1}^{m} \frac{U(YX_i)}{m} \qquad (8.18)$$

将表 8.7 数据代入式（8.18）得

$$U(YX) = \frac{2}{3} + \frac{3}{3} + \frac{4}{3} = 3$$

3）同理，对于控制组 Y 的每个观察值 Y_i，通过比较数出实验组 X 中有几个观察值小于及等于这个 Y_i，并记录为 $U(XY_i)$。得到结果见表 8.8。

表 8.8　$U(XY_i)$ 的计算结果

Y_i	$U(XY_i)$
6	0
8	0
10	1
13	2

计算 $U(XY_i)$ 的平均数 $U(XY)$：

$$U(XY) = \sum_{i=1}^{n} \frac{U(XY_i)}{n} \tag{8.19}$$

将表 8.8 数据代入式（8.19）得

$$U(XY) = \frac{0}{4} + \frac{0}{4} + \frac{1}{4} + \frac{2}{4} = 0.75$$

4）计算 $U(YX_i)$ 和 $U(XY_i)$ 的变异性 V_x 和 V_y：

$$V_x = \sum_{i=1}^{m} [U(YX_i) - U(YX)]^2 \tag{8.20}$$

相应地，上述数据代入后有

$$V_x = \sum_{i=1}^{3} [U(YX_i) - U(YX)]^2 = (2-3)^2 + (3-3)^2 + (4-3)^2 = 2$$

$$V_y = \sum_{i=1}^{n} [U(XY_i) - U(XY)]^2 \tag{8.21}$$

相应地，上述数据代入后有

$$V_y = \sum_{i=1}^{4} [U(XY_i) - U(XY)]^2 = (0-0.75)^2 + (0-0.75)^2$$
$$+ (1-0.75)^2 + (2-0.75)^2 = 2.75$$

5）计算统计值 $\dot{U}$：

$$\dot{U} = \frac{mU(YX) - nU(XY)}{2 \times \sqrt{V_x + V_y + U(XY)U(YX)}} \tag{8.22}$$

相应地，上述数据代入后有

$$\dot{U} = \frac{3 \times 3 - 4 \times 0.75}{2 \times \sqrt{2 + 2.75 + 0.75 \times 3}} = 1.13$$

6）显著性判断。有了统计值 $\dot{U}$，如果是小样本（$m \leqslant n \leqslant 12$），则查阅附表 18，以确定 $\dot{U}$ 值出现的概率大小：如果 $\dot{U}$ 小于 m 和 n 对应的、$p=0.05$ 水平的关键值，则接受零假设，表明两个样本的中位数没有显著性差异；如果 $\dot{U}$ 等于或者大于 m 和 n 对应的、$p=0.05$ 水平的关键值，则拒绝零假设，接受备择假设，表明两个样本的中位数间存在着显著性差异；如果 $\dot{U}$ 等于或大于 m 和 n 对应的、$p=0.01$ 水平的关键值，则表明两个样本的中位数差异达到极显著水平。

如果是大样本，$\dot{U}$ 的分布则接近正态分布，这时查阅附表 2。

上述数据中，由于 $m=3$，$n=4$，因此查附表 18。$\dot{U}=1.13$ 小于概率 $p=0.10$ 所对应的关键值，从而接受零假设，表明实验组和控制组的中位数没有显著差异。由于没有假设是控制组的中位数大于实验组的中位数，还是实验组的中位数大于控制组的中位数，因此这是一个双侧检验。

例 8.8　在一项精神病患者的研究中（Sternberg et al.，1982），医生为 25 位患者注射抗精神病药物。经过一段时间的观察，对他们进行分组：一组继续表现为精神病（10 人），另一组已表现为非精神病（15 人）。从每位患者体内抽取小脑脊髓液，并进行多巴胺β-羟化酶活性检测，目的是看这种酶的活性在这两组患者间是否存在显著性差异。检测得到表 8.9 中结果。

表 8.9　经过抗精神病药物注射后，患者小脑脊髓液中多巴胺β-羟化酶活性

表现为非精神病（X）	表现为精神病（Y）
0.025 2	0.032 0
0.023 0	0.030 6
0.021 0	0.027 5
0.020 0	0.027 0
0.020 0	0.024 5
0.018 0	0.022 6
0.017 0	0.022 2
0.015 6	0.020 8
0.015 4	0.020 4
0.014 5	0.015 0
0.013 0	
0.011 6	
0.011 2	
0.010 5	
0.010 4	

注：检测单位为 nmol/(ml)(h)/(mg)蛋白质。

1）零假设 H_0：$\theta_x = \theta_y$，即两组数据的中位数相等。备择假设 H_1：$\theta_x \neq \theta_y$。由于研究者不知道这两组数据的分布类型，因此用罗伯斯特秩检验。依据上面的计算过程，首先将两个样本合并，并从小到大排列如下。

观察值：　0.010 4　0.010 5　0.011 2　0.011 6　0.013 0　0.014 5　0.015 0
组别：　　　X　　　X　　　X　　　X　　　X　　　X　　　Y

观察值：　0.015 4　0.015 6　0.017 0　0.018 0　0.020 0　0.020 0　0.020 4
组别：　　　X　　　X　　　X　　　X　　　X　　　X　　　Y

观察值：　0.020 8　0.021 0　0.022 2　0.022 6　0.023 0　0.024 5　0.025 2
组别：　　　Y　　　X　　　Y　　　Y　　　X　　　Y　　　X

观察值：　0.027 0　0.027 5　0.030 6　0.032 0
组别：　　　Y　　　Y　　　Y　　　Y

2）对于 X 组的每个观察值 X_i，有各 $U(YX_i)$ 值，相应结果见表 8.10。

表 8.10　例 8.9 中 X_i 和 $U(YX_i)$ 相应结果

X_i	0.010 4	0.010 5	0.011 2	0.011 6	0.013 0	0.014 5	0.015 4	0.015 6
$U(YX_i)$	0	0	0	0	0	0	1	1
X_i	0.017 0	0.018 0	0.020 0	0.020 0	0.021 0	0.023 0	0.025 0	
$U(YX_i)$	1	1	1	1	3	5	6	

用式（8.18）计算 $U(YX_i)$ 的平均数：

$$U(YX) = \sum_{i=1}^{15} \frac{U(YX_i)}{m} = \frac{0+0+0+0+0+0+1+1+1+1+1+1+3+5+6}{15} = 1.33$$

3）同理，对于 Y 组的每个观察值 Y_i，有各 $U(XY_i)$ 值，相应结果见表 8.11。

表 8.11　例 8.9 中 Y_i 和 $U(XY_i)$ 相应结果

Y_i	0.015 0	0.020 4	0.020 8	0.022 2	0.022 6	0.024 5	0.027 0	0.027 5	0.030 6	0.032 0
$U(XY_i)$	6	12	12	13	13	14	15	15	15	15

用式（8.19）计算 $U(XY_i)$ 的平均数：

$$U(XY) = \sum_{i=1}^{10} \frac{U(XY_i)}{n} = \frac{6+12+12+13+13+14+15+15+15+15}{10} = 13.00$$

4）用式（8.20）和式（8.21）计算 $U(YX_i)$ 和 $U(XY_i)$ 的变异性：

$$V_x = \sum_{i=1}^{15} [U(YX_i) - U(YX)]^2$$

$$= (0-1.33)^2 + (0-1.33)^2 + (0-1.33)^2 + (0-1.33)^2 + (0-1.33)^2$$

$$+ (0-1.33)^2 + (1-1.33)^2 + (1-1.33)^2 + (1-1.33)^2 + (1-1.33)^2$$

$$+ (1-1.33)^2 + (1-1.33)^2 + (3-1.33)^2 + (5-1.33)^2 + (6-1.33)^2$$

$$= 6 \times (-1.33)^2 + 6 \times (-0.33)^2 + 2.79 + 13.47 + 21.81$$

$$= 49.33$$

$$V_y = \sum_{i=1}^{10} [U(XY_i) - U(XY)]^2$$

$$= (6-13)^2 + (12-13)^2 + (12-13)^2 + (13-13)^2$$

$$+ (13-13)^2 + (14-13)^2 + (15-13)^2 + (15-13)^2$$

$$+ (15-13)^2 + (15-13)^2$$

$$= 49 + 1 + 1 + 0 + 0 + 1 + 4 + 4 + 4 + 4$$

$$= 68$$

5）用式（8.22）计算统计值 $\hat{U}$：

$$\dot{U} = \frac{mU(YX) - nU(XY)}{2 \times \sqrt{V_x + V_y + U(XY)U(YX)}} = \frac{15 \times 1.33 - 10 \times 13}{2 \times \sqrt{49.33 + 68 + 13 \times 1.33}} = -4.74$$

6）显著性判断。$m>12$，属于大样本。因为没有事先假设两组数据的大小方向，属于双侧检验。因此，查阅附表 2 有 $\dot{U}=-4.74$ 的概率 $p<0.01$，从而拒绝零假设，接受备择假设，表明多巴胺β-羟化酶活性在精神病表现不同的两组患者中极不一样。

8.7　K-S双样本检验

在两个独立样本的检验中，中位数检验、曼-惠特尼 U 检验及罗伯斯特秩检验方法都是用于检验中位数是否相同，即两组数据的位置差异（或称中心倾向差异）。与 K-S 单样本检验一样，K-S 双样本检验（Kolmogorov-Smirnov two sample test）也用于检验吻合度。柯尔摩氏单样本检验方法检验一个样本与某个理论分布的吻合度，而 K-S 双样本检验方法检验两个样本的吻合度，它可以检测两个样本间任何类型的差异，包括中心倾向差异（中位数或者平均数差异）、数据散布性或者分布偏性。不过，在大样本情况下，这个方法检验中位数差异时，灵敏性不如曼-惠特尼 U 检验。

K-S 双样本检验中，要先确定每个样本中观察值的累积频率分布，即落在每个数值区间的采样单元数，然后计算两个样本间最大的频率差。过程如下。

8.7.1　K-S 双样本检验的假设

零假设 H_0：两个样本间不存在显著性差异。
备择假设 H_1：两个样本间存在显著性差异。

8.7.2　K-S 双样本检验的计算

1）对于单侧检验：
$$D_{m,n} = \max[S_m(X) - S_n(X)] \tag{8.23}$$
式中，$S_m(X)$ 为样本 1 的累积频率，$S_m(X) = k/m$；$S_n(X)$ 为样本 2 的累积频率，$S_n(X) = k/n$（K 为观察值小于/等于某个 X 的采样单元数之和，m 为样本 1 的样本量，即采样单元总数；n 为样本 2 的样本量）。

2）对于双侧检验：
$$D_{m,n} = \max|S_m(X) - S_n(X)| \tag{8.24}$$
即求最大频率差的绝对值。

式（8.23）和式（8.24）看起来非常相似，它们的差异在于，式（8.23）中 $[S_m(X) - S_n(X)]$ 是中括号，计算结果有正有负（正结果表明样本 1 的观察值大于样本 2 的观察值，负结果表明样本 1 的观察值小于样本 2 的观察值），有方向性，为单侧检验；式（8.24）中 $|S_m(X) - S_n(X)|$ 是绝对值，没有正负，即没有方向性，为双侧检验。

接下来，根据样本大小进行进一步检测。

8.7.3　K-S 双样本检验的显著性判断

1．小样本

当 m 和 n 都小于/等于 25 时，属于小样本情况。这时，首先计算 $mnD_{m,n}$。如果研究者进行单侧检验，根据 m、n 和 $mnD_{m,n}$ 值，查附表 19；如果进行双侧检验，查附表 12。如果 $mnD_{m,n}$ 值等于/大于 m 和 n 所对应的、$p = 0.05$ 水平上的关键值（表中普通字体行），则拒绝零假设，接受备择假设，表明两个样本存在显著性差异（双侧），或者样本 1（2）的观察值显著大于样本 2（1）的观察值（单侧）；否则，接受零假设，表明两个样本没有显著性差异（双侧），或者样本 1（2）的观察值不显著大于样本 2（1）的观察值。如果 $mnD_{m,n}$ 值等于/大于 $p = 0.01$（斜体行）对应的关键值，表明样本差异极显著。

2．大样本

当 m 或者 n 大于 25 时，属于大样本情况。这时，分两种情况继续进行。第一种是双侧检验，第二种是单侧检验。

1）对于双侧检验，将研究中得到的 m 和 n 值代入附表 13 中相应的公式计算，然后比较计算值和上面双侧检验的 $D_{m,n}$。如果 $D_{m,n}$ 小于相应的计算值，表明 $D_{m,n}$ 出现的概率大于相应的概率；如果 $D_{m,n}$ 大于相应的计算值，表明 $D_{m,n}$ 出现的概率小于相应的概率。其中，对应出现概率 $p = 0.05$ 的公式如下：

$$D_{m,n(\min)} = 1.36 \times \sqrt{\frac{m+n}{m \times n}} \tag{8.25}$$

如果 $D_{m,n}$ 小于 $D_{m,n(\min)}$，表明 $D_{m,n}$ 出现的概率大于 0.05，即两个样本没有显著差异，接受零假设；如果 $D_{m,n}$ 等于/大于 $D_{m,n(\min)}$，表明 $D_{m,n}$ 出现的概率等于/小于 0.05，即两个样本存在显著差异，拒绝零假设，接受备择假设。对应出现概率 $p = 0.01$ 的计算公式如下：

$$D_{m,n(\min)} = 1.63 \times \sqrt{\frac{m+n}{m \times n}} \qquad (8.26)$$

2）对于单侧检验，用上面单侧检验的 $D_{m,n}$，代入下式：

$$\chi^2 = 4 \times D^2_{m,n} \times \frac{m \times n}{m+n} \qquad (8.27)$$

查附表 1，取自由度 df = 2。如果计算出的 χ^2 值小于表中在概率 $p = 0.05$ 所对应的关键值（5.99），则接受零假设，表明样本 1（2）的观察值不大于样本 2（1）的观察值；如果计算出的 χ^2 值等于或者大于该关键值，则拒绝零假设，接受备择假设，表明样本 1（2）的观察值显著大于样本 2（1）的观察值；如果计算出的 χ^2 值等于或者大于 $p = 0.01$ 所对应的关键值（9.21），表明样本 1（2）极显著大于样本 2（1）的关键值。

例 8.9 "先入为主"是一种常见现象，而且与年龄有关，这种现象通常在年幼者中表现较轻。由于先入为主的影响，年长者对首先接触到的事物的记忆准确率通常较年幼者高，出错率低。为了检验这种现象的规律性，研究者选择 10 名初一学生和 9 名高一学生，向他们展示一系列的物体，然后用首先展示的 50% 的物体来对学生进行再展示，并要求他们进行辨认，记录每个学生辨认的出错率，得到的数据见表 8.12（Lepley，1934）。

表 8.12 学生判断的出错率

学生编号	高一学生/%	初一学生/%
1	35.2	39.1
2	39.2	41.2
3	40.9	45.2
4	38.1	46.2
5	34.4	48.4
6	29.1	48.7
7	41.8	55.0
8	24.3	40.6
9	32.4	52.1
10		47.2

虽然可以看出这两组数据中，高一学生的出错率明显低于初一学生，但由于两组数据存在交叉，以及两组学生是从两个年级中随机抽取出来的，样本较小，因此不知道这种差异是否是随机因素导致的，需要进行统计检验。分析过程如下。

1）零假设 H_0：高一学生不受先入为主的影响，出错率不比初一学生显著低。备择假设 H_1：高一学生受先入为主的影响较大，出错率比初一学生显著低。这是一个单侧检验。

2）统计值计算。在进行统计值计算前，首先对变量表现进行分段，然后将观察值（每个学生的出错率）的分布进行排列，见表 8.13。

表 8.13　观察值的分布

出错率区间/%	24～27	28～31	32～35	36～39	40～43	44～47	48～51	52～55
高一学生人数	1	1	3	2	2	0	0	0
$S_9(X)$	$\dfrac{1}{9}$	$\dfrac{2}{9}$	$\dfrac{5}{9}$	$\dfrac{7}{9}$	$\dfrac{9}{9}$	$\dfrac{9}{9}$	$\dfrac{9}{9}$	$\dfrac{9}{9}$
初一学生人数	0	0	0	1	2	3	2	2
$S_{10}(X)$	$\dfrac{0}{10}$	$\dfrac{0}{10}$	$\dfrac{0}{10}$	$\dfrac{1}{10}$	$\dfrac{3}{10}$	$\dfrac{6}{10}$	$\dfrac{8}{10}$	$\dfrac{10}{10}$
$S_9(X)-S_{10}(X)$	0.111	0.222	0.556	0.678	0.700	0.400	0.200	0

由于是单侧检验，用式（8.23）计算：

$$D_{9,10}=\max\left[S_9(X)-S_{10}(X)\right]=0.700$$

3）$m=9$，$n=10$，都小于 25，属于小样本情况。因此，进行如下计算：

$$mnD_{m,n}=9\times10\times D_{9,10}=9\times10\times0.700=63$$

4）差异显著性判断。如果取显著性水平为 $p=0.01$（高一学生出错率极显著低于初一学生），在 $m=9$ 和 $n=10$ 的情况下，查附表 19，关键值是 61，计算出的统计值 $mnD_{m,n}=63$ 大于该关键值，可以拒绝零假设，接受备择假设，表明高一学生确实受先入为主的影响，出错率极显著低于初一学生。

例 8.10　在性格研究中，研究者发现性格的独裁性与图像鉴别兴趣大小有关（Siegel，1954）。为此，研究者在一所大学里随机抽取 98 名学生，进行独裁性的性格测试。根据测试结果，学生被分为两组：一组为强独裁性，共 54 人；另一组为弱独裁性，共 44 人。然后，为每一位受试者提供 20 张照片，测试其对照片中的人的国籍和族裔进行判断的兴趣，并给出相应的分值，结果见表 8.14。

表 8.14　照片测试结果

分值区间	弱独裁性格学生人数（$m=44$）	强独裁性格学生人数（$n=54$）	$S_{44}(X)$	$S_{54}(X)$	$\lvert S_{44}(X)-S_{54}(X)\rvert$
0～2	11	1	11/44	1/54	0.23
3～5	7	3	18/44	4/54	0.34

续表

分值区间	弱独裁性格学生人数（$m=44$）	强独裁性格学生人数（$n=54$）	$S_{44}(X)$	$S_{54}(X)$	$|S_{44}(X)-S_{54}(X)|$
6~8	8	6	26/44	10/54	0.41
9~11	3	12	29/44	22/54	0.25
12~14	5	12	34/44	34/54	0.14
15~17	5	14	39/44	48/54	0.002
18~20	5	6	44/44	54/54	0

从表 8.14 的数据可以看出，从低分到高分，两组学生的数值分布明显不同（表现出明显不同的兴趣差异）。但由于两组数据的分布存在广泛重叠，因此不知道这种差异是偶然因素造成的还是具有规律性的，需要进行如下统计检验。

1）零假设 H_0：两组学生辨别照片的兴趣没有显著差异（表中看到的差异是随机因素造成的）。备择假设 H_1：两组学生辨别照片的兴趣存在显著差异。这是一个双侧检验。

2）统计值计算。用式（8.24）计算，有

$$D_{44,54} = \max|S_{44}(X)-S_{54}(X)| = 0.41$$

3）由于 m 和 n 都大于 25（属于大样本情况），而且是双侧检验，由此将 $m=44$ 和 $n=54$ 代入式（8.25）（$p=0.05$）和式（8.26）（$p=0.01$）计算。

当 $p=0.05$ 时

$$D_{m,n(\min)} = 1.36 \times \sqrt{\frac{m+n}{m \times n}} = 1.36 \times \sqrt{\frac{44+54}{44 \times 54}} = 0.28$$

当 $p=0.01$ 时

$$D_{m,n(\min)} = 1.63 \times \sqrt{\frac{m+n}{m \times n}} = 1.63 \times \sqrt{\frac{44+54}{44 \times 54}} = 0.33$$

统计值 $D_{44,54}=0.41$ 大于关键值 $D_{m,n(\min)}=0.33$，因此拒绝零假设，接受备择假设。结论是两个样本具有极显著性差异。

8.8 西格尔-图奇检验

在行为学、医学、社会学中，常常出现这样的情况：当一个实验组和一个控制组进行比较时，8.5~8.7 节介绍的统计方法检验结果表示没有显著性差异，但实际情况是实验组有显著变化。

例如，在西方选举中，竞选人提出竞选纲领前，对该党的反对者和支持者进行采样，对其态度强烈程度进行打分，得到控制组；竞选人提出竞选纲领后，再

进行采样得到实验组。竞选人提出的竞选纲领作为实验条件的改变因素。通常，无论竞选人提出什么样的竞选纲领，只要不超出本党党纲，反对者都不会支持他，支持者也不会反对他，但他们的态度强烈程度会因为竞选纲领而变得更强烈。

再如，人们对药物的反应会因为细胞受体的差异而不同。在精神病医院里，将患者分为两组，在注射某种药物前观察他们的某种行为，两组的数据相类似。然后，在一组患者身上注射这种药物，并观察其行为，作为实验组；在另一组患者身上不注射任何药物，继续观察他们的行为，作为控制组。这两组患者的行为得分用 8.5～8.7 节介绍的统计学方法进行检验，结果很可能是没有显著性差异（药物没有疗效）。但是，实验组中的部分患者的行为可能显得更亢奋，另一部分显得更压抑，表明药物实际上产生了显著性疗效。

上述两种情况中，实验组数据的总体中心不变（中位数或者平均数不变），但实验条件导致极端数据出现。这种变化无法通过 8.5～8.7 节介绍的统计学方法检测到，需要采用西格尔-图奇检验。西格尔-图奇检验的工作原理：它检验的是 X 组的数据散布范围是否显著大于 Y 组，即检验两组数据的变异性的差异。因此，该检验的前提条件是中位数相等。

8.8.1　西格尔-图奇检验的假设

零假设 H_0：　$\sigma_x^2 = \sigma_y^2$，即两组数据的变异性相同。

备择假设 H_1：　$\sigma_x^2 > \sigma_y^2$，或者 $\sigma_x^2 < \sigma_y^2$，即两组数据的变异性不同。

8.8.2　西格尔-图奇检验的计算

1）将两组数据合并，并从小到大进行排列。在样本量 m 和 n 的条件下，看等级数和出现的概率有多大。由于实验组数据是发散的（数据走向极端），因此直接将排列好的数据按从小到大进行分级无法体现出两组数据的特征性差异。为此，在分级时，分别在排列的数据组两头依次交替给出等级数。例如，有两个样本，样本量分别为 $m = 6$（样本 Y）和 $n = 7$（样本 X）。合并两个样本，并从小到大排列，依次给出等级数，得到以下结果：

组别:	X	X	Y	X	Y	X	Y	Y	Y	Y	X	Y	X
等级:	1	4	5	8	9	12	13	11	10	7	6	3	2

这种处理使得极端数据的等级低，位于中位数附近的数据等级高，从而体现出样本数据特征的差异性。

2）按各自组别将等级数相加，得到以下结果：

$$W_x = 1 + 4 + 8 + 12 + 7 + 3 + 2 = 37$$
$$W_y = 5 + 9 + 13 + 11 + 10 + 6 = 54$$

结果表明，样本 X 的数据趋向于两个极端，而样本 Y 的数据趋向于中心。

8.8.3　西格尔-图奇检验的显著性判断

从 8.8.2 节的步骤 2）看出，该检验的计算与威尔科克森符号秩检验的逻辑完全一样。为此，将 m、n 及 W（小样本的数据等级和）代入附表 14 中进行显著性判断。两个样本的等级和大小不同，查表时有两种方法：①用 W_y（大的等级和）与表中 c_u 比较求 $W_y \geqslant c_u$ 的概率 p；②用 W_x（小的等级和）与 c_L 比较求 $W_x \leqslant c_L$ 的概率 p。当 $p > 0.05$ 时，接受零假设，表明两个样本的数据变异性没有显著性差异；当 $p \leqslant 0.05$ 时，拒绝零假设，接受备择假设，表明两个样本的数据变异性存在着显著性差异；当 $p \leqslant 0.01$ 时，表明两个样本的差异达到极显著水平。上述数据里，$m = 6$，$n = 7$，因此 $W = W_y = 54$，查表时选择 $W_y \geqslant c_u$ 的概率 p。相应地，$c_u = 54$ 的概率 $p = 0.050\,7$，基本上可以拒绝零假设，接受备择假设，表明两个样本的分布类型（数据变异性）存在着显著性差异。

在上述操作中，m 和 n 分别对应的是小样本组和大样本组的样本量，与研究者给定的样本名无关。为了方便和减少计算出错，研究者可以永远将小样本命名为样本 X，大样本命名为样本 Y。那么，m 将永远是样本 X 的样本量，n 是 Y 的样本量。

例 8.11　心理学家在心理物理学的研究中，得到下列两组数据（Eisler，1981）：
实验组（X，$m = 8$）：　0.62　1.10　0.82　0.68　0.78　0.75　0.76　0.47
对照组（Y，$n = 9$）：　0.89　0.70　0.80　0.74　0.85　0.67　0.69　0.89　0.77

将两组数据合并，从小到大进行排列，并按照上述方式赋予等级，得到

组别：	X	X	Y	X	Y	Y	Y	X	X
数据：	0.47	0.62	0.67	0.68	0.69	0.70	0.74	0.75	0.76
等级：	1	4	5	8	9	12	13	16	17

组别：	Y	X	Y	X	Y	Y	Y	X
数据：	0.77	0.78	0.80	0.82	0.85	0.89	0.89	1.10
等级：	15	14	11	10	7	6	3	2

由于从右到左第 2、3 个数据都是 0.89，但得到的等级分别为 3 和 6，因此这两个数据的等级需要进行关联化修正，即将这两个等级数进行平均。修正后的等级如下：

组别：	X	X	Y	X	Y	Y	Y	X	X
数据：	0.47	0.62	0.67	0.68	0.69	0.70	0.74	0.75	0.76
等级：	1	4	5	8	9	12	13	16	17

组别：	Y	X	Y	X	Y	Y	Y	X
数据：	0.77	0.78	0.80	0.82	0.85	0.89	0.89	1.10
等级：	15	14	11	10	7	4.5	4.5	2

计算 W_x 和 W_y，如下：

$$W_x = 1 + 4 + 8 + 16 + 17 + 14 + 10 + 2 = 72$$
$$W_y = 5 + 9 + 12 + 13 + 15 + 11 + 7 + 4.4 + 4.5 = 81$$

查附表 14，$m=8$、$n=9$、$W_y \leqslant c_u$（$=81$）的概率 $p=0.2107$。因此，可以接受零假设，表明实验组的数据与观察组没有显著性差异。

当 m 或 $n>10$ 时，附表 4 不再适用。这时，如果数据不关联（没有相同的两个数据），采用下列公式计算：

$$z = \frac{W_x - \dfrac{m(N+1)}{2}}{\sqrt{\dfrac{mn(N+1)}{12}}} \tag{8.28}$$

式中，$N=m+n$。

然后，查附表 2 以判断差异显著性。

如果存在关联数据，则采用下列公式计算：

$$z = \frac{W_x - \dfrac{m(N+1)}{2}}{\sqrt{\left[\dfrac{mn}{N(N-1)}\right]\left[\dfrac{N^3-N}{12} - \sum_{j=1}^{g}\dfrac{t_j^3 - t_j}{12}\right]}} \tag{8.29}$$

式中，g 为发生关联数据的数据组数；t_j 为第 j 关联组中平均后的等级数。

此计算比较复杂，而且计算量可能比较大。研究者可以在采集数据时尽可能做到数据精确，从而排除相同数据的出现，避免使用式（8.29）；或者在计算时借助于计算软件。

8.9 弗里德曼秩次双向方差分析

从本节到 8.2 节，介绍 5 种适用于多样本（3 个或更多样本）间比较的统计学方法。其中，弗里德曼秩次双向方差分析（Friedman two-way analysis of variance by ranks，Fr）和佩奇检验（8.10 节）适用于相关样本（或相同采样单元组的多组重复测量）间的检验，克鲁斯卡尔-沃利斯单向方差分析（8.11 节）及荣基尔检验（8.12 节）适用于独立样本间的检验。

弗里德曼秩次双向方差分析和佩奇检验的相同之处是零假设 H_0：$\theta_1 = \theta_2 = \theta_3 = \cdots = \theta_k$，即样本间的中位数相等。不同之处在于前者的备择假设 H_1 是至少有一个样本的中位数不同于其他样本，而后者的备择假设 H_1 是这些样本的中位数呈现递增关系。相比前者，后者的备择假设更具体。因此，如果研究者从理论推论中得到假设，认为相同一组采样单元或者几个关联样本随着"条件"的逐步变化出现相应的逐级变化，就可以选择佩奇检验；如果目的没有这么具体，就采用弗里德曼秩次双向方差分析。

8.9.1　弗里德曼秩次双向方差分析的假设

零假设 H_0：$\theta_1 = \theta_2 = \theta_3 = \cdots = \theta_k$，即样本间的中位数相等。

备择假设 H_1：样本间的中位数不完全相等。

8.9.2　弗里德曼秩次双向方差分析的计算

与分类型数据中的柯克兰 Q 检验一样，弗里德曼秩次双向方差分析首先将数据放到一个列联表中，行代表每个采样单元，列代表各种条件，在行与列交叉的空格内放入相关采样单元在相关条件下表现出的变量等级，见表 8.15。

表 8.15　弗里德曼秩次双向方差分析列联表

采样单元	条件 1	条件 2	条件 3	⋯	条件 k
1	O_{11}	O_{12}	O_{13}	⋯	O_{1k}
2	O_{21}	O_{22}	O_{23}	⋯	O_{2k}
3	O_{31}	O_{32}	O_{33}	⋯	O_{3k}
4	O_{41}	O_{42}	O_{43}	⋯	O_{4k}
⋮	⋮	⋮	⋮		⋮
N	O_{N1}	O_{N2}	O_{N3}	⋯	O_{Nk}
R_j	G_1	G_2	G_3	⋯	G_k

不难发现，列联表中每个条件下的数据实际上就是一个样本。计算如下：

$$\mathrm{Fr} = \left[\frac{12}{Nk(k+1)} \sum_{j=1}^{k} R_j^2 \right] - 3N(k+1) \tag{8.30}$$

式中，N 为列联表的行数（采样单元数或样本量）；k 为列联表的列数（条件数或者样本数）；R_j 为列联表中第 j 列的等级数之和。

8.9.3 弗里德曼秩次双向方差分析的显著性判断

计算出 Fr 后，查附表 20。当计算出的统计值 Fr 小于表中 N、k 及 $p = 0.05$ 所对应的关键值时，接受零假设，表明这些样本的中位数相同，即样本间没有显著性差异；当计算出的统计值 Fr 等于或者大于该关键值时，放弃零假设，接受备择假设，表明中位数在样本间存在显著性差异；当计算出的统计值 Fr 大于/等于 $p = 0.01$ 所对应的关键值时，表明差异极显著。

例 8.12 假设有 3 只雄性天堂鸟的尾羽被进行不同长度的 4 种处理后，放回到同一种群中，观察它们被攻击的程度。数据见表 8.16。该研究的问题是尾羽经过不同长度处理后的雄性天堂鸟受到挑战的程度是否有差异？

表 8.16 天堂鸟尾羽处理与攻击行为假设数据

雄性个体	处理后尾羽长度			
	I	II	III	IV
A	4	2	1	3
B	3	2	1	4
C	4	1	2	3
R_j	11	5	4	10

在这个例子中，$N = 3$，$k = 4$。用式（8.30）计算如下：

$$\mathrm{Fr} = \left[\frac{12}{Nk(k+1)} \sum_{j=1}^{k} R_j^2 \right] - 3N(k+1)$$

$$= \left[\frac{12}{3 \times 4 \times (4+1)} \times (11^2 + 5^2 + 4^2 + 10^2) \right] - 3 \times 3 \times (4+1)$$

$$= 7.4$$

查附表 20，当 $N = 3$、$k = 4$ 时，计算出的 Fr 刚好等于 $p = 0.05$ 所对应的关键值，所以放弃零假设，接受备择假设，表明由于改变尾羽长度，雄性天堂鸟受到攻击的程度发生显著性变化。

在查附表 20 时发现：①对于相应的 k 值，当 N 超过某个数值时（如当 $k = 3$，N 超过 13 时），关键值将保持不变，这时采用 p 行中的关键值；②k 值最大不能超过 5，当 $k > 5$ 时，式（8.30）计算出来的统计值 Fr 的分布接近自由度 $\mathrm{df} = k - 1$ 的卡方分布。这时，先计算自由度 df，然后查附表 1，用 Fr 代替 χ^2 与表中关键值比较，即可得到差异显著性水平。

8.9.4 弗里德曼秩次双向方差分析的进一步分析

例 8.12 表明，3 只天堂鸟经过尾羽长度的 4 种处理后，回到群体中会受到明显不同的攻击，但是上述检验过程没有告诉差异来自哪两种不同的处理。要回答这个问题，还要进行下面的计算：

$$|R_u - R_v| \geq z_{\alpha/\#c} \sqrt{\frac{Nk(k+1)}{6}} \tag{8.31}$$

式中，R_u 和 R_v 是两种不同条件下的 R_j 值（各样本的等级数之和），$z_{\alpha/\#c}$ 是在一定显著性水平为 p（通常等于 0.05）、比较数为 $\#c$ 时的 z 值（可从附表 21 中查到）。如果这个不等式成立，就表明采样单元在这两种条件下的表现有显著性差异。由于 R_u 和 R_v 已经存在于上表中，因此不等式的左侧计算结果如下：

$$|R_\mathrm{I} - R_\mathrm{II}| = |11-5| = 6$$
$$|R_\mathrm{I} - R_\mathrm{III}| = |11-4| = 7$$
$$|R_\mathrm{I} - R_\mathrm{IV}| = |11-10| = 1$$
$$|R_\mathrm{II} - R_\mathrm{III}| = |5-4| = 1$$
$$|R_\mathrm{II} - R_\mathrm{IV}| = |5-10| = 5$$
$$|R_\mathrm{III} - R_\mathrm{IV}| = |4-10| = 6$$

在这个例子中，总共有 6 个比较，即 $\#c = 6$。当显著性水平 $p = 0.05$ 时，$z_{\alpha/\#c} = z_{0.05/6}$。查附表 21 得 $z_{0.05/6} = 2.638$，代入式（8.31）右侧，计算如下：

$$z_{0.05/6} \times \sqrt{\frac{Nk(k+1)}{6}} = 2.638 \times \sqrt{\frac{3 \times 4 \times (4+1)}{6}} = 8.342$$

计算结果非常接近 $|R_\mathrm{I} - R_\mathrm{III}|$ 的结果 7。

回顾上面的计算结果：$\mathrm{Fr} = 7.4$ 勉强落在 $p = 0.05$ 的显著性水平上。因此，差异应该存在于第 1 和第 3 种处理间。

式（8.30）适用于没有关联等级的情况（样本中没有相同的观察值）。如果出现关联等级，需要用其他公式进行计算，计算过程烦琐，容易出错。因此，建议研究者在进行数据采集时尽可能使数据精确，避免相同观察值。如果读者手中数据存在关联等级，可参阅 8.2 节式（8.4）进行计算（Siegel et al.，1988），也可使用相应的计算软件进行计算。

8.10　佩 奇 检 验

弗里德曼秩次双向方差分析能检测不同条件下相同采样单元的反应是否一样，但是检测不出反应是否呈现某种规律性变化，如随着实验条件的定向变化，采样单元的反应呈现逐级递增。实际研究中，研究者常常需要知道：条件的逐步变化是否导致动物反应程度的逐步加强，或者药物剂量的逐步增加是否导致患者病情加速恢复，或者社会环境的逐步恶化是否导致犯罪率的递增。这些情况下需要用佩奇检验（Page test for ordered alternatives，L）。

8.10.1 佩奇检验的假设

零假设 H_0：$\theta_1 = \theta_2 = \theta_3 = \cdots = \theta_k$，即样本间的中位数相等。

备择假设 H_1：$\theta_1 < \theta_2 < \theta_3 < \cdots < \theta_k$，即样本间存在中位数的逐次递增。

从零假设和备择假设看出，当零假设不成立时，备择假设不是样本间的中位数不同，而是样本的中位数随条件变化呈现逐次递增。因此，佩奇检验是单侧检验，而且比弗里德曼秩次双向方差分析更具体。

8.10.2 佩奇检验的计算

在使用佩奇检验时，首先将数据按表 8.17 排列。

表 8.17　佩奇检验列联表

采样单元	条件 1	条件 2	条件 3	⋯	条件 k
1	O_{11}	O_{12}	O_{13}	⋯	O_{1k}
2	O_{21}	O_{22}	O_{23}	⋯	O_{2k}
⋮	⋮	⋮	⋮		⋮
n	O_{n1}	O_{n2}	O_{n3}	⋯	O_{nk}
R_j	R_1	R_2	R_3	⋯	R_k

其中，列联表的行为采样单元（如动物个体、问卷调查对象等）；列为实验条件（如施加给动物的训练强度、不同环境条件等），条件 1 到条件 k 按照强度或者等级进行排列；交汇点为特定采样单元在相应条件下的表现（如行为反应强度、对某种观点的态度强烈程度等）。与弗里德曼分析的列联表一样，各条件下的数据是各采样单元在该条件下的表现，即数据采集中从该条件下获得的样本，n 为样本量，R_j（$j = 1, 2, \cdots, k$）为各种条件下采样单元表现出的变量等级的总和，k 为样本数。

然后计算下列统计值：

$$L = \sum_{j=1}^{k} jR_j = R_1 + 2R_2 + \cdots + kR_k \qquad (8.32)$$

8.10.3 佩奇检验的显著性判断

算出 L 值后，查附表 22。在相应的 n 和 k 值下，如果计算出的 L 值小于表中 $\alpha = 0.05$ 所对应的关键值，接受零假设，表明样本间的中位数相等；如果 L 值等于或者大于该关键值，放弃零假设，接受备择假设，表明样本间的中位数逐次递增；如果 L 值等于或者大于 $\alpha = 0.01$ 所对应的关键值，表明样本间的中位数呈极显著性递增。

例 8.13　在一项环境对行为影响的调查中，研究者随机采样 10 人，观察他们在 3 个村子中表现的损人利己行为。按情节对损人利己程度进行打分，分别为无损人利己（给分 0）、轻度损人利己（给分 1）、普通损人利己（给分 2）和严重损人利己（给分 3）。3 个村子的环境差异在于：村子 1 地处边远，传统道德意识强，村规民约深入村民心头，村民常自我约束，不做损人利己之事；村子 2 地处城郊，法律知识普及率高，村民不轻易做损人利己之事；村子 3 远离都市，地处交通要道边，既无村规民约和传统道德约束，法律知识也淡薄，损人利己的事情司空见惯。这些差异导致不同村子的村民对公共环境的关注度不同，从而对这 10 人的行为的影响和约束也不同。采集到的数据见表 8.18。

表 8.18　文明行为假设数据

村民	村子 1	村子 2	村子 3
1	0	1	3
2	1	2	2
3	1	2	3
4	0	2	3
5	1	2	3
6	1	3	3
7	0	2	3
8	1	3	3
9	0	2	2
10	0	2	3
R_j	5	21	28

用式（8.32）计算得 $L = 5 + 2 \times 21 + 3 \times 28 = 131$。

查附表 22。$L = 131$ 大于 $n = 10$、$k = 3$ 及 $\alpha = 0.05$ 所对应的关键值 128，因此拒绝零假设，接受备择假设，表明同一组人在不同环境下的行为文明程度有显著性差异，损人利己行为随环境改变呈梯度递增。

8.10.4　佩奇检验的大样本情况

在查阅附表 22 时，读者可能已经注意到：当 $2 \leqslant n \leqslant 12$ 时，附表 22 的适用范围是 $3 \leqslant k \leqslant 10$；当 $k = 3$ 时，n 可以达到 20。在大多数情况下，这些范围可以满足研究要求。但是，当 $n > 12$ 的同时 $k > 3$，或者 $n > 20$ 的时候，研究者拥有的是大样本。在大样本的情况下，L 值的分布接近于正态分布，这时要进一步进行 z 检验，以便判断数据差异的显著性。计算如下：

$$z_L = \frac{12L - 3nk(k+1)^2}{k(k^2-1)} \sqrt{\frac{k-1}{n}} \qquad (8.33)$$

当 Z_L 计算出来后，由于佩奇检验测试的是数据的单向变化（观察单元随着条件的等级变化而表现出越来越大或者越来越小），因此查附表 2，可以获得数据变化的显著性。当查出的 p 值小于 0.05 时，放弃零假设，接受备择假设。由于备择假设是单侧检验，附表 2 给出的显著性水平也是单侧检验，因此不必对查表结果进行任何修正。

8.11　克鲁斯卡尔–沃利斯单向方差分析

与中位数检验的扩展一样，克鲁斯卡尔-沃利斯单向方差分析（Kruskal-Wallis one-way analysis of variance，KW）（以下简称克沃分析）适用于检验多个独立样本的中位数是否相同，而且也适用于等级型数据。然而不同的是，克沃分析的能力更强大，就像参数统计检验中的 F 检验一样。这是因为中位数检验的扩展简单地将数据分为大于和小于中位数两项，损失了大量的数据信息；而克沃分析保留了这些信息，使得一些细微的规律性差异得以被发现。然而，与中位数检验的拓展相比，克沃分析的计算较繁杂，尤其是当出现关联等级时。因此，读者可以根据自己手头的数据情况选择使用这两种方法。

8.11.1　克沃分析的假设

零假设 H_0：$\theta_1 = \theta_2 = \theta_3 = \cdots = \theta_k$，即待检验的样本来自于相同总体或者中位数相同的不同总体。

备择假设 H_1：$\theta_i \neq \theta_j$，即任何样本的中位数都不相等。

8.11.2　克沃分析的计算

1）将独立样本的各个观察值列入表 8.19 中，每个样本占一列，每行为各采样单元的观察值（各样本的规模不一定要相同）。

表 8.19　克沃分析数据排列表

样本			
1	2	⋯	k
X_{11}	X_{12}	⋯	X_{1k}
X_{21}	X_{22}	⋯	X_{2k}
⋮			
X_{n1}			⋯
	⋯	⋯	X_{nkk}
	X_{n2}		

其中，k 为样本数，n_j（$j=1,2,\cdots,k$，即 $n_1, n_2, \cdots, n_k$）为各样本采样单元数（各样本的样本量）。

2）将各样本的观察值合并，按大小顺序排成一个单一序列，从小到大为每个观察值赋予一个等级分值：最小是 1，其次是 2……最大是 N。之后，将各等级分值按照所对应的观察值放回到列联表中，得到表 8.20 数据。

表 8.20　克沃分析等级分值表

样本				
1	2	$\cdots$	k	总和
r_{11}	r_{12}	$\cdots$	r_{1k}	
r_{21}	r_{22}	$\cdots$	r_{2k}	
$\vdots$				
r_{n1}			$\cdots$	
	$\cdots$	$\cdots$	r_{nkk}	
	r_{n22}			
R_1	R_2	$\cdots$	R_k	
n_1	n_2	$\cdots$	n_k	N
m_1	m_2	$\cdots$	m_k	

表中，R_j（$R_1, R_2, \cdots, R_k$）为各样本的等级分值和；n_j（$n_1, n_2, \cdots, n_k$）为各样本的样本量，N 为样本量之和。m_j（$m_1, m_2, \cdots, m_k$）为各样本的平均分值，$m_j = \dfrac{R_j}{n_j}$。

3）用下面公式计算统计值：

$$\mathrm{KW} = \left[\frac{12}{N(N+1)} \sum_{j=1}^{k} n_j m_j^2 \right] - 3(N+1) \tag{8.34}$$

当原始数据中有任何两个或多个采样单元的观察值相同时，在进行上述步骤2）操作时就出现等级关联，关联的等级要进行平均。等级的平均化会导致 KW 的分布受影响。要消除这种影响，需要进行修正。先计算下列修正项：

$$1 - \frac{\sum_{i=1}^{g}(t_i^3 - t_i)}{N^3 - N}$$

式中，g 为关联组数；t_i 为第 i 关联组中的观察单元数（关联组中的数据数）。将式（8.34）右侧除以此修正项，便得到修正后的 KW：

$$KW = \cfrac{\left[\dfrac{12}{N(N+1)}\sum_{j=1}^{k}n_jm_j^2\right]-3(N+1)}{1-\dfrac{\sum_{i=1}^{g}(t_i^3-t_i)}{N^3-N}} \tag{8.35}$$

式（8.35）看起来很复杂。为了避免计算出错，读者可以借助以下 3 种方法：①先计算修正项，将计算结果代入式（8.35）；②借助计算软件进行计算；③采集数据时尽量做到精确，以避免相同数据出现。

8.11.3　克沃分析的显著性判断

确定统计值 KW 的显著性要分两种情况。

如果样本数 $k=3$，各样本的规模 $n_j \leqslant 5$，这种情况被称为小样本，查附表 23 以确定显著性水平。当计算出的统计值 KW 等于或者大于各样本量 n_j 及显著性 $p=0.05$ 所对应的关键值时，拒绝零假设，接受备择假设。

其他情况称为大样本，查附表 1 以确定显著性水平。当计算出的统计值 KW 等于或者大于 $df = k-1$ 及显著性 $p=0.05$ 所对应的卡方值时，拒绝零假设，接受备择假设。

至此，研究者知道样本间是否存在显著性差异，多数情况下可以终止检验。但是，在有显著性差异的情况下，如果研究者还想进一步了解差异发生在哪些样本间，就要通过下列不等式来解答：

$$|m_u-m_v| \geqslant z_{\frac{\alpha}{k(k-1)}}\sqrt{\frac{N(N+1)}{12}\left(\frac{1}{n_u}+\frac{1}{n_v}\right)} \tag{8.36}$$

一旦这个不等式成立，样本 u 和 v 的差异就具有显著性。$z_{\frac{a}{k(k-1)}}$ 可以从附表 2 中获得。例如，如果 $\alpha=p=0.05$（这是人们通常设定的显著性水平），样本数 $k=3$，计算 $\dfrac{a}{k(k-1)}=\dfrac{0.05}{3\times(3-1)}=0.0083$。查附表 2，对应 0.0083 的 z 值在 2.39（表左侧为 2.3，顶部为 0.09）和 2.40 间。因此，$z \approx 2.395$。

读者还可以通过附表 21 更简单地获得 z 值。在该表中，左侧的 #c 是比较数。同样以 3 个样本为例（$k=3$），要进行两两大小比较，#c=$k(k-1)/2$=3，有 3 个比较，即

$$|m_1-m_2|,\quad |m_1-m_3|,\quad |m_2-m_3|$$

以 #c=3、$\alpha=0.05$（即 $p=0.05$，双侧）或者 $\alpha=0.025$（单侧）查附表 21，得到 $z=2.394$，与上述计算结果非常接近。

有时，研究者真正需要知道的是实验组与控制组之间的差异。这时，式（8.36）

左侧的计算只需要在控制组与各个实验组之间进行即可。

　　例 8.14　（小样本）蜱是营体外寄生的一类细小节肢动物。它们的分布不仅与宿主动物有关，还与生境类型有关。在对蜱的调查中，研究者希望了解一种蜱对草地、灌丛及林缘生境中的分布偏好度。通过野外工作，从 12 块样地（3 块草地、4 块灌丛、5 块林缘）中采集到以下（假设）数据（表 8.21）。

表 8.21　蜱生境分布偏好度假设数据

分布偏好度指数		
草地	灌丛	林缘
0.994	0.795	0.940
0.872	0.884	0.979
0.349	0.816	0.949
	0.981	0.890
		0.978

　　在这项研究中，零假设是 H_0：3 个样本来自同一总体或者中位数相同的 3 个总体，即 3 个样本的中位数没有显著性差异。备择假设 H_1：3 个样本间没有显著性差异，计算过程具体如下：

　　1）原始数据已按要求列入表 8.21 中。其中，总样本数 $k = 3$，样本量 $n_1 = 3$，$n_2 = 4$，$n_3 = 5$。

　　2）各样本观察值排序并等级化，如下：

观察值：0.349　0.795　0.816　0.872　0.884　0.890　0.940　0.949　0.978　0.979　0.981　0.994
等级：　 1　　　2　　　3　　　4　　　5　　　6　　　7　　　8　　　9　　　10　　　11　　　12

　　由于观察值中没有相同数据，因此进行等级化时不需要进行任何平均数计算。将等级化后的分值代入，得到表 8.22。

表 8.22　蜱生境分布偏好度等级化分值

分布偏好度指数等级			
	草地	灌丛	林缘	总和
	12	2	7	
	4	5	10	
	1	3	8	
		11	6	
			9	
R_j	17	21	40	
n_j	3	4	5	12
m_j	5.67	5.25	8.00	

　　3）计算统计值 KW。由于没有关联等级，因此不需要进行修正，可以直接采用式（8.34）进行计算：

$$KW = \left[\frac{12}{N(N+1)} \sum_{j=1}^{k} n_j m_j^2 \right] - 3(N+1)$$

$$= \frac{12}{12 \times (12+1)} (3 \times 5.67^2 + 4 \times 5.25^2 + 5 \times 8.00^2) - 3 \times (12+1)$$

$$= 1.52$$

4）显著性判断。由于 $k=3$，所有的样本规模 $n_j \leqslant 5$，因此本检验属于小样本情况。查附表 23，$KW=1.52$ 在样本量 n_j 分别为 5、4、3 的情况下出现的概率为 $p>0.10$。因此，接受零假设，放弃备择假设，表明 3 个样本来自同一总体或者中位数相同的 3 个不同总体，观察值没有显著性的样本间差异，即不同生境类型间蜱的分布偏好度没有显著性差异。

例 8.15　（大样本）在对上述蜱的研究中，研究者分别在低海拔、中海拔和高海拔 3 个水平上各设置 6 个样地，在总共 18 个样地中采集数据，以分析这种蜱对不同海拔的偏好度。（假设）数据见表 8.23。

表 8.23　蜱海拔分布偏好度假设数据

分布偏好度指数		
低海拔	中海拔	高海拔
0.44	0.70	0.80
0.44	0.77	0.76
0.54	0.48	0.34
0.32	0.64	0.80
0.21	0.71	0.73
0.28	0.75	0.80

这项分析检验的零假设与例 8.14 相同。具体计算如下。

1）原始数据已按要求列入表 8.23 中。其中，总样本数 $k=3$，样本量 $n_1=6$，$n_2=6$，$n_3=6$。

2）各样本观察值排序并等级化如下（顺序一一对应）。

观察值：0.21 0.28 0.32 0.34 0.44 0.44 0.48 0.54 0.64
0.70 0.71 0.73 0.75 0.76 0.77 0.80 0.80 0.80

等级：1 2 3 4 5.5 5.5 7 8 9
10 11 12 13 14 15 17 17 17

观察值中有两组相同数据，一组为 0.44，共 2 个观察值，$t_1=2$；另一组为 0.80，共 3 个观察值，$t_2=3$。因此，在等级化时需要进行平均数计算。将等级化后的分值代入，得到表 8.24。

表 8.24　蜱海拔分布偏好度等级化分值

| | 分布偏好度指数 | | | |
	低海拔	中海拔	高海拔	总和
	5.5	10	17	
	5.5	15	14	
	8	7	4	
	3	9	17	
	1	11	12	
	2	13	17	
R_j	25	65	81	
n_j	6	6	6	18
m_j	4.17	10.83	13.50	

3）计算统计值 KW。由于存在关联等级，需要进行修正，因此采用式（8.35）进行计算：

$$KW = \frac{\left[\dfrac{12}{N(N+1)}\sum_{j=1}^{k} n_j m_j^2\right] - 3(N+1)}{1 - \dfrac{\sum_{i=1}^{g}(t_i^3 - t_i)}{N^3 - N}}$$

$$= \frac{\left[\dfrac{12}{18\times(18+1)}(6\times4.17^2 + 6\times10.83^2 + 6\times13.50^2)\right] - 3\times(18+1)}{1 - \dfrac{(2^3-2)+(3^3-3)}{18^3-18}}$$

$$= \frac{0.035\,1\times(104.33 + 703.73 + 1\,093.50) - 57}{1 - \dfrac{30}{5814}}$$

$$= 9.77$$

4）显著性判断。由于 $k=3$，所有的样本量 $n_j > 5$，因此本检验属于大样本情况。查附表 1，自由度 df $=3-1=2$，KW $=9.79$，大于概率为 $p=0.01$ 所对应的卡方值（9.21）。因此，拒绝零假设，接受备择假设，表明 3 个样本来自不同总体，观察值存在极显著的样本差异，即蜱在不同海拔上的分布偏好度存在着极显著性差异。

进一步的问题是差异存在于哪些样本间？为解答这个问题，需要进行以下 3 个比较：

$$\left| m_{低海拔} - m_{中海拔} \right| = \left| 4.17 - 10.83 \right| = 6.66$$

$$\left| m_{低海拔} - m_{高海拔} \right| = \left| 4.17 - 13.50 \right| = 9.33$$

$$\left| m_{\text{中海拔}} - m_{\text{高海拔}} \right| = \left| 10.83 - 13.50 \right| = 2.67$$

然后计算式（8.36）的右侧项。由于 3 个样本的样本量相等，即 $n_1 = n_2 = n_3$（$n_{\text{低海拔}} = n_{\text{中海拔}} = n_{\text{高海拔}}$）$= 6$，因此只要进行一次计算即可。计算如下：

$$z_{\frac{\alpha}{k(k-1)}} = z_{\frac{0.05}{3\times(3-1)}} = z_{0.0083}$$

查附表 2，得到 $z_{0.0083} = 2.39$。（z 值也可以通过查附表 21 获得，在 $\#c = 3$、$\alpha = 0.05$ 时，有 $z = 2.394$。）因此，有

$$z_{\frac{\alpha}{k(k-1)}} \sqrt{\frac{N(N+1)}{12}\left(\frac{1}{n_u}+\frac{1}{n_v}\right)} = 2.39 \times \sqrt{\frac{18\times(18+1)}{12}\left(\frac{1}{6}+\frac{1}{6}\right)} = 2.39 \times \sqrt{9.5} = 7.37$$

满足式（8.36）的只有第二个比较，即低海拔和高海拔之间的比较。因此，差异的显著性发生在低海拔和高海拔样本间。

8.12　荣基尔检验

克沃分析解决了多个样本间是否有显著性差异的问题。研究者有时候需要了解多个样本间的差异是否具有渐次递增的特性，如不同剂量药物的渐次递增是否带来病情的渐次变化；政客们演讲语气的不同强度是否引发支持者的不同支持力度；从外周向生境中央逐步行进，某个物种的种群密度是否渐次递增……前面介绍的佩奇检验便是用于检测这种渐次变化效应的，但它解决的是关联样本，对于独立样本关系，需要荣基尔检验（Jonckheere test for ordered alternatives）。从荣基尔检验的功能可以知道，它是单侧检验。

8.12.1　荣基尔检验的假设

零假设 H_0：$\theta_1 = \theta_2 = \cdots = \theta_k$，即各样本中位数相等，样本来自同一个总体或者中位数相同的不同总体。

备择假设 H_1：$\theta_1 < \theta_2 < \cdots < \theta_k$，即各样本的中位数不同，随"实验"强度依次渐增。

8.12.2　荣基尔检验的计算

1）将原始数据按照理论上假设的中位数大小顺序排列于表 8.25 中。

表 8.25　荣基尔检验原始数据的排列

样本			
1	2	…	k
X_{11}	X_{12}	…	X_{1k}
X_{21}	X_{22}	…	X_{2k}
⋮		…	…
X_{n11}	…		…
		…	X_{nkk}
	X_{n22}		

此表同表 8.19，相关解释见 8.11.2 节。

2）计算下面公式：

$$U_{ij} = \sum_{h=1}^{n_i} \#(X_{hi}, j) \tag{8.37}$$

式中，n_i（$= n_1, n_2, \cdots, n_k$）为各样本的样本量（样本中的采样单元数）；$\#(X_{hi}, j)$ 是一个样本中某一特定数据小于另一样本中数据的次数。例如，$\#(X_{11}, 2)$ 是第 1 个样本中的 X_{11} 在与第 2 个样本中 $X_{12}, X_{22}, \cdots, X_{n22}$ 的比较中"小于"的次数。因此，U_{ij} 是这个特定数据小于其他样本数据次数之和。有时会出现数据关联情况（两个数据相等），这时赋值 1/2 次，而不是 1 次。

3）进一步用下列公式计算荣基尔统计值 J：

$$J = \sum_{i=1}^{k-1} \sum_{j=i+1}^{k} U_{ij} \tag{8.38}$$

即荣基尔统计值 J，等于所有数据小于其他样本数据的次数之和。

8.12.3　荣基尔检验的显著性判断

查附表 24，当计算出的统计值 J 大于表中相应的关键值，统计值 J 发生的概率就小于表中关键值所对应的概率 p。如果关键值所对应的概率 $p \leqslant 0.05$，则放弃零假设，接受备择假设，表明这些样本的中位数确实是在显著性地渐次增大；如果 $p \leqslant 0.01$，表明这种趋势极显著。

在查附表 24 时，读者不难发现：当样本数 $k=3$ 时，样本量可以相同，也可以不同，但变化范围在 2 和 8 之间；当 $3 < k \leqslant 6$ 时，样本量必须相同。这种情况被称为小样本情况。当样本数 $k = 3$、但样本量等于或大于 9，或者当 $k>6$ 时，或者当 $3<k\leqslant6$ 但样本量不同时，属于大样本情况，附表 24 不再适用。对于大样本情况，数据分布比较接近正态分布，这时要进行以下计算。

首先是平均数的计算：

$$\mu_J = \frac{N^2 - \sum_{j=1}^{k} n_j^2}{4} \qquad (8.39)$$

式中，n_j 为各样本量（意义同式（8.37）中的 n_i）；N 为样本量之和，$N = \sum_{j=1}^{k} n_j$。
然后计算变异值：

$$\sigma_J^2 = \frac{1}{72}\Big[N^2(2N+3) - \sum_{j=1}^{k} n_j^2(2n_j+3) \Big] \qquad (8.40)$$

最后用平均数和变异值的平方根来对荣基尔统计值进行修正：

$$J^* = \frac{J - \mu_J}{\sigma_J} \qquad (8.41)$$

修正后的荣基尔统计值 J^* 出现的概率用附表 2 帮助确定。当 J^* 等于或者大于与之最接近的 z 值，它出现的概率 p 则等于或者小于 z 值所对应的概率。当 $p \leqslant 0.05$，放弃零假设，接受备择假设，表明这些样本的中位数确实是在显著性地渐次增大。

例 8.16 在动物生态学研究中，由于动物对地方环境的适应及水热和土壤矿物质分布的规律性，一些物种的分布常常表现出种群密度由外周向中心逐步增高的现象。在对亚马孙河流域的一种长鬣蜥的研究中，研究者从外周向分布中心区的 35 个采样点进行种群密度（只数/km^2）数据采集，得到以下（假设）数据（表 8.26）。

表 8.26　长鬣蜥种群密度假设数据

分布区的区域			
外周（12 个采样点）	远中（9 个采样点）	近中（8 个采样点）	中心（6 个采样点）
8.82	13.53	19.23	73.51
11.27	28.42	67.83	85.25
15.78	48.11	73.68	85.82
17.39	48.64	75.22	88.88
24.99	51.40	77.71	90.33
39.05	59.91	83.67	118.11
47.54	67.98	86.83	
48.85	79.13	93.25	
71.66	103.05		
72.77			
90.38			
103.13			

由于数据变异的参差不齐，读者无法直接从表中数据中清楚看到这种长鬣蜥的种群分布规律，但可以看出一个大致倾向：从外周到中心，密度倾向于越来越

高。这种倾向是否具有规律性（样本间的密度渐次增高是否存在显著性），需要统计学检验。研究者采用荣基尔检验，具体步骤如下。

1）用式（8.37）计算 U_{ij}。按照该公式，研究者首先比较第 1 个样本（外周）的第 1 个观察值（8.82）与第 2 个样本（远中）中的各个观察值，发现远中样本中所有观察值都大于 8.82，没有相等或者小于 8.82 的情况，因此得到 9 次，即 $\#(X_{11,2})=9$；在与第 3 个样本（近中）的比较中也是类似结果，因此得到 8 次，即 $\#(X_{11,3})=8$；在与第 4 个样本（中心）的比较中得到 6 次 $[\#(X_{11,4})=6]$。然后，转入外周样本的第 2 个观察值（11.27）与其他样本的比较，分别得到 9 次 $[\#(X_{21,2})=9]$、8 次、6 次……直至第 3 个样本（近中）的最后一个观察值（93.25）与中心样本中的各个观察值进行比较，中心样本只有最后一个观察值（118.13）比它大，因此得到 1 次。比较结果列在表 8.27 中。

表 8.27　长鬣蜥种群密度 U_{ij} 值

外周原始数据	远中原始数据	近中原始数据	中心原始数据	被较（上层）与比较（下层）					
				外周	外周	外周	远中	远中	近中
				远中	近中	中心	近中	中心	中心
8.82	13.53	19.23	73.51	9	8	6	8	6	6
11.27	28.42	67.83	85.25	9	8	6	7	6	6
15.78	48.11	73.68	85.82	8	8	6	7	6	5
17.39	48.64	75.22	88.88	8	8	6	7	6	5
24.99	51.40	77.71	90.33	8	7	6	7	6	5
39.05	59.91	83.67	118.11	7	7	6	7	6	5
47.54	67.98	86.83		7	7	6	6	6	3
48.85	79.13	93.25		5	7	6	3	5	1
71.66	103.05			2	6	6	0	1	
72.77				2	6	6			
90.38				1	1	1			
103.13				0	0	1			
	U_{ij}			66	73	62	52	48	36

2）用式（8.38）计算荣基尔统计值 J，有

$$J=\sum_{i=1}^{k-1}\sum_{j=i+1}^{k}U_{ij}=66+73+62+52+48+36=337$$

3）由于 $k=4$，各样本量不同，属于大样本情况，不能直接使用附表 24 来确定显著性水平。因此，用式（8.39）和式（8.40）计算平均数和变异值：

$$\mu_J = \frac{N^2 - \sum_{j=1}^{k} n_j^2}{4} = \frac{35^2 - (12^2 + 9^2 + 8^2 + 6^2)}{4} = 225$$

$$\sigma_J^2 = \frac{1}{72}[N^2(2N+3) - \sum_{j=1}^{k} n_j^2(2n_j+3)]$$

$$= \frac{1}{72}\{35^2 \times (2 \times 35 + 3) - [12^2 \times (2 \times 12 + 3)$$

$$+ 9^2 \times (2 \times 9 + 3) + 8^2 \times (2 \times 8 + 3) + 6^2 \times (2 \times 6 + 3)]\}$$

$$= 1\,140$$

$$\sigma_J = \sqrt{1\,140} = 33.76$$

4）用式（8.41）计算修正后的荣基尔统计值 J^*：

$$J^* = \frac{J - \mu_J}{\sigma_J} = \frac{337 - 225}{33.76} = 3.32$$

查附表 2，$J^* = 3.32$ 最接近 $z = 3.3$，出现的概率是 $p < 0.000\,5$。因此，可以拒绝零假设，接受备择假设，表明从外周到中心的种群密度递增是有极显著性意义的，规律性极强。

8.13　方法选择检索表

1. 要比较的样本数

2. 检验的目的是

3. 要比较的样本数

4. 按照采样单元的独立性判断，两组数据属于

5. 样本间相同采用单元的数据差异形式

　　（9）仅有方向（即变大/变小）……………………………符号检验（8.3 节）
　　（10）既有变化方向，还有差异等级
　　　　　………………………………… 威尔科克森符号秩检验（8.4 节）

6. 要检验两个样本的

　　（11）吻合度………………………………………K-S 双样本检验（8.7 节）
　　（12）差异性………………………………………………………………7

7. 经过数据的预处理发现，你的检验属于下列哪种情况

　　（13）已知中位数相同，要检验数据的变异性差异
　　　　　………………………………………… 西格尔-图奇检验（8.8 节）
　　（14）中位数不同…………………………………………………………8

8. 在下列哪种条件下进行样本中位数的差异性检验

　　（15）数据变异性相同……………………… 曼-惠特尼 U 检验（8.5 节）
　　（16）数据变异性不同……………………… 罗伯斯特秩检验（8.6 节）

9. 按照采样单元的独立性判断，数据组属于

　　（17）相关样本…………………………………………………………… 10
　　（18）独立样本…………………………………………………………… 11

10. 你要判断不同条件下所获得的数据组之间的

　　（19）任何差异………………………… 弗里德曼秩次双向方差分析（8.9 节）
　　（20）随条件渐次变化而出现的定向变化………… 佩奇检验（8.10 节）

11. 你要判断样本间的

　　（21）任何差异………… 克鲁斯卡尔-沃利斯单向方差分析（8.11 节）
　　（22）随条件渐次变化而出现的定向变化……… 荣基尔检验（8.12 节）

第 9 章

样本间的比较Ⅲ：间隔型和比例型数据

间隔型数据拥有等级型数据所有特征的同时，任何两个间隔型数据间的距离都是有意义的。因此，这些数据差异拥有的信息量比等级型更多。比例型数据拥有间隔型数据的所有特征。但是，间隔型数据没有真正意义上的 0。例如，温度的 0℃是人为定义的，是为了方便，将水结冰时的温度定义为 0℃，它不是温度的始发点，人们永远找不到温度真正意义的 0。比例型数据有真正意义上的 0，是数据的始发点。例如，重量为 0 表示没有物质，以此为出发点，数字的增加表示物质的量的增加。这两类数据，如果符合参数统计检验的要求，则可用参数统计方法；如果不符合，则用非参数统计方法。本章介绍 3 种非参数统计方法，包括成对重复数据的排列检验（permutation test for paired replicates）（9.1 节）、两个独立样本的排列检验（permutation test for two independent samples）（9.2 节）、等级差异的摩西秩检验（Moses rank-like test for scale differences）（9.3 节），以及 3 种参数统计方法，包括 F 检验（F test，9.4 节）、t 检验（t test，9.5 节）和 z 检验（z test，9.6 节）。这 6 种方法用于比较两个样本间的差异。如果读者的数据是单样本，建议将数据降级为等级型，并返回第 8 章。如果是多样本，而且数据可用于参数统计检验，则选用第 10 章的方差分析；否则将数据降级为等级型，并返回到第 8 章中选择相应的统计方法。

如前所述，参数统计检验比非参数统计检验检测能力更强。但是，参数统计检验有更严格的要求。第一，其要求数据必须是间隔型或者比例型。当研究者按方法选择检索表寻找到本章时，这个条件就已经满足了。第二，数据分布类型必须接近正态分布。当然，有些数据虽然不符合正态分布，但经过适当转换（详见 2.2.2 节）后，能满足正态分布的要求。第三，样本所来自的总体的数据变异性相似或者相同。达到这些条件后就可以进行参数统计检验。基于第二个条件，读者应进行数据的正态性检验（详见 2.1.4 节）。合乎正态性后，基于第三个条件，使用 F 检验。因此，本章介绍的 F 检验不是一个独立的检验方法。如果 F 检验结果表明两个总体的数据变异性没有显著性差异，则进一步用 t 检验或者 z 检验进行分析。当样本量大于 30 时，使用 z 检验；否则使用 t 检验。

　　本章介绍的 3 个非参数统计方法中，成对重复数据的排列检验用于检测相关样本，两个独立样本的排列检验和等级差异的摩西秩检验用于检测独立样本。其中，两个独立样本的排列检验检测的是样本平均数的差异，等级差异的摩西秩检验检测的是样本数据变异性（散布程度）的差异。如果研究者进行两个独立样本的排列检验，结果表明没有显著性差异，则两个样本的差异性可能表现在数据的变异性上，这时应该再进行一次等级差异的摩西秩检验。

　　相应地，本章的方法选择检索表见 9.7 节。

9.1　成对重复数据的排列检验

　　排列检验也被称为置换检验。与适用于等级型数据的符号检验（8.3 节）和威尔科克森符号秩检验（8.4 节）对应，成对重复数据的排列检验检测的是同一组采样单元在两种不同条件下的表现差异，即由间隔型或者比例型数据组成的两个相关样本的比较。

9.1.1　成对重复数据的排列检验的假设

　　零假设 H₀：采样单元在两种条件下或者"治疗"前后某种特征（变量）的表现相同或基本相似，因此两种条件下的数据相减的结果基本上为 0，即假设 X 为条件 a 中表现的数据，Y 为条件 b 中表现的数据，那么 $d = X - Y = 0$，或 $\sum d_i = \sum (X_i - Y_i) = 0$。

　　备择假设 H₁：$\sum d_i \neq 0$。

9.1.2　成对重复数据的排列检验的计算

　　与其他统计学方法一样，如果研究得到的结果落在 95% 的可能性中或者 0.95 的概率中，接受零假设；如果落在 5% 的可能性中或者 0.05 的概率中，拒绝零假设，接受备择假设。因此，以 $p \leq 0.05$ 为标准，如果所获得的研究结果出现的概率落在 0.05 所预期的范围内，就拒绝零假设，否则接受零假设。

　　正如本节的标题所指出的，这里要介绍的方法用了排列组合的概念，但不涉及复杂的排列组合计算。只要知道 0.05 所预期的排列数及研究中采集到的数据是否落在这些预期的排列种类中，便可决定是否接受零假设。以下是具体的操作过程。

1）将数据列入表 9.1 中。

表 9.1　成对重复数据的排列检验的数据排列表

采样单元	样本 1	样本 2	d_i
1	n_{11}	n_{12}	d_1
2	n_{21}	n_{22}	d_2
$\vdots$	$\vdots$	$\vdots$	$\vdots$
k	n_{k1}	n_{k2}	d_k

表中，$i=1,2,\cdots,k$；k 为样本量；n 为样本中各采样单元的观察值；$d_i = n_{i1} - n_{k2}$，即样本中各采样单元在两个样本间的差值，可以是正数，也可以是负数。

2）将采样单元的差值进行排列，如下：

$$d_1, d_2, \cdots, d_k$$

这是研究中采集到的数据形成的差值排列，称为差值排列Ⅰ。

3）以差值排列Ⅰ为基础，计算排列总数。根据零假设，对于任何一个采样单元，它在两个样本中的排列理论上有两种，即 (n_{i1}, n_{i2}) 和 (n_{i2}, n_{i1})，而且两种排列出现的概率相等。如果 $n_{i1} \neq n_{i2}$，两种排列所对应的差值 d_i 的绝对值相同，但一个为正数，一个为负数。因此，对于一个特定的采样单元，有两种理论差值排列。例如，对于采样单元 1，有以下两个差值排列：

$$d_1（正）, d_2, \cdots, d_k$$
$$d_1（负）, d_2, \cdots, d_k$$

当有 k 个采样单元（样本量）时，理论上总共有 2^k 个差值排列，每个差值排列出现的概率等于 $1/2^k$。

4）差值排列Ⅰ出现的概率判断。首先，计算各理论差值排列中的差值之和 T_i。例如，对于差值排列Ⅰ，有 $T_1 = d_1 + d_2 + \cdots + d_k$。然后，按 T_i 大小对差值排列进行重新排序，排序后靠近两端（T_i 最大和最小）的差值排列组成极端区。其次，计算 $p \times 2^k$ 得到排列数 N（统计学分析中通常取 $p=0.05$）。如果研究者进行的是单侧检验，从最大（或者最小，视研究者的理论预测而定）差值和 T_i 所对应的差值排列到第 N 个差值为极端区；如果是双侧检验，分别从最大差值和 T_i 与最小差值和 T_i 所对应的差值排列（两端）到第 $N/2$ 个差值排列组成两个极端区。最后，如果研究中采集到的差值排列Ⅰ落在极端区中，放弃零假设，接受备择假设，表明两个样本存在显著性差异；否则，接受零假设，即两个样本没有显著性差异。

例 9.1　白头叶猴拥有家域。为了保卫家域，邻群间经常发生争斗。因此，它们逗留在家域边缘和远离边缘的家域核心区中时，由于对邻群的紧张程度不同，可能表现出不同的日常行为。在行为生态学研究中，人们常常用活动时间分配（time budget，即消耗于某种活动的时间占总日活动时间的百分比）来刻画动物的日常行为。在对白头叶猴的研究中，将动物的活动类型分为休息、摄食、移动、玩耍、梳理及其他出现频率较低的行为。其中，玩耍和梳理被视为社会行为，它们只在群体没有紧张情绪时出现。因此，这里用白头叶猴的社会行为作为指标，用群体作为采样单元（一个群体为一个采样单元），对它们在边缘地区和核心地区进行比较（两个相关样本）。从 8 群白头叶猴中采集到的数据见表 9.2。

表 9.2　白头叶猴社会行为假设数据

猴群号	核心地区（样本 1）	边缘地区（样本 2）	d_i
1	40	21	+19
2	45	18	+27
3	17	18	−1
4	20	14	+6
5	25	18	+7
6	37	24	+13
7	27	31	−4
8	28	25	+3

注：d_i 是各采样单元在两个样本间的差值。

进行数据分析前，首先解释数据变异的来源。通常，不同猴群生活在生境质量不同的家域中。家域质量较好的猴群对邻群出现的反应比较激烈；反之，较差生境的猴群的反应比较温和。即使都在核心区域或者边缘区域，不同猴群的生境也不尽相同。因此，相同区域的猴群的社会行为也有数据变异。

对于 d_i，有差值排列：

$$+19，+27，−1，+6，+7，+13，−4，+3$$

1）计算总的排列数。根据零假设，对于第 1 群，核心地区为 40、边缘地区为 21 的排列出现的概率等于反过来的排列（核心地区为 21、边缘地区为 40）的概率即 $p(d_i = +19) = p(d_i = −19)$。相应地，

$$+19，+27，−1，+6，+7，+13，−4，+3（差值排列Ⅰ）$$

出现的概率等于

$$−19，+27，−1，+6，+7，+13，−4，+3（差值排列Ⅱ）$$

出现的概率。这是 2 个理论差值排列。对于差值排列Ⅰ，第 2 猴群也有 2 种排列：从核心区的 45 到边缘区的 18 和反过来的排列（核心地区为 18，边缘地区为 45），而且出现的概率相等，即 $p(d_i = +27) = p(d_i = −27)$。相应地，有以下 2 个理论差值排列：

$$+19，+27，−1，+6，+7，+13，−4，+3（差值排列Ⅰ）$$
$$+19，−27，−1，+6，+7，+13，−4，+3（差值排列Ⅲ）$$

对于差值排列Ⅱ，第 2 猴群也有 2 种排列，其对应的 2 个差值排列为

-19，+27，-1，+6，+7，+13，-4，+3（差值排列Ⅱ）

-19，-27，-1，+6，+7，+13，-4，+3（差值排列Ⅳ）

至此，总共得到 4 个理论差值排列。不难理解，当加入第 3 猴群后，将有 8 个差值排列。以此类推，8 个猴群的总排列数是 $2^8 = 256$ 个。

2）确定极端排列区。根据备择假设，$p \leqslant 0.05$，落在这个概率中的极端差值排列数为 $0.05 \times 256 = 12.8$ 个。因此，取 12 个极端差值排列。其中，对应差值之和 T_i 最大（为正数）的差值排列有 6 个，最小的有 6 个。如果研究结果（差值排列Ⅰ）是 6 个最大排列或者 6 个最小排列中的任何一个，表明研究结果属于 $p \leqslant 0.05$ 的极端排列。这时放弃零假设，接受备择假设，表明这两个相关样本存在着显著性差异，或者同一组采样单元在不同条件下的表现有显著性差异。6 个差值和数最大的排列见表 9.3。

表 9.3　6 个差值和数最大的排列

排列号	排列								数值总和
1	+27	+19	+13	+7	+6	+4	+3	+1	80
2	+27	+19	+13	+7	+6	+4	+3	-1	78
3	+27	+19	+13	+7	+6	+4	-3	+1	74
4	+27	+19	+13	+7	+6	+4	-3	-1	72
5	+27	+19	+13	+7	+6	-4	+3	+1	72
6	+27	+19	+13	+7	+6	-4	+3	-1	70

3）差值排列Ⅰ的差值和数为

$$(+19)+(+27)+(-1)+(+6)+(+7)+(+13)+(-4)+(+3) = +70$$

4）显著性判断。观察数据（差值排列Ⅰ）是 6 个差值和数最大的排列中的第 6 个，表明研究结果落在 $p \leqslant 0.025$ 的极端区间（另一极端区间是 6 个差值和数最小的排列，概率 $p \leqslant 0.025$），因此可以拒绝零假设，接受备择假设，表明两个样本存在显著性差异。

如果在进行数据分析前，从理论上预测猴群在核心区的社会行为消耗的时间比边缘地区更多，那么要进行单侧检验。这时，假设 $p = 0.05$，得到和数最大的差值排列 $0.05 \times 256 = 12.8$ 个，而不是 6 组排列。在这 12 个排列中，研究数据是第 6 组排列，落在极端区域中，可以接受备择假设。

因此，无论是单侧检验还是双侧检验，都可以拒绝零假设，接受备择假设，表明白头叶猴在核心区"心情更松弛"，用于社会行为的时间与边缘地区不同（双侧）或者比边缘地区更多（单侧）。

当样本量增加后，成对数据的排列检验会变得越来越难以运用，因为排列的工作量会随着样本量的增加而急剧增加。例如，当样本量从 8 增加到 9 时，总排列数将从 256（2^8）个增加到 512（2^9）个，$p \leqslant 0.05$ 的极端排列有 25 个；当样本量进一步增加到 10 时，总排列数将增加到 1024（2^{10}）个，极端排列有 51 个，这时手工操作已经很困难。样本量继续增加会导致手工操作更加难以进行。这时，读者可以求助于计算机软件程序来运算，可以考虑用威尔科克森符号秩检验（8.4 节）。但是，这样做的时候，由于数据的级别从间隔型或者比例型下降到等级型，数据信息会受到损失。如果读者的数据中含有很精微的规律性，这些规律性可能检测不到。

9.2　两个独立样本的排列检验

两个独立样本的排列检验与成对重复数据的排列检验本质上相同，即通过判断研究数据的排列是否落在理论排列的极端区间来确定接受或者拒绝零假设；不同点表现在操作过程中，这种差异源于样本的独立性。

9.2.1　两个独立样本的排列检验的假设

两个独立样本的排列检验用于检验两个样本的平均数差异，因此有

零假设 H_0：$\mu_x = \mu_y$。

备择假设 H_1：$\mu_x \neq \mu_y$。

9.2.2　两个独立样本的排列检验的计算

本方法的工作原理：①观察（实验）得到的两个样本的数据被看成这些数据的一种组合；②估计这种组合在这些数据所有可能的组合中出现的概率；③如果观察（实验）的数据组合落在概率 $p \leqslant 0.05$ 的极端区间中，放弃零假设，接受备择假设，表明两个样本的平均数存在显著性差异；否则，接受零假设，表明两个样本没有显著性差异（它们来自同一个总体）。具体操作如下。

假如有以下两个样本。

实验组 X（样本 1）：16　19　22　24　29　　　（样本量 $m=5$）

对照组 Y（样本 2）：0　11　12　20　　　（样本量 $n=4$）

1）将这两组中的 9 个数据进行随机分组，其中一组 4 个数据，另一组 5 个数据。在自由组合过程中，只要确定了其中一组的 4 个数据，另一组的 5 个数据就同时得以确定。因此，研究者只需从 9 个数据中随机组合 4 个数据。按照排列组合，总组合数 $\dbinom{5+4}{4} = 126$。

2）计算 126 个可能组合中的极端组合（两组数据差异最大且出现概率 $p \leqslant 0.05$ 的组合）数，即 $p \begin{pmatrix} 5+4 \\ 4 \end{pmatrix} = 0.05 \times 126 = 6.3$，大约 6 个组合。在单侧检验中，这 6 个组合是两个样本差异（以单个样本中的数据和来刻画）最大的 6 个组合（X 组数据和依次从最大到第六，Y 组数据和从最小到第六），它们构成对零假设的拒绝区（如果研究得到的样本落在这个区域中，就可以拒绝零假设）。结果见表 9.4。

表 9.4　两个独立样本的排列检验中对零假设的单侧检验拒绝区

组合	X 组	$\sum X$	Y 组	$\sum Y$	$\sum X - \sum Y$
1	29 24 22 20 19	114	16 12 11 0	39	114−39 = 75
2	29 24 22 20 16	111	19 12 11 0	42	111−42 = 69
3	29 24 22 19 16	110	20 12 11 0	43	110−43 = 67
4	29 24 20 19 16	108	22 12 11 0	45	108−45 = 63
5	29 24 22 20 12	107	19 16 11 0	46	107−46 = 61
6	29 22 20 19 16	106	24 12 11 0	47	106−47 = 59

表 9.4 中第 3 个组合正是研究者采集到的两个样本的数据组合，研究结果落在拒绝区中。因此，可以拒绝零假设，接受备择假设，表明样本 X 的平均数显著大于样本 Y 的平均数，两个样本来自不同的总体。

在双侧检验中，极端情况出现在两端，一端是 $\mu_x > \mu_y$，另一端是 $\mu_y > \mu_x$，而且两种情况出现的总概率 $p \leqslant 0.05$，每种情况出现的概率为 0.025，各由 $0.025 \times 126 = 3.15$ 个极端组合构成拒绝区。在表 9.4 中，保留前 3 个组合作为 $\mu_x > \mu_y$ 的拒绝区。另外对 Y 组数据进行 3 个组合，每个组合有 4 个数据，数据总和从最大、其次、到第三；相应地，X 组数据和从最小到第三（表 9.5 中组合 4～组合 6）。由此构成拒绝区，见表 9.5。

表 9.5　双侧检验的拒绝区

组合	X 组	$\sum X$	Y 组	$\sum Y$	$\sum X - \sum Y$
1	29 24 22 20 19	114	16 12 11 0	39	|114−39| = 75
2	29 24 22 20 16	111	19 12 11 0	42	|111−42| = 69
3	29 24 22 19 16	110	20 12 11 0	43	|110−43| = 67
4	22 16 12 11 0	61	29 24 20 19	92	|61−92| = 31
5	20 16 12 11 0	59	29 24 22 19	94	|59−94| = 35
6	19 16 12 11 0	58	29 24 22 20	95	|58−95| = 37

表 9.5 中显示，研究样本为第 3 组合，仍然落在拒绝区中。因此，拒绝零假

设，接受备择假设，表明两个样本的平均数有显著性差异，它们来自不同的总体。

9.2.3　两个独立样本的排列检验的大样本情况

9.2.2 节操作过程表明，当样本量 m 和 n 大到一定程度时，整个工作量会非常大。这时，手工计算不但费时，而且容易出错。但是，这时的排列分布接近 t 分布。因此，可以通过下面的方法进行检验。

首先计算下列统计值：

$$t = \frac{\bar{X} - \bar{Y}}{\sqrt{\dfrac{\sum (X_i - \bar{X})^2}{m-1} + \dfrac{\sum (Y_i - \bar{Y})^2}{n-1}}} \tag{9.1}$$

式中，$\bar{X}\left(\dfrac{\sum X_i}{m}\right)$ 和 $\bar{Y}\left(\dfrac{\sum Y_i}{n}\right)$ 分别为两个样本的平均数；X_i 和 Y_i 分别为各自的观察值。

t 值计算出来后，查附表 9。当 t 等于/大于自由度 $df = m + n - 2$、显著性水平 $p = 0.05$ 所对应的关键值时，拒绝零假设，接受备择假设，表明两个样本存在显著性差异；当 $p = 0.01$ 时，则表明样本间的差异达到极显著水平。

9.3　等级差异的摩西秩检验

与等级型数据类似，间隔型数据除了表现在平均数的差异上，也能表现在数据的散布方面（数据变异性有差异，但平均数或者中位数不变）。在这种情况下，可以采用等级差异的摩西秩检验。正如在西格尔-图齐检验中提到的，如果研究者看到实验组的观察值呈现明显的两极分化，或者在两个独立样本的排列检验后未发现显著性差异（两个样本的平均数相同）时，则进行等级差异的摩西秩检验。

9.3.1　等级差异的摩西秩检验的假设

零假设 H_0：$\sigma_x^2 = \sigma_y^2$，即两组数据的变异性相同。

备择假设 H_1：$\sigma_x^2 > \sigma_y^2$，或者 $\sigma_x^2 < \sigma_y^2$，即两组数据的变异性不同，极端数据值来源于实验条件的变化或者某一个环境因子的改变。

9.3.2　等级差异的摩西秩的计算

1）将每个样本中的观察值分成数量相同的数个小组；如果分组后有观察值剩余，则在分组前随机剔除，使得剩余的观察值数可以被整除。研究者会发现，一个样本中的数据可以有几种方式进行分组。因此，分组的原则是剔除的数据越少越好，被剔除的数据最少的分组方式是最好的方式。例如，有两个样本 X 和 Y，其中 X 的样本量 $m=25$，Y 的样本量 $n=21$。对于样本 X，可以分为 5 个小组，每个小组有 5 个观察值，没有余数；也可以分为 6 个小组（每个小组有 4 个观察值）或者 4 个小组（每个小组有 6 个观察值），均余下 1 个观察值，需要提前从样本中剔除。当然还可以以其他方式分组……对于样本 Y，可以分为 5 个小组（每个小组有 4 个观察值）或者 4 个小组（每个小组有 5 个观察值），均余下 1 个观察值，需要提前从样本中剔除；也可以以其他方式分组。因此，最佳方式是样本 X 整分为 5 个小组，每组含 5 个随机挑选的观察值；对于样本 Y 整分为 3 个小组，每组含 7 个随机挑选的观察值。

2）为每个小组计算数据散布指数 D。对于样本 X，有

$$D(X_j) = \sum_{i=1}^{k} (\bar{X}_{ji} - \bar{X}_j)^2 \tag{9.2}$$

式中，X_{ji} 为第 j 小组第 i 个观察值；$\bar{X}_j$ 为第 j 小组观察值的平均数；k 为小组内采样单元数；j 为小组数，$j=1,2,\cdots,m'$。

相应地，对于样本 Y，有

$$D(Y_j) = \sum_{i=1}^{k} (Y_{ji} - \bar{Y}_j)^2 \tag{9.3}$$

式中，j 为小组数，$j=1,2,\cdots,n'$。

3）等级差异的摩西秩检验不是一个独立的检验方法，它需要借助曼-惠特尼 U 检验。各小组的散布指数 D 计算出来后，得到两个散布指数构成的样本，样本量分别为 m' 和 n'。这时采用曼-惠特尼 U 检验（8.6 节），以确定是否接受零假设。

例 9.2 在一项糖尿病致病机理的研究中，研究者从 17 个正常人和 17 个杜氏肌肉营养不良症患者身上采样，采集胰岛素绑定单核细胞指数，以探讨糖尿病是否与胰岛素受体相关（De Pirro et al., 1982）。得到两组数据，即样本 X（正常个体）和样本 Y（病患个体），如下：

样本 X:	2.50	2.48	2.45	2.32	2.32	2.31	2.28	2.27	2.25
	2.22	2.22	2.18	2.16	2.12	2.12	2.05	2.19	
样本 Y:	2.10	2.00	1.80	1.70	1.60	1.55	1.40	1.40	1.30
	1.25	1.10	1.03	0.98	0.86	0.85	0.70	0.65	

这两个样本的数据表明，病患组的变异性（两个极端数据之差 $2.10-0.65=1.45$）显著大于正常组（$2.50-2.19=0.31$）。为了确定这种差异是否具有显著性，研究者采用等级差异的摩西秩检验，检验过程如下。

零假设 H_0：正常组 X 与病患组 Y 的胰岛素受体表现没有显著性差异。

备择假设 H_1：病患组 Y 的胰岛素受体表现的变异性显著大于正常组 X（单侧

检验）。

1）两个样本各有 17 个观察值，无法整除。如果每个样本分为 4 个小组，每个小组有 4 个观察值，则各余 1 个观察值。因此，首先借助随机数表，从两个样本中各剔除一个观察值。结果，正常组第 16 个观察值和病患组第 15 个观察值被剔除。同样，借助随机数表，将观察值随机划入各小组。小组划分结果如下。

样本 X：[2.18, 2.31, 1.90, 2.45]、[2.28, 2.25, 2.12, 2.22]、[2.22, 2.48, 2.50, 2.30]、[2.16, 2.12, 2.27, 2.32]，各小组的平均数 $\bar{X}_j$ 为 2.21、2.22、2.38、2.22。

样本 Y：[1.55, 1.25, 1.03, 0.70]、[2.10, 0.98, 1.10, 0.65]、[1.30, 2.00, 1.40, 1.80]、[1.40, 1.60, 0.86, 1.70]，各小组平均数 $\bar{Y}_j$ 为 1.13、1.21、1.62、1.39。

2）用式（9.2）和式（9.3）计算各小组的数据散布指数 D。对于样本 X 的第一小组，有

$$D(X_j) = \sum_{i=1}^{4} (X_{ji} - \bar{X}_j)^2$$
$$= (2.18 - 2.21)^2 + (2.31 - 2.21)^2 + (1.90 - 2.21)^2 + (2.45 - 2.21)^2$$
$$= 0.164\ 6$$

同理，得到其他各小组 D 值，总结如下。

样本 X：0.164 6， 0.014 5， 0.056 3， 0.026 1。
样本 Y：0.385 7， 1.170 6， 0.327 5， 0.421 2。

3）进行曼-惠特尼 U 检验。

首先，两个样本混合，并从小到大进行排序。

散布指数：	0.014 5	0.026 1	0.056 3	0.164 6	0.327 5
样本：	X	X	X	X	X
等级：	1	2	3	4	5

散布指数：	0.385 7	0.421 2	1.170 6
样本：	Y	Y	Y
等级：	6	7	8

然后计算等级和：

$$W_x = 1 + 2 + 3 + 4 = 10$$
$$W_y = 5 + 6 + 7 + 8 = 26$$

用式（8.15）和式（8.16）计算统计值 U，如下：

$$U_1 = mn + \frac{n(n+1)}{2} - W_2 = 4 \times 4 + \frac{4 \times (4+1)}{2} - 26 = 0$$

$$U_2 = mn + \frac{m(m+1)}{2} - W_1 = 4 \times 4 + \frac{4 \times (4+1)}{2} - 10 = 16$$

用式（8.17）验算，$U_1 + U_2 = mn$。$U_1 + U_2 = 0 + 16 = 16$，$mn = 4 \times 4 = 16$，表明上述计算无误。

查附表 17，在 $m = n$（两个样本的样本量相等）的情况下，关键值为 0。上面计算出的 U（较小的统计值 U_1）= 0，表明研究结果出现的概率 $p = 0.05$。因此，可以拒绝零假设，接受备择假设，表明病患组的胰岛素受体表现出显著的变异性。

9.4 F 检 验

9.1～9.3 节的 3 种方法是检验两个样本的非参数统计方法。本章还将介绍两种常用的、检测两个样本的参数统计方法：t 检验和 z 检验。如前所述，当测量值在间隔型或比例型水平上时，如果数据分布类型符合正态性，而且数据变异性相同，才能进行参数统计检验。要检验数据的变异性是否相同，需用 F 检验。因此，F 检验不是一个独立检验方法，而是参数统计检验的必要前提（第 10 章的方差分析中也需要进行此检验）。t 检验与 z 检验的差异在于前者适用于小样本（样本量在 30 以内），后者适用于大样本（样本量大于 30）。

F 检验用于分析两个总体的数据的变异性是否存在显著性差异。因此，本方法的零假设 H_0 是 $\sigma_1^2 = \sigma_2^2$，或者 $\dfrac{\sigma_1^2}{\sigma_2^2} = 1 = F$，即两个总体的数据变异性相同。备择假设 H_1 则是 $F = \dfrac{\sigma_1^2}{\sigma_2^2} \neq 1$。相应地，两个样本数据变异性通过以下公式计算后进行分析：

$$F = \frac{s_1^2}{s_2^2} \tag{9.4}$$

式中，s_1^2 和 s_2^2 分别为两个样本中较大的方差（分子）和较小的方差（分母）。

由于采样误差，当两个总体的方差相等时，即 $\dfrac{\sigma_1^2}{\sigma_2^2} = 1$ 时，两个样本的方差不一定相等，即 $F = \dfrac{s_1^2}{s_2^2} \neq 1$，所以是偏离 $F = 1$。然而，偏离的程度越大，这种状况出现的可能性越小。因此，F 值计算出来后，查附表 25 以确定该统计值出现的概率。表中的 v_1 和 v_2 分别代表两个样本的自由度，$v_1 = n_1 - 1$，$v_2 = n_2 - 1$；n_1 和 n_2 分别是两个样本的样本量。如果计算出的 F 值小于表中自由度所对应的关键值，则接受零假设，表明两个样本的方差不存在显著性差异，可以继续进行后面的参数统计检验（z 检验或者 t 检验）；如果等于或者大于该关键值，则放弃零假设，接受备择假设，表明两个方差存在显著性差异。这时，不能继续进行后面的检验，研究者需改用非参数统计检验方法。

例 9.3　假设在两个地区采到同一种蜱，蜱的体形有所差异。用蜱的体长来刻画其体形，数据见表 9.6。为了检验蜱体形的差异，首先要进行 F 检验，以确定是否可以用参数统计检验。

表 9.6　蜱体型的假设数据

	样本 1（地区 A）	样本 2（地区 B）
样本量（观察数）	$n_1 = 41$	$n_2 = 31$
体长平均数	$\bar{x}_1 = 24.71$	$\bar{x}_2 = 19.60$
体长标准差	$s_1 = 6.34$	$s_2 = 4.82$
体长方差	$s_1^2 = 40.195\,6$	$s_2^2 = 23.232\,4$

用式（9.4）计算统计值 F，有

$$F = \frac{s_1^2}{s_2^2} = \frac{40.195\,6}{23.232\,4} = 1.730$$

这里，$v_1 = n_1 - 1 = 40$，$v_2 = n_2 - 1 = 30$。查附表 25，对应这两个自由度的关键值大约是 2.01，计算出的统计值 $F = 1.73$ 小于该关键值。因此，可以接受零假设，表明这两个样本的数据变异性没有显著性差异，研究者可以使用参数统计检验来检测两地采集到的蜱的体型差异。

9.5　t　检　验

当样本量在 30 以内（小样本情况）时，使用 t 检验。t 检验的假设如下。

零假设 H_0：两个样本的平均数没有显著性差异。

备择假设 H_1：两个样本的平均数的差异具有显著性意义。

研究者有时从同一组采样单元中在不同情况下获取不同的观察值（测量值）（获得了两个相关样本），更多时候是对两种不同条件下的采样单元进行观察测量（这时获得两个独立样本）。针对相关样本和独立样本，t 检验的计算过程不同。计算过程如下。

9.5.1　两个独立样本的 t 检验

两个独立样本的 t 检验的计算如下：

$$t = \frac{\bar{x}_1 - \bar{x}_2}{\sqrt{\left[\frac{(n_1 - 1)s_1^2 + (n_2 - 1)s_2^2}{(n_1 + n_2 - 2)}\right]\left(\frac{n_1 + n_2}{n_1 n_2}\right)}} \tag{9.5}$$

式中，$\bar{x}$ 为平均数；s^2 为样本数据的方差；n 为样本量（样本中的采样单元数），

n 的下标为样本编号，1 代表平均数大的样本，2 代表平均数小的样本。自由度 $df = n_1 + n_2 - 2$。

统计值 t 计算出来后，查附表 9。如果 t 值小于表中相应自由度和 $p = 0.05$ 所对应的关键值，则接受零假设，表明两个样本的平均数没有显著性差异；如果 t 值等于或大于该关键值，则拒绝零假设，接受备择假设，表明两个样本的平均数差异具有显著性意义；如果 t 值等于或大于 $p = 0.01$ 所对应的关键值，则表明差异具有极显著性意义。

例 9.4 下面是从一种蜱的雌雄个体中获得的测量数据（表 9.7）。

表 9.7　不同性别蜱体型的假设数据

样本 1（雄性）	样本 2（雌性）
$n_1 = 6$	$n_2 = 8$
$\bar{x}_1 = 74.80$	$\bar{x}_2 = 72.99$
$s_1 = 1.04$	$s_2 = 1.48$
$s_1^2 = 1.08$	$s_2^2 = 2.20$

研究者的问题是该物种雌雄个体测量值的平均数是否一样？换成统计学问题就是两个样本是否来自于平均数相同的两个总体？要回答这个问题，先要进行以下计算。

1）首先将原始数据进行正态性检验（见 2.14 节），结果是两组数据都符合正态分布要求。因此，用 F 检验分析两个样本的数据变异性是否相同（9.4 节）。结果显示：$v_1 = n_2 - 1 = 7$（这里用 $n_2 - 1$，而不是 $n_1 - 1$，是因为 $s_2^2 > s_1^2$，s_2^2 是分子，相当于式 9.4 中的 s_1^2），$v_2 = n_1 - 1 = 5$ 注意前面括号中的解释），$F = 2.20/1.08 = 2.04$，F 小于附表 25 中相对应的关键数 6.85，表明两组数据的变异性不存在显著性差异。因此，可以进行 t 检验。

2）用式（9.5）计算统计值 t：

$$
\begin{aligned}
t &= \frac{\bar{x}_1 - \bar{x}_2}{\sqrt{\left[\dfrac{(n_1-1)s_1^2 + (n_2-1)s_2^2}{n_1+n_2-2}\right]\left(\dfrac{n_1+n_2}{n_1 n_2}\right)}} \\[2mm]
&= \frac{74.80 - 72.99}{\sqrt{\left[\dfrac{(6-1)\times 1.08 + (8-1)\times 2.20}{6+8-2}\right]\times\left(\dfrac{6+8}{6\times 8}\right)}} \\[2mm]
&= \frac{1.81}{0.71} \\[1mm]
&= 2.55
\end{aligned}
$$

3）这里，自由度 $df = n_1 + n_2 - 2 = 6 + 8 - 2 = 12$。查附表9，$t = 2.55$，大于 $df = 12$、$p = 0.05$ 所对应的关键值 2.179（双侧检验）。因此，拒绝零假设，接受备择假设，表明两个样本的平均数具有显著性差异，即雌雄个体存在显著性差异。

9.5.2 相关样本的 t 检验

先将来自相同采样单元的两个观察值相减求差，得到 d，然后用下列公式计算：

$$t = \frac{\sum d}{\sqrt{\dfrac{n\sum d^2 - (\sum d)^2}{n-1}}}$$

（9.6）

式中，n 为样本量，即采样单元数；$n-1$ 是自由度 df。

与两个独立样本的 t 检验不同，前者两个样本的样本量可以不同，这里的两个样本量相同（当然，多数情况下是相同的。如果研究者因故无法采集某个采样单元的第二次数据，就应该将这个采样单元的第一次数据删除，不纳入统计学检验）。

统计值 t 计算出来后，查附表9。如果 t 值小于表中相应自由度和 $p = 0.05$ 所对应的关键值，则接受零假设，表明两个样本的平均数没有显著性差异；如果 t 值等于或大于该关键值，则拒绝零假设，接受备择假设，表明两个样本的平均数的差异具有显著性意义；如果 t 值等于或大于 $p = 0.01$ 所对应的关键值，则表明差异具有极显著性意义。

例9.5 为了研究椋鸟的越冬脂肪储备，鸟类学家对 10 只个体（$n=10$）分别在 8 月和 9 月进行称重，以获取椋鸟体重的数据，从而分析体重的变化。数据详见表 9.8 中第 1 列和第 2 列。

表9.8 椋鸟体重的假设数据

样本 A（8月体重）/g	样本 B（9月体重）/g	d	d^2
10.3	12.2	+1.9	3.61
11.4	12.1	+0.7	0.49
10.9	13.1	+2.2	4.84
12.0	11.9	−0.1	0.01
10.0	12.0	+2.0	4.00
11.9	12.0	+1.0	1.00
12.2	11.4	−0.8	0.64
12.3	12.1	−0.2	0.04
11.7	13.5	+1.8	3.24
12.0	12.3	+0.3	0.09
		$\sum d = 8.8$	$\sum d^2 = 17.96$

1）为了确定是否可以采用参数统计检验，对原始数据进行正态性检验。对于样本 A：平均数 $m=11.47$，标准差 $s=0.81$，$m \pm s$ 的区间是 10.66 到 12.28，落在这个区间的数据有 7 个，符合 70% 的要求，符合正态分布。对于样本 B：平均数 $m=12.35$，标准差 $s=0.63$，$m \pm s$ 的区间是 11.72 到 12.98，落在这个区间的数据也有 7 个（70%），也符合正态分布。因此，可以进行 F 检验。

2）统计值 F 的计算如下：

$$F = \frac{s_1^2}{s_2^2} = \frac{0.81^2}{0.63^2} = 1.653 ，自由度 v_1 = 10 - 1 = 9 ， v_2 = 10 - 1 = 9 。$$

查附表 25，对应这两个自由度的关键值是 4.03，大于计算得出的统计值 $F=1.653$。因此，可以接受零假设，表明这两个样本的数据变异性没有显著性差异，可以进行参数统计检验。

3）由于数据来自同一组采样单元（相同 10 只鸟），因此采用相关样本的 t 检验。将每只鸟 9 月份的数据减去 8 月份的数据，得到差值 d，并计算出差值之和 $\sum d$（注意：差值中的正负号要纳入差值和的计算中）。另外，计算差值平方 d^2 及其和 $\sum d^2$。结果详见表 9.8 中第 3 列和第 4 列。然后，用式（9.6）进行以下计算：

$$t = \frac{\sum d}{\sqrt{\dfrac{n \sum d^2 - \left(\sum d\right)^2}{n-1}}} = \frac{8.8}{\sqrt{\dfrac{10 \times 17.96 - 8.8^2}{10-1}}} = \frac{8.8}{3.369} = 2.612$$

$$df = 10 - 1 = 9$$

查附表 9。当自由度 df $= 9$、显著性水平 $p=0.05$ 时，关键值为 2.262（双侧检验）。计算出来的统计值 $t=2.612$，大于该关键值。因此，拒绝零假设，接受备择假设，表明椋鸟 9 月份的体重显著不同于 8 月份的体重。如果事先根据椋鸟的生态学研究推测，椋鸟 9 月份的体重应该大于 8 月份的体重，这时就是单侧检验，统计值的显著性水平是 $p=0.025$。

9.6 z 检 验

当样本量大于 30 时，需要用 z 检验来检测两个样本的差异。

9.6.1 z 检验的假设

零假设 H_0：两个样本所来自的总体的数据平均数相等，即 $\mu_1 = \mu_2$。然而，由于不能直接检验两个总体的平均数是否有差异，只能检验两个样本的数据平均数。相应地，零假设变成两个样本的数据平均数相等，即 $\bar{x}_1 = \bar{x}_2$，或者 $\bar{x}_1 - \bar{x}_2 = 0$。

备择假设 H_1：两个样本的数据平均数不同，即 $\overline{x}_1 \neq \overline{x}_2$，或者 $\overline{x}_1 - \overline{x}_2 \neq 0$。

9.6.2　z 检验的计算

由于采样误差，两个样本的数据平均数总会存在一定的差异，但是差异距离 0 越远，出现的可能性越低。另外，如果两个样本各自的数据变异性都很大，变异范围相互重叠，两个平均数的差异极有可能是同一总体内数据的不同变异区域的平均数，而不是真正反映两个总体差异的平均数。如果两个平均数的差异远大于数据变异性，这种差异就反映某种内在的根本性。因此，z 检验首先要进行下列统计值 z 的计算：

$$z = \frac{\overline{x}_1 - \overline{x}_2}{\sqrt{\dfrac{s_1^2}{n_1} + \dfrac{s_2^2}{n_2}}} \tag{9.7}$$

式中，$\overline{x}$ 为平均数；s^2 为方差；n 为样本量（下标为样本编号，与 F 检验中的定义完全相同）。

在 z 检验中，研究者通常事先不知道哪个样本的平均数大（因此是双侧检验）。因此，下标 1 代表平均数大的样本，2 代表小的样本。

9.6.3　z 检验的显著性判断

统计值 z 计算出来后，如果发现 $z < 1.96$，则接受零假设，表明两个样本的平均数没有显著性差异；如果 $z \geqslant 1.96$，则拒绝零假设，接受备择假设，表明两个样本的平均数存在显著性差异（$p \leqslant 0.05$）；如果 $z \geqslant 2.58$，表明存在极显著差异（$p \leqslant 0.01$）。1.96 和 2.58 是判断差异显著性的两个关键值。读者也可以查附表 2，但是表中给出的是单侧检验的 p 值，读者如果进行的是双侧检验，需要将这个关键值乘以 2。

例 9.6　用前述蜱的数据（例 9.3），检验两个地区蜱的体长是否存在着显著性差异。由于动物的体形大小的测量值符合正态分布，而且这里的样本量大于 30，因此可以直接用式（9.7）进行计算，如下：

$$z = \frac{\overline{x}_1 - \overline{x}_2}{\sqrt{\dfrac{s_1^2}{n_1} + \dfrac{s_2^2}{n_2}}} = \frac{24.71 - 19.60}{\sqrt{\dfrac{40.195\,6}{41} + \dfrac{23.232\,4}{31}}}$$

$$= \frac{5.11}{1.32} = 3.87$$

计算结果 $z = 3.87 > 2.58$，表明 $p < 0.01$。查附表 2：当 $z = 3.87$ 时，$0.000\,1 < p < 0.001$（这里的数值已经乘了 2）。因此拒绝零假设，接受备择假设，表明两个地区的蜱的体长存在极显著的差异。

9.7　方法选择检索表

1. 原始数据或者转换后的数据是否符合正态分布

2. 将两个样本进行 F 检验（9.4节）后发现，样本间

3. 两个样本中，大样本的样本量

4. 从采样单元的独立性来看，两个数据组属于

5. 对数据进行预处理后发现

第 10 章

方 差 分 析

在参数统计方法中,第 9 章介绍了 F 检验、z 检验及 t 检验,用于检测两个样本的异同。其中,F 检验用于检测两个样本的数据变异性是否相同(数据变异性相同是参数统计检验的前提条件之一),这种检验有时称为变异同质性检验(test for the homogeneity of variance),也称方差齐性检验。研究者常常需要比较 3 个或者更多样本的异同。例如,如果有 3 个样本 A、B 和 C,用两个样本的参数统计检验方法,则需要进行 3 次检验(A-B、A-C 和 B-C);如果有 4 个样本,则需要 6 次检验(A-B、A-C、A-D、B-C、B-D 和 C-D)。每增加一个样本,检验次数会大大增加。这样操作起来,不但计算烦琐,而且在统计学理论上是不允许的。因此,统计学家推出方差分析(analysis of variance,ANOVA)以供多样本间的比较。

方差分析的功能优势不仅在于能够同时检验多个样本的关系,而且既能容纳 1 个变量的数据(单向方差分析,one-way ANOVA)(10.1 节),又能容纳 2 个变量的数据(双向方差分析,two-way ANOVA)(10.2 节),而 t 检验和 z 检验只能一次检验一个变量的数据。事实上,方差分析还可以容纳多个变量(多向方差分析,multiple-way ANOVA)。鉴于计算复杂,本章仅讨论单向和双向方差分析。

方差分析的原理:首先假设不同样本来自相同总体,因此零假设是样本的平均数和标准差相同(相应地,备择假设是样本的平均数有显著差异)。如果数据出现差异,差异应该来自样本间平均数的不同。这种不同是由随机因素导致还是本质上的差异,或者说这种差异是否具有显著性,要依据自由度来判断。基于这个原理,方差分析将数据变异分为样本内变异(variability within a sample)和样本间变异(variability between samples)。方差分析的原理:如果样本内变异与样本间变异相似,则表明这些数据的平均数和方差(标准误)相似,因此接受零假设,即样本来自于相同总体;否则放弃零假设,接受备择假设,表明样本来自平均数

（方差）不同的总体。在备择假设中，方差分析假定不同样本的数据变异性相同，即方差相同。样本间的差异来自各样本的数据平均数的差异。为了满足这个假设，方差分析要进行变异同质性检验（F 检验）。具体方法是将各样本标准误进行比较，用最大的标准误除以最小的标准误得到比值 F_{max}，并查附表 26。在相应的样本数 a 和自由度 v（$=$ df$=$样本量 $n-1$）条件下，看 F_{max} 是否达到显著性。如果达到显著性差异，表明样本间的数据变异性太大，不符合方差分析的假设条件；如果达不到显著性差异，则继续进行方差分析的后续计算。这一步骤类似 F 检验在 t 检验和 z 检验中的作用。

后续计算主要涉及样本内的数据变异和样本间的数据变异，数据变异用标准误来衡量。首先用样本间的标准误除以样本内的标准误以求得 F 值，再根据相应的自由度查附表 27 以确定其显著性。不难看出，如果样本间的变异性小于样本内的变异性，则可以肯定几个样本间不存在差异，不需要查表就可以直接接受零假设；只有样本间的数据变异大于样本内的数据变异时，才有可能出现样本之间的差异，此时需要查表以确定 F 值的显著性。由于事先肯定了样本间的数据变异大于样本内的数据变异，查表时选择单侧检验。附表 27 中有两个自由度，分别是 v_1 和 v_2。其中，$v_1 = a-1$（样本间数据变异的自由度，a 为样本数），$v_2 = (n_1-1)+(n_2-1)+\cdots$（样本内数据变异的自由度；$n_1$，$n_2$，$\cdots$为各样本量）。查表结果如果显示概率 $p \leqslant 0.05$，则拒绝零假设，接受备择假设，表明样本间存在平均数的显著性差异。

以上计算出的 F 值只表明几个样本间是否存在差异，没有表明差异存在于哪些样本间。因此，作为方差分析的第二步，还要进行图奇检验（Tukey test）。

图奇检验首先计算样本两两间的平均数的差值，并取差值的绝对值。

如果所有样本的样本量都是一样的，那么图奇检验接着计算 T 值。在 T 值的计算中，如果读者进行手工计算，需要查附表 28 以求相应的 a（样本数）和 v（样本内标准误的自由度）所对应的 q 值。在查表时，如果读者的样本内自由度 v 等于 20 到 24、24 到 30、30 到 40、40 到 60 或者 60 到 120 之间的某个值，读者可以根据自己的数据与区间上下值之间的距离估计一个 q 值后，代入相应的计算中。T 值计算出来后与各差值的绝对值比较，如果差值绝对值大于该 T 值，则表明该差值所涉及的两个样本的平均数存在着显著性差异；如果等于或者小于该 T 值，则表明两个样本的平均数没有显著性差异。

如果各样本量不同，图奇检验则计算 T_{ij}（其中，i 和 j 分别代表两个不同样本的序号）。计算 T_{ij} 时，同样需要查附表 28 以求 q 值。T_{ij} 计算出来后与各相应差值的绝对值比较，如果差值比绝对值大，则表明该差值所涉及的两个样本的平均数存在显著性差异；如果相等或者小，则表明两个样本的平均数没有显著性差异。

研究者有时候面临一些特殊的研究问题。例如，生态学家研究池塘生态系统时，有时候需要了解这个池塘的生产力，那么在一个单位时间内从这个池塘（样本）中只能获得一个数值。又如，在西方选举政治中，政治学家将一个选区作为一个样本进行候选人的支持率研究时，从每次民调中只能获得一个数值。这些情况下获得的样本被称为单观察值样本，其特殊性在于每个样本只有一个数据，而不是一系列数据，样本缺乏数据变异信息（如平均数和方差）。针对这种特殊情况，本章介绍单观察值的双向方差分析（two-way ANOVA with single observations）（10.3 节），以供研究者检验单观察值样本间的异同。

研究者还经常面临系统性环境梯度影响。例如，当研究者研究不同生境类型的某种生态学特征时，附近庞大的水体导致生境斑块与水体不同距离产生的系统性湿度梯度变化；交通噪声对要道旁森林鸟类的密度也会产生系统性的、呈现梯度变化特征的影响；离家在外旅游的时间长短导致游客对景区的评价出现系统性的渐次影响，游客离家时间越长，对景区的兴趣越低，景区获得好评的可能性越低。社会学研究中，这种系统性的梯度影响也常常出现。例如，小镇到中心城市的距离对小镇保有传统文化的系统性影响……研究者只要留心观察就不难发现这些影响。这些系统性环境梯度影响会成为一种"噪声"，干扰上述统计学方法对样本的判断，掩盖变量在不同样本中的真正表现。针对这类影响，本章介绍两种方法：①随机区组设计（randomized block design）（10.5 节），可以用于过滤一种系统性的环境梯度影响；②拉丁方（Latin square）（10.6 节），可以同时过滤两种系统性环境梯度影响。这两种方法实际上是双向方差分析的变型，它们能够将系统性环境梯度影响导致的数据变异与变量在不同样本中的表现导致的数据变异区分开来。

以下通过例子分节介绍各种方差分析方法的操作过程。

10.1 单向方差分析

方差分析中，数据首先要排列在表中。单向方差分析检验的是单一变量在不同样本中的表现差异（平均数的差异）。这个变量位于表的一个方向（要么是行，要么是列），因此称为单向方差分析。本节中单向方差分析的计算过程通过例 10.1 显示。

例 10.1 生物学家为了研究一种椋鸟在 4 种不同生活条件下体重的差异性，从这 4 种生活条件下生活着的种群中分别随机捕捉 10 只个体进行称重，得到表 10.1 中（表中上半部分）的原始数据。

表 10.1 来自 4 种生活条件的椋鸟体重假设数据

条件 1（样本 1）/g	条件 2（样本 2）/g	条件 3（样本 3）/g	条件 4（样本 4）/g	总和
78	78	79	77	
88	78	73	69	
87	83	79	75	
88	81	75	70	
83	78	77	74	
82	81	78	83	
81	81	80	80	
80	82	78	75	
80	76	83	76	
89	76	84	75	
$n=10$	$n=10$	$n=10$	$n=10$	$n_T=40$
$m_x=83.6$	$m_x=79.4$	$m_x=78.6$	$m_x=75.4$	
$s=4.03$	$s=2.50$	$s=3.31$	$s=4.14$	
$s^2=16.27$	$s^2=6.25$	$s^2=10.96$	$s^2=17.14$	
$\sum x=836$	$\sum x=794$	$\sum x=786$	$\sum x=754$	$\sum x_T=3\,170$
$\left(\sum x\right)^2=698\,896$	$\left(\sum x\right)^2=630\,436$	$\left(\sum x\right)^2=617\,796$	$\left(\sum x\right)^2=568\,516$	
$\sum x^2=70\,036$	$\sum x^2=63\,100$	$\sum x^2=61\,878$	$\sum x^2=57\,006$	$\sum x_T^2=252\,020$

10.1.1 单向方差分析的同质性检验

表 10.1 中原始数据（上半部分的数字）表明，每个样本的样本量都是 $n=10$，采样单元总数 $n_T=40$。根据这些数据计算出各样本观察值的平均数 m_x、标准差 s、标准误 s^2、观察值的和 $\sum x$ 及其总和 $\sum x_T$、观察值的和平方 $\left(\sum x\right)^2$ 及观察值的平方和 $\sum x^2$ 及其总和平方和 $\sum x_T^2$（表中下半部分）。

为了满足方差分析的前提条件（样本间的差异不是数据变异性导致的，而是平均数导致的），首先进行同质性检验，公式如下：

$$F_{max}=\frac{s_{max}^2}{s_{min}^2} \tag{10.1}$$

式中，s_{max}^2 为各样本中的最大方差值；s_{min}^2 为最小方差值。

本例的 4 个样本中，$s_{max}^2=17.14$，$s_{min}^2=6.25$。因此有

$$F_{max}=\frac{17.14}{6.25}=2.74$$

由于有 4 个样本，$a=4$，各样本的样本量是 $n=10$，因此 $v=\mathrm{df}=n-1=10-1=9$。查附表 26 得到相应的关键值为 6.31，大于计算出的 F_{max}，表明各样本的数据变异性没有显著性差异，它们所来自的总体的数据变异性是相同的。因此，可以进行

方差分析。

10.1.2 单向方差分析的计算

计算过程如下。

1）计算修正项：

$$\mathrm{CT} = \frac{\left(\sum x_{\mathrm{T}}\right)^2}{n_{\mathrm{T}}} \tag{10.2}$$

相应地，本例数据代入后有

$$\mathrm{CT} = \frac{3\,170^2}{40} = 251\,222.5$$

2）计算和验算样本内变异和样本间变异。

第一步计算样本合并后的平方和的总和$\mathrm{SS_T}$，这是数据变异性的总和。公式如下：

$$\mathrm{SS_T} = \sum x_{\mathrm{T}}^2 - \mathrm{CT} \tag{10.3}$$

本例数据代入后有

$$\mathrm{SS_T} = 252\,020 - 251\,222.5 = 797.5$$

第二步计算样本间的平方和 $\mathrm{SS_{between}}$，公式如下：

$$\mathrm{SS_{between}} = \sum_{i=1}^{a} \frac{\left(\sum x_i\right)^2}{n_i} - \mathrm{CT} \tag{10.4}$$

本例数据代入后有

$$\mathrm{SS_{between}} = \frac{698\,896}{10} + \frac{630\,436}{10} + \frac{617\,796}{10} + \frac{568\,516}{10} - 251\,222.5 = 341.9$$

第三步计算样本内的平方和 $\mathrm{SS_{within}}$。由于样本合并后的平方和的总和等于样本内的平方和加上样本间的平方和，即 $\mathrm{SS_T} = \mathrm{SS_{between}} + \mathrm{SS_{within}}$，因此有

$$\mathrm{SS_{within}} = \mathrm{SS_T} - \mathrm{SS_{between}} \tag{10.5}$$

本例数据代入后有

$$\mathrm{SS_{within}} = 797.5 - 341.9 = 455.6$$

现在对样本内变异进行验算。由于样本内变异实际上是各样本内的数据变异之和，因此首先计算各样本的平方和，然后将它们加在一起得到总和。如果总和与上面计算结果相同，则可以肯定计算无误。式（10.3）用于计算样本合并后的数据总变异。同理，它也可以用于计算各样本的平方和，如下：

$$\mathrm{SS_{within1}} = \sum x_1^2 - \frac{\left(\sum x_1\right)^2}{n_1} = 70\,036 - \frac{698\,896}{10} = 146.4$$

$$SS_{within2} = \sum x_2^2 - \frac{\left(\sum x_2\right)^2}{n_2} = 63\,100 - \frac{630\,436}{10} = 56.4$$

$$SS_{within3} = \sum x_3^2 - \frac{\left(\sum x_3\right)^2}{n_3} = 61\,878 - \frac{617\,796}{10} = 98.4$$

$$SS_{within4} = \sum x_4^2 - \frac{\left(\sum x_4\right)^2}{n_4} = 57\,006 - \frac{568\,516}{10} = 154.4$$

各样本的平方和之和

$$SS_{within} = 146.4 + 56.4 + 98.4 + 154.4 = 455.6$$

与式（10.5）的计算结果相同，表明前面计算过程无误，可以继续往下计算。

现在将式（10.4）和式（10.5）的计算结果相加，以验算第一步的计算结果 SS_T，如下：

$$SS_T = SS_{between} + SS_{within} = 341.9 + 455.6 = 797.5$$

与第一步计算结果相同，表明相关计算无误，可以继续往下计算。

3）计算标准误。

第一步计算自由度 df，如下：

对于总平方和 SS_T，有

$$df_T = n_T - 1 \tag{10.6}$$

本例有

$$df_T = 40 - 1 = 39$$

对于样本间的平方和 $SS_{between}$，有

$$df_{between} = a - 1 \tag{10.7}$$

本例有

$$df_{between} = 4 - 1 = 3$$

对于样本内的平方和 SS_{within}，有

$$df_{within} = n_T - a \tag{10.8}$$

本例有

$$df_{within} = 40 - 4 = 36$$

第二步计算样本间的标准误（方差）$s_{between}^2$ 和样本内的标准误 s_{within}^2，如下：

$$s_{between}^2 = \frac{SS_{between}}{df_{between}} \tag{10.9}$$

本例有

$$s_{\text{between}}^2 = \frac{341.9}{3} = 113.97$$

$$s_{\text{within}}^2 = \frac{\text{SS}_{\text{within}}}{\text{df}_{\text{within}}} \qquad (10.10)$$

本例有

$$s_{\text{within}}^2 = \frac{455.6}{36} = 12.66$$

4）现在计算统计值 F，即样本间的方差和样本内的方差的商值，如下：

$$F = \frac{s_{\text{between}}^2}{s_{\text{within}}^2} \qquad (10.11)$$

本例有

$$F = \frac{113.97}{12.66} = 9.002$$

如果 $F<1.0$，表明样本间的方差小于样本内的方差，可以直接得出结论：样本间不存在平均数的差异，各样本来自平均数和变异性相同的总体，或者来自于同一个总体（零假设）。然而，本例的 $F>1.0$，因此要查表以确定统计值 F 的显著性。

10.1.3 单向方差分析的显著性判断

当 $F > 1.0$ 时，查附表 27 以判断统计值 F 出现的概率。当自由度 v_1（$a-1$）和 $v_2\left(\sum_{i=1}^{a}(n_i-1)\right)$ 及 $p=0.05$ 所对应的关键值大于计算出的统计值 F，则接受零假设，表明样本间平均数不存在显著性差异；如果关键值等于/小于计算出的统计值 F，则放弃零假设，接受备择假设，表明样本间平均数存在显著性差异；如果关键值出现的概率是 $p=0.01$，则表明样本间的差异达到极显著水平。

本例中，$v_1 = a-1 = 4-1 = 3$，$v_2 = (n_1-1) + (n_2-1) + (n_3-1) + (n_4-1) = (10-1) + (10-1) + (10-1) + (10-1) = 36$，显著性水平在 $p=0.01$ 时，关键值大约是 4.391 4，小于计算出来的统计值 9.002。因此，拒绝零假设，接受备择假设，表明样本间存在着平均数的极显著性差异。

10.1.4 单向方差分析的检验结果报告

单向方差分析的检验结果报告见表 10.2。

表 10.2　单向方差分析的检验结果报告

数据变异源	平方和 SS	自由度 df	方差 s^2	F
样本间	341.9	3	113.97	9.002

续表

数据变异源	平方和 SS	自由度 df	方差 s^2	F
样本内	455.6	36	12.66	
总体	797.5	39		

10.1.5 图奇检验

上述检验结果给出的结论是各样本间存在着平均数的差异，但并未表明差异存在于哪些样本间。为此，从这里开始，需要进行图奇检验。

1）比较样本平均数的差异，并取差值的绝对值。计算结果见表 10.3。

表 10.3 样本平均数的差值绝对值计算结果

样本	样本 2	样本 3	样本 4
样本 1 （$m_{x1} = 83.6$）	$\lvert m_{x1} - m_{x2} \rvert = 4.2$	$\lvert m_{x1} - m_{x3} \rvert = 5.0$	$\lvert m_{x1} - m_{x4} \rvert = 8.2$
样本 2 （$m_{x2} = 79.4$）		$\lvert m_{x2} - m_{x3} \rvert = 0.8$	$\lvert m_{x2} - m_{x4} \rvert = 4.0$
样本 3 （$m_{x3} = 78.6$）			$\lvert m_{x3} - m_{x4} \rvert = 3.2$
样本 4 （$m_{x4} = 75.4$）			

2）由于各样本的样本量相同，因此计算 T 值，公式如下：

$$T = q \times \sqrt{\frac{s_{\text{within}}^2}{n}} \qquad (10.12)$$

查附表 37 以求 q 值。本例中，$a = 4$，$v = 36$（样本内标准误的自由度 $\text{df}_{\text{within}}$），$q = 3.814$。代入式（10.12），有

$$T = 3.814 \times \sqrt{\frac{12.66}{10}} = 4.29$$

本例中，只有样本 1 和样本 3 及样本 1 和样本 4 的差值绝对值（分别为 5.0 和 8.2）大于计算出的 $T = 4.29$。因此，样本间平均数的显著性差异出现在这两对比较中。

如果样本量不同，则要为所有样本对计算 T_{ij}，公式为

$$T_{ij} = \frac{q}{\sqrt{2}} \times \sqrt{s_{\text{within}}^2 \times \left(\frac{1}{n_i} + \frac{1}{n_j} \right)} \qquad (10.13)$$

式中，n_i 和 n_j 为两个样本的样本量。

在样本量不同的情况下，各样本对的绝对值分别与各自的 T_{ij} 值进行比较，如果绝对值大，则表明这对比较存在着显著性差异；否则，平均数的差异不显著。本例各样本量相同，不需要进行 T_{ij} 的计算和相应的比较。

10.2　双向方差分析

当样本通过两个变量来刻画（用两个变量来进行样本间比较）时，采用双向方差分析。计算首先涉及列联表的制作，列联表的顶行和左列各代表一个变量，因此影响来自列联表的两个方向，故称为双向方差分析。表中每个格子是一个样本，每个样本包含一系列数据，从这些数据中计算出各样本的标准误及其他结果。双向方差分析的计算原理、过程和内容与单向方差分析的类似。但由于有两个变量，存在着变量间的相互作用（interaction between variables），因此多了相互作用的计算。由于存在变量间的相互作用，自由度的计算也发生变化，不同于单向方差分析中的计算路径。计算最后得到 3 个统计值，分别是变量 A、变量 B 及相互作用的 F 值。据此分别依据相应的自由度 v_1 和 v_2 进行 3 次查表（附表 27），以确定各差异的显著性。如果存在显著性，最后进行图奇分析，以确定差异出现在哪些样本间。

与单向方差分析一样，双向方差分析的计算过程也通过具体例子来展现（例 10.2）。

例 10.2　在例 10.1 中，假设分析的椋鸟数据是 11 月份采集的。该生物学家在次年 1 月份又在相同地区采集一次数据，进行检验，探讨的不仅是栖息条件对椋鸟体重的影响，还有越冬对体重的影响。这时，增加了一个新的变量——时间。将两次采集到的数据放置到列联表 10.4 中。

表 10.4　两次采集到的数据

变量 A（月份）	变量 B（生活环境）				行总和
	环境 1（列 1）	环境 2（列 2）	环境 3（列 3）	环境 4（列 4）	
11 月（行 1）	样本 1： 78 82 88 81 87 80 88 80 83 89 $n=10$	样本 2： 78 81 78 81 85 82 81 76 78 74 $n=10$	样本 3： 79 78 73 80 79 78 75 83 77 84 $n=10$	样本 4： 77 84 68 80 75 75 70 76 74 75 $n=10$	$n_t=40$
次年 1 月（行 2）	样本 5： 85 87 88 98 86 86 95 89 100 94 $n=10$	样本 6： 84 87 88 93 91 87 96 94 86 96 $n=10$	样本 7： 91 88 90 92 87 96 84 83 86 85 $n=10$	样本 8： 90 86 87 82 85 80 81 90 84 77 $n=10$	$n_t=40$
列总和	$n_t=20$	$n_t=20$	$n_t=20$	$n_t=20$	$n_t=80$

从表 10.4 可以看到，列联表的左侧和顶行分别代表两个不同的变量。方差分析从列联表这两个方向进行。表中每个格子中列出采集到的各样本的原始数据。在进行双向方差分析前，首先要用原始数据计算各样本观察值的平均数 m_x、标准差 s、标准误 s^2、样本数值和 $\sum x$、数值和的平方 $\left(\sum x\right)^2$、数值的平方和 $\sum x^2$、行和列的总和 $\sum x_t$ 和 $\sum x_t^2$，以及列联表的总和 $\sum x_T$ 和 $\sum x_T^2$。结果如下：

样本 1： $m_{x1} = 83.6$ $s_1 = 4.03$ $s_1^2 = 16.24$ $\sum x_1 = 836$ $\left(\sum x_1\right)^2 = 698\,896$
$\sum x_1^2 = 70\,036$

样本 2： $m_{x2} = 79.4$ $s_2 = 3.20$ $s_2^2 = 10.24$ $\sum x_2 = 794$ $\left(\sum x_2\right)^2 = 630\,436$
$\sum x_2^2 = 63\,136$

样本 3： $m_{x3} = 78.6$ $s_3 = 3.31$ $s_3^2 = 10.96$ $\sum x_3 = 786$ $\left(\sum x_3\right)^2 = 617\,796$
$\sum x_3^2 = 61\,878$

样本 4： $m_{x4} = 75.4$ $s_4 = 4.53$ $s_4^2 = 20.52$ $\sum x_4 = 754$ $\left(\sum x_4\right)^2 = 568\,516$
$\sum x_4^2 = 57\,036$

样本 5： $m_{x5} = 90.8$ $s_5 = 5.47$ $s_5^2 = 29.92$ $\sum x_5 = 908$ $\left(\sum x_5\right)^2 = 824\,464$
$\sum x_5^2 = 82\,716$

样本 6： $m_{x6} = 90.2$ $s_6 = 4.37$ $s_6^2 = 19.10$ $\sum x_6 = 902$ $\left(\sum x_6\right)^2 = 813\,604$
$\sum x_6^2 = 81\,532$

样本 7： $m_{x7} = 88.2$ $s_7 = 4.05$ $s_7^2 = 16.40$ $\sum x_7 = 882$ $\left(\sum x_7\right)^2 = 777\,924$
$\sum x_7^2 = 77\,940$

样本 8： $m_{x8} = 84.2$ $s_8 = 4.26$ $s_8^2 = 18.15$ $\sum x_8 = 842$ $\left(\sum x_8\right)^2 = 708\,964$
$\sum x_8^2 = 71\,060$

行总和： 行 $1 - \sum x_t = 3\,170$ $\sum x_t^2 = 252\,086$;

行 $2 - \sum x_t = 3\,534$ $\sum x_t^2 = 313\,248$

列总和： 列 $1 - \sum x_t = 1\,744$ $\sum x_t^2 = 152\,752$;

列 $2 - \sum x_t = 1\,696$ $\sum x_t^2 = 144\,668$

列 $3 - \sum x_t = 1\,668$ $\sum x_t^2 = 139\,818$;

列 $4 - \sum x_t = 1\,596$ $\sum x_t^2 = 128\,096$

列联表总和：$\sum x_{\mathrm{T}} = 6\,704$　　$\sum x_{\mathrm{T}}^2 = 565\,334$

10.2.1　双向方差分析的同质性检验

与单向方差分析相同，先进行变异同质性检验。本例共有 8 个样本，$a = 8$；每个样本中有 10 个观察值，$n = 10$；自由度 $\mathrm{df} = n - 1 = 10 - 1 = 9$，因此有 $v = 9$。在各样本中，标准误最大的是第 5 个样本，$s_5^2 = 29.92$；最小的是第 2 个样本，$s_2^2 = 10.24$。用式（10.1）计算，有

$$F_{\max} = \frac{29.92}{10.24} = 2.92$$

查附表 26，当 $a = 8$、$v = 9$ 时，关键值为 8.95，远远大于计算出的 $F_{\max}$，表明各样本的数据变异性没有显著性差异，它们所来自的总体的数据变异性是相同的。因此，可以进行方差分析。

10.2.2　双向方差分析的计算

计算过程如下：
1）用式（10.2）计算修正项 CT，有

$$\mathrm{CT} = \frac{\left(\sum x_{\mathrm{T}}\right)^2}{n_{\mathrm{T}}} = \frac{6\,704^2}{80} = 561\,795.2$$

2）用式（10.3）计算样本合并后的平方总和

$$\mathrm{SS}_{\mathrm{T}} = \sum x_{\mathrm{T}}^2 - \mathrm{CT} = 565\,334 - 561\,795.2 = 3\,538.8$$

3）用式（10.4）计算样本间的平方和

$$\mathrm{SS}_{\mathrm{between}} = \frac{\left(\sum x_1\right)^2}{n_1} + \frac{\left(\sum x_2\right)^2}{n_2} + \cdots + \frac{\left(\sum x_8\right)^2}{n_8} - \mathrm{CT}$$

$$= \frac{836^2}{10} + \frac{794^2}{10} + \frac{786^2}{10} + \frac{754^2}{10} + \frac{908^2}{10} + \frac{902^2}{10} + \frac{882^2}{10} + \frac{842^2}{10} - 561\,795.2$$

$$= 2\,264.8$$

4）步骤 4）～步骤 6）的计算是单向方差分析没有的。首先是计算变量 A 的平方和 SS_A，有

$$\mathrm{SS}_A = \sum_{i=1}^{r} \frac{\left(行\,i\,的\,\sum x_{\mathrm{t}}\right)^2}{行\,i\,的\,n_{\mathrm{t}}} - \mathrm{CT} \tag{10.14}$$

式中，r 为列联表的行数。

本例中，$r = 2$，计算结果为

$$\mathrm{SS}_A = \frac{3\,170^2}{40} + \frac{3\,534^2}{40} - 561\,795.2 = 1\,656.2$$

5）计算变量 B 的平方和 SS_B，有

$$SS_B = \sum_{j=1}^{c} \frac{\left(列 j 的 \sum x_t\right)^2}{列 j 的 n_t} - CT \tag{10.15}$$

式中，c 为列联表列数。

本例中，$c=4$，计算结果为

$$SS_B = \frac{1\,744^2}{20} + \frac{1\,696^2}{20} + \frac{1\,668^2}{20} + \frac{1\,596^2}{20} - 561\,795.2 = 574.4$$

6）再计算变量相互作用的平方和 SS_i，有

$$SS_i = SS_{between} - (SS_A + SS_B) \tag{10.16}$$

本例计算结果为

$$SS_i = 2\,264.8 - (1\,656.2 + 574.4) = 34.2$$

7）现在用式（10.5）计算样本内的平方和 SS_{within}，有

$$SS_{within} = SS_T - SS_{between} = 3\,538.8 - 2\,264.8 = 1\,274$$

8）验算。与单向方差分析一样，双向方差分析中要对样本内平方和的计算进行检验。用式（10.2）和式（10.3）计算各样本的平方和，然后相加，如下：

$$SS_{within} = \left[\sum x_1^2 - \frac{\left(\sum x_1\right)^2}{n_1}\right] + \left[\sum x_2^2 - \frac{\left(\sum x_2\right)^2}{n_2}\right] + \cdots + \left[\sum x_3^3 - \frac{\left(\sum x_8\right)^2}{n_8}\right]$$

$$= \left(70\,036 - \frac{698\,896}{10}\right) + \left(63\,136 - \frac{630\,436}{10}\right) + \cdots + \left(71\,060 - \frac{708\,964}{10}\right)$$

$$= 1\,274$$

计算结果与步骤 7）相同，表明相关计算无误。

再验算 SS_T。用式（10.4）和式（10.5）计算得到的结果［上面步骤 3）和步骤 7）］相加，有

$$2\,264.8 + 1\,274 = 3\,538.8$$

计算结果与步骤 2）相同，表明相关计算无误，因此可以继续进行后面的计算。

9）确定各平方和的自由度，如下：

对于 SS_T，用式（10.6），有

$$df_T = 80 - 1 = 79$$

对于 $SS_{between}$，用式（10.7），有

$$df_{between} = 8 - 1 = 7$$

对于 SS_A，有

$$df_A = r - 1 \quad (r 为行数) \tag{10.17}$$

本例为

$$\mathrm{df}_A = 2 - 1 = 1$$

对于 SS_B，有

$$\mathrm{df}_B = c - 1 \quad (c\text{ 为列数}) \tag{10.18}$$

本例为

$$\mathrm{df}_B = 4 - 1 = 3$$

对于 SS_i，有

$$\mathrm{df}_i = (r-1)(c-1) \tag{10.19}$$

本例为

$$\mathrm{df}_i = 1 \times 3 = 3$$

对于 SS_{within}，有

$$\mathrm{df}_{within} = n_T - rc \tag{10.20}$$

本例为

$$\mathrm{df}_{within} = 80 - 2 \times 4 = 72$$

10）计算各方差，包括总体方差 s_T^2、变量 A 的方差 s_A^2、变量 B 的方差 s_B^2、变量间相互作用的方差 s_i^2，以及样本内方差 s_{within}^2，如下［参照 10.1.2 节步骤 3）第二步］：

$$s_T^2 = \frac{SS_T}{\mathrm{df}_T} = \frac{3\,538.8}{79} = 44.79$$

$$s_A^2 = \frac{SS_A}{\mathrm{df}_A} = \frac{1\,656.2}{1} = 1\,656.2$$

$$s_B^2 = \frac{SS_B}{\mathrm{df}_B} = \frac{574.4}{3} = 191.47$$

$$s_i^2 = \frac{SS_i}{\mathrm{df}_i} = \frac{34.2}{3} = 11.40$$

$$s_{within}^2 = \frac{SS_{within}}{\mathrm{df}_{within}} = \frac{1\,274}{72} = 17.69$$

11）参考 10.1.2 节步骤 4）计算各统计值 F，包括变量 A 的 $F(A)$、变量 B 的 $F(B)$，以及变量间相互作用的 $F(i)$，有

$$F(A) = \frac{s_A^2}{s_{within}^2} = \frac{1\,656.2}{17.69} = 93.623\,5$$

$$F(B) = \frac{s_B^2}{s_{within}^2} = \frac{191.47}{17.69} = 10.823\,6$$

$$F(i) = \frac{s_i^2}{s_{within}^2} = \frac{11.40}{17.69} = 0.644\,4$$

与单向方差分析同理，如果 $F<1.0$，可以直接得出结论：不存在平均数的差异，各样本来自平均数和变异性相同的总体，或者来自同一个总体。本例的变量间相互作用的 $F(i)<1.0$，$F(A)$ 和 $F(B)$ 均大于 1.0。对于后两者，需查表（附表 27）以判断差异显著性。

10.2.3 双向方差分析的显著性判断

查附表 27：对于变量 A，当 $v_1=1$（方差大的自由度，即变量 A 的自由度）、$v_2=72$（方差小的自由度，即样本 B 的自由度），显著性水平在 $p=0.01$ 时，关键值大约是 7.03，远远小于计算出来的统计值 93.623 5。因此，拒绝零假设，接受备择假设，表明样本间由于变量 A 而存在着平均数的极显著性差异。对于变量 B，当 $v_1=3$、$v_2=72$，显著性水平在 $p=0.01$ 时，关键值大约是 4.09，也远远小于计算出来的统计值 10.823 6。因此，拒绝零假设，接受备择假设，表明样本间因变量 B 而存在着平均数的极显著性差异。至于变量间的相互作用统计值 0.644 4，可以接受零假设，表明因子间的相互作用对样本间没有产生显著性影响。

10.2.4 双向方差分析的检验结果报告

双向方差分析的检验结果报告见表 10.5。

表 10.5 双向方差分析的检验结果报告

数据变异源	平方和 SS	自由度 df	方差 s^2	F
样本间	2 264.8	7		
变量 A	1 656.2	1	1 656.20	93.62**
变量 B	574.4	3	191.50	10.83**
变量相互作用	34.2	3	11.40	0.64
样本内	1 274.0	72	17.69	
总体	3 538.8	79		

** 表明差异达到极显著水平。

表中，样本间的平方和及自由度分解为变量 A、变量 B，以及变量相互作用的平方和及自由度。因此，方差也就分解到这 3 个子成分。那么，只要这 3 个子成分中有一个存在显著性差异，总体的样本间差异就达到显著性。因此，表中不必再详列总体方差和统计值 F。

10.2.5 图奇检验

与单向方差分析相同，上述检验结果给出的结论是各样本间存在着平均数的差异，因此进行图奇检验。

计算各样本平均数的差值绝对值，见表 10.6（参照 10.1.5 节）。

表 10.6 各样本平均数的差值绝对值计算结果

样本	2	3	4	5	6	7	8
样本 1	4.2	5.0	8.2	7.2	6.6	4.6	0.6
样本 2		0.8	4.0	11.4	10.8	8.8	4.8
样本 3			3.2	12.2	11.6	9.6	5.6
样本 4				15.4	14.8	12.8	8.8
样本 5					0.6	2.6	6.6
样本 6						2.0	6.0
样本 7							4.0
样本 8							

由于各样本的样本量相同（$n=10$），因此计算 T 值。查附表 28，当 $a=8$、$v=72$ 时，$q \approx 4.424$，代入式（10.12）计算得到

$$T = q \times \sqrt{\frac{s_{within}^2}{n}} = 4.424 \times \sqrt{\frac{17.69}{10}} = 5.884$$

本例中，样本 1 和样本 4、5、6，样本 2 和样本 5、6、7，样本 3 和样本 5、6、7，样本 4 和样本 5、6、7、8，样本 5 和样本 8，以及样本 6 和样本 8 的差值绝对值大于计算出的 T 值。因此，样本间平均数的显著性差异就出现在这些样本对中。

10.3 单观察值的双向方差分析

在双向方差分析中，列联表的每个格子中是一个样本，每个样本都有一系列观察值。然而，研究者有时无法获得一系列观察值；相反，他们可能只获得一个观察值。这种情况下，可以用双向方差分析的一个变型来进行检验，这个变型被称为单观察值的双向方差分析。在单观察值的双向方差分析中，除了少数细节有差异，计算过程与上述双向方差分析的基本一样，同样以具体例子来展现（例 10.3）。

例 10.3 在一个大的自然保护区中，有 4 种生境类型，分别为草地湿地、芦苇湿地、柳灌丛湿地、桦灌丛湿地。生物学家要研究这些生境类型的生产力，从这些水体中用标准的拖网法采集水生无脊椎动物，干燥后称重，以衡量水体的生产力。由于水体的年龄不同，里面的生物区系也不同，会导致水体的生产力出现变化，因此在研究中将水体分为若干年份，如 1 年、2 年和 3 年。由水体年龄和生境种类共同组成 12 个数据采集样块，但是从每个样块中只能获得一个观察值，即生产力（生物的干重）。

10.3.1 单观察值的双向方差分析的计算

计算过程如下：

1）列联表中的数值不同于上述双向方差分析。这里，原始数据的格子不再是一个样本，而是一个单一的观察值，因此无法进行同质性检验。本例中，生物学家经过 3 年在 4 种湿地水体中采集到无脊椎动物后进行干燥并称重，得到 12 个数据，排列在列联表 10.7 中。

表 10.7　4 种生境中不同年份的生产力数据

变量 A（年龄）	变量 B（生境）				行总和
	柳灌丛（列 1）	桦灌丛（列 2）	芦苇（列 3）	草地（列 4）	
第一年（行 1）	3.0	2.7	4.5	1.5	$n_{r1}=4$，$m_{x1}=2.925$ $\sum x_1=11.70$ $\sum x_1^2=38.79$
第二年（行 2）	3.3	4.5	6.3	3.7	$n_{r2}=4$，$m_{x2}=4.375$ $\sum x_2=17.50$ $\sum x_2^2=81.91$
第三年（行 3）	5.2	6.8	9.7	4.7	$n_{r3}=4$，$m_{x3}=6.600$ $\sum x_3=26.40$ $\sum x_3^2=189.46$
列总和	$n_{c1}=3$ $m_{x1}=3.833$ $\sum x_1=11.50$ $\sum x_1^2=46.93$	$n_{c2}=3$ $m_{x2}=4.567$ $\sum x_2=13.70$ $\sum x_2^2=71.17$	$n_{c3}=3$ $m_{x3}=6.833$ $\sum x_3=20.50$ $\sum x_3^2=154.03$	$n_{c4}=3$ $m_{x4}=3.300$ $\sum x_4=9.90$ $\sum x_4^2=38.03$	$n_T=12$ $\sum x_T=55.60$ $\sum x_T^2=310.16$

2）用式（10.2）计算修正项

$$CT = \frac{\left(\sum x_T\right)^2}{n_T} = \frac{55.60^2}{12} = 257.61$$

3）用式（10.3）计算数据变异性总和

$$SS_T = \sum x_T^2 - CT = 310.16 - 257.61 = 52.55$$

4）由于各数据格子中是单一观察值，而不是样本，因此无法计算样本间的平方和 $SS_{between}$。为此，用式（10.14）直接计算变量 A 的平方和 SS_A，有

$$SS_A = \frac{\left(\sum x_1\right)^2}{n_{r1}} + \frac{\left(\sum x_2\right)^2}{n_{r2}} + \frac{\left(\sum x_3\right)^2}{n_{r3}} - CT$$

$$= \frac{11.70^2}{4} + \frac{17.50^2}{4} + \frac{26.40^2}{4} - 257.61$$

$$= 27.42$$

5）用式（10.15）计算变量 B 的平方和 SS_B，有

$$SS_B = \frac{\left(\sum x_1\right)^2}{n_{c1}} + \frac{\left(\sum x_2\right)^2}{n_{c2}} + \frac{\left(\sum x_3\right)^2}{n_{c3}} + \frac{\left(\sum x_4\right)^2}{n_{c4}} - CT$$

$$= \frac{11.50^2}{3} + \frac{13.70^2}{3} + \frac{20.50^2}{3} + \frac{9.90^2}{3} - 257.613$$

$$= 21.79$$

6）由于没有 $SS_{between}$，无法计算变量间的相互作用的平方和 SS_i。因此，这里直接计算 SS_{within}：

$$SS_{within} = SS_T - (SS_A + SS_B) \tag{10.21}$$

本例中

$$SS_{within} = 52.55 - (27.42 + 21.79) = 3.34$$

7）计算各相关自由度：

对于 SS_T，用式（10.6），有

$$df_T = 12 - 1 = 11$$

对于 SS_A，用式（10.17），有

$$df_A = 3 - 1 = 2$$

对于 SS_B，用式（10.18），有

$$df_B = 4 - 1 = 3$$

对于 SS_{within}，有

$$df_{within} = (r-1)(c-1) \tag{10.22}$$

式中，r 为列联表的行数；c 为列数。

本例有

$$df_{within} = 2 \times 3 = 6$$

8）参照 10.2.2 节步骤 10）计算各方差，有

$$s_T^2 = \frac{SS_T}{df_T} = \frac{52.55}{11} = 4.777$$

$$s_A^2 = \frac{SS_A}{df_A} = \frac{27.42}{2} = 13.710$$

$$s_B^2 = \frac{SS_B}{df_B} = \frac{21.79}{3} = 7.263$$

$$s_{within}^2 = \frac{SS_{within}}{df_{within}} = \frac{3.34}{6} = 0.557$$

9）参照 10.2.2 节步骤 11）计算统计值 F，如下：

$$F_A = \frac{s_A^2}{s_{\text{within}}^2} = \frac{13.710}{0.557} = 24.614$$

$$F_B = \frac{s_B^2}{s_{\text{within}}^2} = \frac{7.263}{0.557} = 13.039$$

10.3.2 单观察值的双向方差分析的显著性判断

以例 10.3 为例，查附表 27：对于变量 A，当 $v_1 = 2$ [10.3.1 节步骤 7）中的 df_A]、$v_2 = 6(df_{\text{within}})$ 、显著性水平在 $p = 0.01$ 时，关键值是 10.925，小于计算出来的统计值 24.614。因此，拒绝零假设，接受备择假设，表明样本间由于变量 A 而存在着平均数的极显著性差异。对于变量 B，当 $v_1 = 3(df_B)$ 、$v_2 = 6(df_{\text{within}})$ 、显著性水平在 $p = 0.01$ 时，关键值是 9.779 5，也小于计算出来的统计值 13.039。因此，拒绝零假设，接受备择假设，表明样本间因变量 B 而存在着平均数的极显著性差异。

10.3.3 单观察值的双向方差分析的检验结果报告

单观察值的双向方差分析的检验结果报告见表 10.8。

表 10.8 单观察值的双向方差分析的检验结果报告

数据变异源	平方和 SS	自由度 df	方差 s^2	F
变量 A（年龄）	27.42	2	13.710	24.614**
变量 B（生境）	21.79	3	7.263	13.039**
样本内	3.34	6	0.557	
总和	52.55	11		

** 表明差异达到极显著水平。

由于列联表中的原始数据是单一观察值，不是样本，因此没有样本量 n，无法计算图奇检验中的 T 值或者 T_{ij} 值。故单观察值的双向方差分析无法进行图奇检验。虽然知道有差异，但无法知道差异出现在哪里，这是单一观察值导致的损失。但是，从原始数据看得出两个倾向：①生物量随着年份的增加而增加；②在生境类型中，芦苇湿地的生物量最高，草地湿地的最低。

10.4 环境梯度影响

下面详细介绍两种特殊的方差分析方法来帮助研究者解决工作中常碰到的问题：环境梯度的系统性影响。第一种方法是随机区组设计，第二种是拉丁方。环境梯度的系统性影响的特点：①影响因子对所有样本及样本中的采样单元都有影响；②影响程度随着采样单元与影响源距离的增加而下降（呈现线性关系）。这些影响通常在实验研究中通过操作规程的设计去除，但是在观察研究中无法去除。例如，心理学家研究情绪表现时，研究对象会受噪声源的不同程度影响，但研究者无法去除环境噪声。因此，统计学家推出这两种方法来帮助研究者"过滤"这些系统性的环境梯度影响。其中，随机区组设计用于去掉一种环境梯度影响，拉丁方用于去掉两种环境梯度影响。

10.5　随机区组设计

野外生物学家们有时候采集到的样本，初步看起来可以采用单向方差分析进行样本间差异的检验。然而，他们的样本采样地实际上存在着系统性的数据变异源，即这种数据变异源影响着所有观察值。例如，昆虫学家在野外研究颜色对昆虫的吸引力，他们沿着山坡摆放不同颜色的水桶来诱捕昆虫，通过诱捕到的昆虫数量来衡量水桶颜色的影响，同时山坡的海拔高度（通过昆虫分布密度的变化）也影响着捕获量。类似的影响因子大量存在，如研究地附近的公路、河流、坡度，森林边缘的风、发光体、污染源等。这些因子的影响呈现连续性和梯度性，它们就是环境的系统性数据变异源。在这种环境中采集到的数据，既有实验处理（如水桶颜色）带来的主要影响（main effect），又有环境梯度变化带来的梯度变异。在野外采集蜱类标本时，也会遇到这种情况：研究者关注的是不同生境类型（草地、灌丛、灌丛草地、林缘草地）下不同蜱种的分布。当用拖旗法在不同生境中采集蜱的标本时，一些拖旗点靠近溪流（水源），一些远离溪流，水源连续性、呈梯度地影响拖旗点的蜱的种群密度。因此，研究者得到的数据包含生境类型对蜱分布的影响信息和湿度对蜱分布的影响信息，而不是单纯的生境类型的影响信息。在这种情况下，如果进行单向方差分析，系统性数据变异源会导致方差分析对实验处理的主要影响的检测灵敏度下降，研究者需要将这两类信息区别开。因此，研究者在数据采集时，首先要进行随机区组设计，然后进行数据采集和方差分析，以检验系统性数据变异源的影响。读者可以通过例 10.4 了解随机区组设计方法的操作过程。

例 10.4　昆虫学家为了研究颜色对食蚜蝇（一种双翅目昆虫）的吸引力，用水桶进行诱捕。在水桶内涂上褐、黄、白、绿 4 种颜色，分别记为 A、B、C、D 4 类（4 个样本）；每种颜色 5 只水桶（样本量为 5），共计 20 只。研究地点是一片山坡林地，山坡有可能对食蚜蝇种群密度造成影响，从而影响到各水桶的捕获量。为此，研究者在野外数据采集时需要进行随机区组设计处理。先将研究地划分为5（行）×4（列）的网格状，共 20 块样地。在每行（一行就是一个区块）里，随机选择不同颜色的水桶各 1 只放置在一块样地中，使得每行（列）中都有不同颜

実用統計学方法（修订版）

色的桶。另外，行的方向与坡向呈直角关系，从而使每种处理（每种颜色）都有同等概率出现在不同的环境梯度中；与此同时，各种处理又有相同概率出现在相同环境梯度中。这个过程就是随机区组设计。然后在水桶中灌入等量的水，对食蚜蝇进行诱捕，得到表10.9中（假设）数据。

表 10.9　水桶放置方位和捕获的食蚜蝇数量

环境梯度（从上到下依次下降）	实验处理（主要影响）				模块总和（转换后的观察值）
模块 1	**4** A *0.602*	**23** C *1.362*	**9** B *0.954*	**11** D *1.041*	$\sum x_1 = 3.959$ $\sum x_1^2 = 4.211$
模块 2	**11** B *1.041*	**7** D *0.845*	**9** A *0.954*	**16** C *1.204*	$\sum x_2 = 4.044$ $\sum x_2^2 = 4.157$
模块 3	**14** B *1.146*	**20** C *1.301*	**5** D *0.699*	**7** A *0.845*	$\sum x_3 = 3.991$ $\sum x_3^2 = 4.209$
模块 4	**15** A *1.176*	**4** D *0.602*	**19** C *1.279*	**8** B *0.903*	$\sum x_4 = 3.960$ $\sum x_4^2 = 4.197$
模块 5	**8** D *0.903*	**6** B *0.778*	**21** C *1.322*	**3** A *0.477*	$\sum x_5 = 3.480$ $\sum x_5^2 = 3.396$

注：①表中黑体数字是原始数据，斜体数字是原始数据的对数转换值，字母是水桶颜色。②环境影响梯度从模块1到模块5渐次展开（即影响梯度方向）。

在表10.9中，原始数据（食蚜蝇的捕获量）用黑体数字表示。读者很容易想到，要检验水桶颜色的影响，研究者可以直接用克沃检验（8.13节）或者单向方差分析检验。然而，这些检验无法排除山坡对食蚜蝇种群密度及捕获量的影响。因此，要进行双向方差分析。表10.9中捕获量的原始数据是食蚜蝇的个体数，是离散型数据，不能直接用于参数统计检验，因此先将其进行对数转换（表中斜体数字），使其变成连续型数据。转换后的数据用于计算各行的和数$\left(\sum x\right)$和平方和数$\left(\sum x^2\right)$（上表右列）。在正常的双向方差分析中，还要计算各列的和数和平方和数。但是，这里不做此计算，而是计算各实验处理（水桶颜色）的和数和平方和数，如下：

实验处理 A（褐色）：

$$\sum x_A = 0.602 + 0.954 + 0.845 + 1.176 + 0.477 = 4.054$$
$$\sum x_A^2 = 0.602^2 + 0.954^2 + 0.845^2 + 1.176^2 + 0.477^2 = 3.597$$

同理，有

实验处理 B（黄色）：

$$\sum x_B = 4.822 \quad \sum x_B^2 = 4.728$$

实验处理 C（白色）：

$$\sum x_C = 6.468 \quad \sum x_C^2 = 8.381$$

实验处理 D（绿色）：

$$\sum x_D = 4.090 \quad \sum x_D^2 = 3.464$$

整个研究地点的样地数（样本数）$n_T = 20$，和总数 $\sum x_T = 19.434$，平方和 $\sum x_T^2 = 20.17$。进一步进行如下计算（计算过程类似双向方差分析）：

1）用式（10.2）计算修正项

$$\mathrm{CT} = \frac{\left(\sum x_T\right)^2}{n_T} = \frac{19.434^2}{20} = 18.884$$

2）用式（10.3）计算平方总和

$$\mathrm{SS}_T = \sum x_T^2 - \mathrm{CT} = 20.17 - 18.884 = 1.286$$

3）实验处理（水桶颜色）的主要影响导致的平方和［参照 10.2.2 节步骤 3)］

$$\mathrm{SS}_M = \frac{\left(\sum x_A\right)^2}{n_B} + \frac{\left(\sum x_B\right)^2}{n_B} + \frac{\left(\sum x_C\right)^2}{n_B} + \frac{\left(\sum x_D\right)^2}{n_B} - \mathrm{CT}$$

式中，n_B 为每种处理中的样本量（即水桶数）；下标 A～D 为实验处理；分子为上述计算的各项结果。

相应地，有

$$\mathrm{SS}_M = \frac{4.054^2}{5} + \frac{4.822^2}{5} + \frac{6.468^2}{5} + \frac{4.090^2}{5} - 18.884 = 0.766$$

修正项 CT 前的项数依样本数而不同。本例是 4 种实验处理（4 个样本），因此为 4 项。

4）环境梯度（模块 1～5）导致的平方和

$$\mathrm{SS}_B = \frac{\left(\sum x_1\right)^2}{n_M} + \frac{\left(\sum x_2\right)^2}{n_M} + \frac{\left(\sum x_3\right)^2}{n_M} + \frac{\left(\sum x_4\right)^2}{n_M} + \frac{\left(\sum x_5\right)^2}{n_M} - \mathrm{CT}$$

式中，n_M 为每个模块中的采样单元数（即每个模块中的水桶数）；下标 1～5 为环境梯度；分子为上表右侧的模块总和。

相应地，有

$$\mathrm{SS}_B = \frac{3.959^2}{4} + \frac{4.044^2}{4} + \frac{3.991^2}{4} + \frac{3.960^2}{4} + \frac{3.480^2}{4} - 18.884 = 0.053$$

修正项 CT 前的项数依样本数而不同。本例是每种实验处理有 5 个采样单元（5 个样本），因此为 5 项。

5）由于数据的总变异包含有主要影响导致的平方和 SS_M、环境梯度导致的平方和 SS_B 及样本内的平方和 SS_{within}，因此样本内的平方和有［参照 10.2.2 节步骤 7）］

$$SS_{within} = SS_T - (SS_M + SS_B) = 1.286 - (0.766 + 0.053) = 0.467$$

6）计算自由度 df。

总自由度：$df_T = n_T - 1 = 20 - 1 = 19$ （对应 SS_T）；

实验处理数：$df_M = M - 1 = 4 - 1 = 3$ （对应 SS_M；M 为实验处理数）；

模块数：$df_B = B - 1 = 5 - 1 = 4$ （对应 SS_B；B 为模块数）；

样本内：$df_{within} = (M - 1)(B - 1) = 3 \times 4 = 12$ （对应 SS_{within}）。

7）相应地，各方差计算结果如下：

$$s_T^2 = \frac{SS_T}{df_T} = \frac{1.286}{19} = 0.067\,7$$

$$s_M^2 = \frac{SS_M}{df_M} = \frac{0.766}{3} = 0.255\,3$$

$$s_B^2 = \frac{SS_B}{df_B} = \frac{0.053}{4} = 0.013\,2$$

$$s_{within}^2 = \frac{SS_{within}}{df_{within}} = \frac{0.467}{12} = 0.038\,9$$

8）各统计值 F。

主要影响：

$$F_{3,12} = \frac{s_M^2}{s_{within}^2} = \frac{0.255\,3}{0.038\,9} = 6.563$$

梯度影响：

$$F_{4,12} = \frac{s_B^2}{s_{within}^2} = \frac{0.013\,2}{0.038\,9} = 0.339$$

式中，F 的下标分别为分子和分母的自由度 df。

9）显著性判断。查附表 27，计算出来的主要影响的统计值 F（6.563）在自由度 $v_1 = 3$ 和 $v_2 = 12$ 时大于表中 $p = 0.01$ 所对应的关键值（5.952 5），因此有理由拒绝零假设（样本来自相同总体，样本间不存在平均数的显著性差异），接受备择假设，表明实验处理导致极显著性差异，即水桶颜色对食蚜蝇的引诱力存在极显著性差异。计算出来的环境梯度影响 $F_{4,12} = 0.340\,6$，小于表中 $v_1 = 4$、$v_2 = 12$、$p = 0.05$ 所对应的关键值 3.259 2。因此，可以接受零假设，表明环境梯度没有对食蚜蝇的种群密度及捕获量产生显著性影响。

具备生态学常识的读者不难发现，如果水桶的行间距加大，环境梯度的影响就会加大。当环境梯度的影响增大到一定程度，就会达到显著性水平。因此，上例也说明，如果要消除环境梯度影响，采样点间的距离要尽可能小。

10）检验结果报告见表 10.10。

表 10.10　随机区组设计的检验结果报告

数据变异源	平方和	df	s^2	F
主要影响（实验处理）	0.766	3	0.255 3	6.563**
模块（环境梯度）	0.053	4	0.013 2	0.340 6
样本内	0.467	12	0.038 9	
总和	1.286	19	0.067 7	

** 表明差异达到极显著水平。

　　例 10.4 属于实验研究，研究者可以进行实验操作（如决定不同颜色的水桶的放置方位）。在随机区组设计中，关键点是模块的随机化处理及不同实验处理排列的方向与环境梯度方向垂直，使得各采样点有相同概率受到环境梯度的系统性影响。更多的研究属于观察研究，研究者无法控制采样点和工作条件。对于生态学工作者而言，采样点常常是一片森林、一片草地、一块湿地，或者一群动物的家域，无法人为将它们放置在自己认为该在的地方。在这种情况下，进行野外数据采集时，尽可能在同一环境梯度中找到各种待研究的生境类型，使其组成一个模块，而且尽可能通过选择合适的采集点使模块方向与环境梯度方向垂直。另外，尽可能使各点的数据采集顺序随机化。

　　随机区组设计在生态学中有广泛用途。例如，如果有 5 个研究者在同一地区不同地点对 4 个不同生境类型进行研究，采集到的数据就可以用随机区组设计进行分析检验。又如，这种方法还可以用于检验时间对研究问题的系统性影响。在西双版纳进行碳通量的研究中，在不同生境类型中采集土壤二氧化碳的排放量，采集点分布在山顶、山腰及山脚的阳坡橡胶林、阴坡橡胶林、阳坡天然林和阴坡天然林内。由于人手和资金的限制，无法进行一年 365 天、一天 24 小时的连续数据采集，只能坚持每月每个采集点进行数据采集 3 次。由于温湿条件不同，在一天中不同时间土壤二氧化碳的排放量不同。为了检验时间对不同生境中土壤碳通量的系统性影响，将每次造访各数据采集点的顺序随机化，然后采用随机区组设计进行分析检验。在进行随机区组设计的操作中，例 10.4 表 10.9 中的环境梯度改为时间，各行序号代表的是从最早到最晚的、以 1 小时为间隔的时间段，表中字母为各生境类型，黑体数字为碳通量。由于碳通量是比例型数据，单位是毫克（mg），数据不需要进行对数转换，在数据符合参数统计要求的条件下可以直接进行相关计算。

10.6　拉　丁　方

　　随机区组设计解决的是一种环境因子的系统性影响。在很多情况下，研究者面临的是两种环境因子的系统性影响。例如，在一个区域研究某种鸟类的分布时，研究者需要探讨不同生境类型对它的影响。然而，在这个区域的一侧可能是一条小溪，另一侧可能是一条公路。小溪的水分和公路的车辆噪声都会影响这种鸟的分布。由于是两种系统性影响，随机区组设计无法解决问题。如果小溪和公路方向大致呈垂直的方位关系，这时可以采用拉丁方来排除这两种系统性影响。

拉丁方的操作与随机区组设计相似。不同的是，随机区组设计的行数（模块数）可以不等于列数（实验处理数），而拉丁方要求行数和列数相等，并且每种实验处理（或者生境类型）在任何一行或者列中都只出现一次。另外，计算操作也存在一些细节差异。具体操作见例 10.5。

例 10.5　保护学家要评估不同的草场管理方式对雀麦（*Bromus commutatus*）生长的影响，将一片坡地分隔成 4 行 4 列，共 16 块样地。在每块样地上，随机选择如下方式之一进行样地处理。

A：将干草贴地剪断并移走。

B：将干草离地一定距离剪断，并整理堆放在草地里。

C：将干草离地一定距离剪断，但就地留下。

D：留着干草不剪。

为了满足"任何一行或者一列只能出现某种处理方式一次"的要求，研究者用 4 张纸片，分别写上 A、B、C、D，然后抽签决定一行中从第一到第四块样地的处理方式。抽过的签在下次再抽时剔除，以保证同一行中没有重复出现的处理。如果抽出的签与上一行相同列位置的字母相同，则将签放回再抽，直至不同签出现为止。

经过相应的样地处理一年后，研究者在各样块中采集雀麦的出现比例（0.32 表示样地中雀麦所占比例为 32%），得到表 10.11 的（假设）数据（表中第一行黑体数字为雀麦所占比例，第二行的字母为样地处理类型）。由于原始数据为比例，不符合正态分布，因此首先要对其进行反正弦转换。转换后的数据用于进行后续计算。读者不难发现，在随机区组设计操作中，没有计算各列总和，而在这里，拉丁方操作需要计算各列总和（见表的底行）。各列总和用于计算梯度 *b*（与小溪的距离）的平方和。

表 10.11　草地的处理格局和雀麦的出现比例（假设数据）

公路梯度（变量 *a*）的影响（从上到下依次增大）	溪流梯度（变量 *b*）的影响（从右到左依次增大）				行总和（转换后的观察值）
	1	2	3	4	
1	**0.32** D *34.45*	**0.81** A *64.16*	**0.64** B *53.13*	**0.57** C *49.02*	$\sum x_{a1} = 200.76$ $\sum x_{a1}^2 = 10\,529.07$

公路梯度（变量 a）的影响（从上到下依次增大）	溪流梯度（变量 b）的影响（从右到左依次增大）				行总和（转换后的观察值）
	1	2	3	4	
2	**0.84** A *66.42*	**0.27** D *31.31*	**0.58** C *49.60*	**0.62** B *51.94*	$\sum x_{a2} = 199.27$ $\sum x_{a2}^2 = 10\,549.86$
3	**0.63** C *52.54*	**0.67** B *54.94*	**0.79** A *62.73*	**0.19** D *25.84*	$\sum x_{a3} = 196.05$ $\sum x_{a3}^2 = 10\,381.61$
4	**0.72** B *58.05*	**0.65** C *53.73*	**0.24** D *29.33*	**0.70** A *56.79*	$\sum x_{a4} = 197.90$ $\sum x_{a4}^2 = 10\,342.07$
列总和	$\sum x_{b1} = 211.46$ $\sum x_{b1}^2 = 11\,728.67$	$\sum x_{b2} = 204.14$ $\sum x_{b2}^2 = 11\,002.14$	$\sum x_{b3} = 194.79$ $\sum x_{b3}^2 = 10\,078.26$	$\sum x_{b4} = 183.59$ $\sum x_{b4}^2 = 8\,993.53$	$\sum n_T = 16$ $\sum x_T = 793.98$ $\sum x_T^2 = 41\,802.61$

注：表中黑体数字是原始数据，字母是样地处理类型，斜体数字是反正弦转换值。

计算过程如下。

1）计算修正项：

$$CT = \frac{\left(\sum x_T\right)^2}{n_T} = \frac{793.98^2}{16} = 39\,400.26$$

2）平方和总数：

$$SS_T = \sum x_T^2 - CT = 41\,802.6 - 39\,400.26 = 2\,402.34$$

3）实验处理的主要影响导致的平方和：

$$SS_M = \frac{\left(\sum x_A\right)^2}{n_m} + \frac{\left(\sum x_B\right)^2}{n_m} + \frac{\left(\sum x_C\right)^2}{n_m} + \frac{\left(\sum x_D\right)^2}{n_m} - CT$$

式中，n_m 为实验处理（草地处理方式）数，等于 4；下标 A～D 为草地处理方式；分子为不同样块中相同处理得到的数据的转换值之和，如下：

$$\sum x_A = 64.16 + 66.42 + 62.73 + 56.79 = 250.10$$

$$\sum x_B = 53.13 + 51.94 + 54.94 + 58.05 = 218.06$$

$$\sum x_C = 49.02 + 49.60 + 52.54 + 53.73 = 204.89$$

$$\sum x_D = 34.45 + 31.31 + 25.84 + 29.33 = 120.93$$

相应地，有

$$SS_M = \frac{250.10^2}{4} + \frac{218.06^2}{4} + \frac{204.89^2}{4} + \frac{120.93^2}{4} - 39\,400.26 = 2\,275.78$$

4）梯度 a（与公路的距离）导致的平方和：

$$SS_a = \frac{\left(\sum x_{a1}\right)^2}{n} + \frac{\left(\sum x_{a2}\right)^2}{n} + \frac{\left(\sum x_{a3}\right)^2}{n} + \frac{\left(\sum x_{a4}\right)^2}{n} - CT$$

式中，n 为列数，等于 4；分子为表 10.11 中右列的各项结果。

相应地，有

$$SS_a = \frac{200.76^2}{4} + \frac{199.27^2}{4} + \frac{196.05^2}{4} + \frac{197.90^2}{4} - 39\,400.26 = 3.02$$

5）梯度 B（与小溪的距离）导致的平方和：

$$SS_b = \frac{\left(\sum x_{b1}\right)^2}{n} + \frac{\left(\sum x_{b2}\right)^2}{n} + \frac{\left(\sum x_{b3}\right)^2}{n} + \frac{\left(\sum x_{b4}\right)^2}{n} - CT$$

式中，n 为行数，等于 4；分子为表 10.11 的底行各项结果。

相应地，有

$$SS_b = \frac{211.46^2}{4} + \frac{204.14^2}{4} + \frac{194.79^2}{4} + \frac{183.59^2}{4} - 39\,400.26 = 108.96$$

6）由于数据的总变异包含由主要影响导致的平方和 SS_M、环境梯度导致的平方和 SS_a 和 SS_b 及样本内的平方和 SS_{within}，因此样本内的平方和：

$$SS_{within} = SS_T - (SS_M + SS_A + SS_B) = 2\,402.34 - (2\,275.78 + 3.02 + 108.96) = 14.6$$

7）计算自由度 df。

总自由度：
$$df_T = n_T - 1 = 16 - 1 = 15 \quad （对应 SS_T）$$

实验处理数：
$$df_M = n - 1 = 4 - 1 = 3 \quad （对应 SS_M，n = 行数 = 列数）$$

梯度 a：
$$df_A = n - 1 = 4 - 1 = 3 \quad （对应 SS_a）$$

梯度 b：
$$df_B = n - 1 = 4 - 1 = 3 \quad （对应 SS_b）$$

样本内：
$$df_{within} = (n-1)(n-2) = 3 \times 2 = 6 \quad （对应 SS_{within}）$$

8）相应地，各方差计算结果如下：

$$s_T^2 = \frac{SS_T}{df_T} = \frac{2\,402.34}{15} = 160.16$$

$$s_M^2 = \frac{\text{SS}_M}{\text{df}_M} = \frac{2\,275.78}{3} = 758.59$$

$$s_a^2 = \frac{\text{SS}_a}{\text{df}_a} = \frac{3.02}{3} = 1.01$$

$$s_b^2 = \frac{\text{SS}_b}{\text{df}_b} = \frac{108.96}{3} = 36.32$$

$$s_{\text{within}}^2 = \frac{\text{SS}_{\text{within}}}{\text{df}_{\text{within}}} = \frac{14.6}{6} = 2.43$$

9）各统计值 F。

主要影响：

$$F_{3,6} = \frac{s_M^2}{s_{\text{within}}^2} = \frac{758.59}{2.43} = 312.18$$

梯度 a 影响：

$$F_{3,6} = \frac{s_a^2}{s_{\text{within}}^2} = \frac{1.01}{2.43} = 0.41$$

梯度 b 影响：

$$F_{3,6} = \frac{s_b^2}{s_{\text{within}}^2} = \frac{36.32}{2.43} = 14.95$$

10）显著性判断。查附表 27 发现，草地的管理方式（主要影响 $F_{3,6} = 312.18$）及小溪的影响（梯度 b 影响 $F_{3,6} = 14.95$）统计值大于 $v_1 = 3$、$v_2 = 6$、$p = 0.01$ 所对应的关键值 9.779 5；而公路的影响（梯度 a 影响 $F_{3,6} = 0.41$）统计值小于该关键值，也小于 $p = 0.05$ 所对应的关键值 4.757 1。这些表明：①草地的管理方式对雀麦的生长造成极显著影响；②附近水源对雀麦的生长存在着极显著的系统性梯度影响；③公路对雀麦生长没有造成显著性影响。

11）检验结果报告见表 10.12。

表 10.12　拉丁方的检验结果报告

数据变异源	平方和	df	s^2	F
主要影响（实验处理）	2 275.77	3	758.59	312.18**
环境梯度 a（与公路的距离）	3.01	3	1.01	0.41
环境梯度 b（与小溪的距离）	108.96	3	36.32	14.95**
样本内	14.60	6	2.43	
总和	2 402.34	15	160.16	

** 表明差异达到极显著水平。

与随机区组设计一样，时间也可以作为系统性影响因素之一加入拉丁方检验中。

从上面的计算过程可以看出，随机区组设计和拉丁方实际上与双向方差分析的原理相同。在具体操作上，这两种检验要求采样点在空间布局上要与环境梯度大致呈直角关系，从而保证各种实验处理在同一梯度上受到相同程度的环境影响。当然，计算细节也有些许差异。在进行方差分析时，总体要注意以下几点。

1）方差分析假设所有观察值是随机获得的，而且呈正态分布。有些数据其性质或者类型本身不符合正态分布（如比例、频率等），这时要进行相应的转换。

2）方差分析假设各样本的数据变异（方差）相似，用同质性检验来检测方差是否相似。如果检验结果表明样本间的数据变异存在显著性差异，恰当的数据转换可以缩小这种差异。转换后，如果数据仍然存在样本间的显著性差异，则要放弃方差分析。

3）在单向方差分析中，样本量不一定相同。当方差分析发现样本间存在平均数的显著性差异时，需要进行图奇检验，以判断差异出现在哪些样本之间。

4）在双向方差分析中，如果列联表中的数据是单个观察值，而不是样本，就无法衡量变量间的相互作用。这时，相互作用导致的变异无足轻重，可以合并到样本内的变异中。

第11章

多变量分析

在一些研究中，研究者需要用许多变量来刻画客观存在或者客观事实。比如，在形态学研究中，研究者要进行几个物种（几个样本）间的比较，通常涉及十几个甚至几十个变量；在生态学研究中，物种生态位的刻画通常是超三维的（变量数大于3）。在社会学研究中，研究者要比较不同地区的发展状况，也会涉及经济、文化、环境、就业等许多变量。最常见的一个实例是关于长寿的秘诀：广西巴马人说是因为他们生活简朴，极少吃肉；日本的大川美佐绪（寿命117岁）分享的经验是保持良好的心态和充足的睡眠。其他百岁老人认为，自己的长寿是因为每天吃蔬菜，或者每天吃水果，或者自己一辈子爱吃肉，或者因为遗传……这些变量中，不但测量水平高低不同，还难以检验数据的分布类型。另外，一些变量的差异表现在样本的中心位置（平均数、众数、中位数），一些表现在数据的变异性；方差分析只能检验中心位置（平均数）的差异。所有这些都限制了研究者的探索。这时，研究者需要求助于多变量分析（multivariate analysis，也称多元统计分析）。多变量分析对数据的测量水平和分布类型没有要求，而且能够检测样本间任何种类（样本数据的中心位置和变异性）的差异。但是该分析方法的计算量通常很大，如果用科学计算器或者 Excel 进行计算，不但费时，而且很容易出错。因此往往需要求助于计算机软件，在计算机上完成计算。由于计算过程过于烦琐，本章不介绍详细的计算过程和细节，只介绍一些基本概念，以便读者正确使用这些方法。

变量常常又被称为"维度"，是一个空间概念。在平面几何空间中，一条数轴构成的空间是一维空间，两条互为垂直的数轴形成的平面空间为二维空间。在立体几何中，还存在第三维，也就是三维空间。物理世界里，物体都具备长、宽、高3个维度，任何物体的位置都有经度、纬度、和海拔高度3个维度。现实生活中，人们生活在四维空间里（第四个维度是时间）。维度越多，越容易区分两个不同的事物。

在一维和二维空间里，很容易将两个点标绘在纸张（或者平面）上，并直观地表现出来；当要把它们在三维空间中的关系反映在平面上，无论是画此坐标还是看此坐标，都需要空间想象力，因为此时的形状已经变形，平面上的直角不一定再是 90°。它们在四维空间里的关系已经无法通过视觉表现，而是需要想象。在现实世界里，人们生活在三维空间（长、宽、高，或者经度、纬度和海拔高度）里，可以直观比较物体外形的异同。但是，由于有了第四维——时间，物体会发生变化，这种变化虽然无法反映在平面上，但仍然可以通过肉眼观察到。如果是五维甚至更多维度呢？不难看出，维度越多，越能反映事物的差异性，同时也越难以直观表现出来，导致相关研究难度增大。

在生物学、生态学和社会科学的研究中，变量数常常大于 4 个，因此需要在多维空间里进行比较和判断。一些在低维度（三维及其以下）空间里相同的事物在高维度（四维及其以上）空间里实际上不同。比如，比较两种猴子，它们体长、体宽、头长相同（三维空间里相同），但尾长不同（四维空间里不同）；或者即使尾长也相同（四维空间里相同）时，前后肢长度比例不同（五维空间里不同）。在实际工作中，变量的变化幅度常常有不同程度的重叠，这为在多维空间中进行分析比较带来额外困难。因此，在多变量分析中，通常需要解决的第一个难题是降维（减少变量数），减小多变量样本的复杂性；第二个难题是把样本中相似的采样单元聚合在一起；第三个难题是从样本的数据变化规律中推演出分类规则，以区分不同组别的采样单元。

针对上述 3 个难题，本章介绍主成分分析（也称为主分量分析，principal component analysis, PCA）聚类分析（cluster analysis）和判别分析（discriminant analysis）。主成分分析的主要作用是降维，从而降低分析比较的难度。聚类分析是将相似的采样单元按不同几何距离聚合起来，以反映它们的几何空间距离，通常用以分析判断不同物种间的亲缘关系远近或者不同区域生物区系的演化关系。在社会学研究中，聚类分析可用于研究不同文化类型的演化历史（同源和分异）。判别分析是依据经验数据反映的规律对采样单元进行分类，以便判断不同总体间的相似度，比如不同物种的生态位的重叠程度、不同区域中地方文化的异同性，等等。

在介绍具体的多变量分析方法前，首先要弄清一个常见的概念——信息（information）。在多变量分析中，信息是指数据的变异性及其规律，它潜藏在样本平均值、标准差，以及变量间的协方差中。统计学中，信息量有两种计算。第一，当认为每个变量的重要性与其变异性大小成比例时，信息量等于原始变量的方差总和；第二，当假设各变量具有同等影响力时，信息量等于变量数。

11.1 主成分分析

主成分分析首先是将所有变量合并起来计算数据变异的总信息，以及各变量的数据变异信息。通过变量的最佳组合（最佳组合的选择涉及大量的计算，超出本书的范围，这里不予详述），形成新的相同数目的变量。新形成的变量与原始样本变量不同，每个新形成的变量承载着影响程度不同的所有样本变量。这些新形成的变量称为主轴、主成分或者主分量（principal components）。每个主成分所捕捉到的数据变异信息量不同，依据所捕捉的信息量从大到小依次命名为第 1 主轴（也称第 1 主成分或第 1 主分量，PC1）、第 2 主轴（PC2）、第 3 主轴（PC3）……主成分分析的第一个产出结果就是列出一个表，给出各主轴所捕捉到的信息量及其所占总信息量的百分率、顺序累计百分率（某一主轴的顺序累计百分率就是该主轴及其前面各主轴所占总信息量的百分率之和，如 PC1 的顺序累计百分率等于PC1 的信息量百分率，PC2 的顺序累计百分率等于 PC1 和 PC2 的信息量百分率之和，PC3 的顺序累计百分率等于 PC1、PC2 和 PC3 的信息量百分率之和……），以及各变量在各主轴上的承载量（component loading）。承载量是原始变量的数据变异信息在各主轴上的量，它在各主轴间是不同的。正是这种差异导致不同主轴所捕捉的信息百分率不同。

虽然主轴数与样本变量数相同，但各主轴所承载的变异信息量不同，因此研究者常常不需要用所有的主轴。例如，在对 4 种羽虱（鸟类的体外寄生虫）的研究中，研究者从 191 只个体中采集 11 个变量的数据（Fowler et al., 1998），通过主成分分析得到 11 个新形成的变量，即 11 个主轴。其中，第 1 主轴 PC1 的信息捕获率为 52.8%，第 2 主轴 PC2 信息捕获率为 24.1%，第 3 主轴 PC3 信息捕获率为11.2%。前 3 个主轴的顺序累计百分率为 88.1%。研究者放弃后 8 个主轴，因为前3 个主轴的顺序累计百分率已经达到 88.1%。放弃后 8 个主轴（占总主轴数的 72.7%）只损失 11.9%的数据变异信息，与此同时实现了降维的目的，这是值得的。

选取相应数目的主轴后，通过 PC1 对其他各主轴所建立的二维坐标（如 PC1对 PC2 及 PC1 对 PC3），用各原始变量在不同主轴上的承载量将各变量标注在坐标中，以帮助判断变量间的关系。代表变量的各点在坐标中的距离越近，表明它们的关系越近，或者相关性越大。这是主成分分析的第一个重要的输出结果。

另外，用各样本变量在不同主轴上的承载量数据，与各采样单元相应的观察值或者测量值进行计算（略），得到采样单元在不同主轴上的数值。通过 PC1 对其他各主轴建立的二维坐标，用各采样单元在相应主轴上的数值将采样单元标注在这些二维空间里。关系相近的采样单元在这些空间里表现出聚拢的趋势。从这些趋势中可以区分出采样单元的不同组别，组别间的距离反映它们的差异程度。这是主成分分析的第二个重要的输出结果。有时，这些采样单元没有表现出明显的聚拢趋势，研究者可以借助它们在坐标轴4个象限中的分布帮助组别划分。上述羽虱的例子中，研究者发现：4个物种在PC1对PC2和PC1对PC3两个二维空间中都表现出4个明显的组别，其中两个组有重叠，另外两个组分离很远，没有重叠。这表明：两个物种形态学特征相似，另外两个物种表现出的形态学差异性很大。进一步的努力是依据各变量在不同主轴上的承载量来分析它们之间的关系，并从生物学角度（包括生态学和演化历史）对这4种羽虱的形态学各特征（各形态解剖学变量）在演化历史中的变化进行解释。

羽虱的例子是用主成分分析来帮助判断已知群体（物种）的变异幅度及群体间的关系。主成分分析的另一个用途是帮助研究者判断关系模糊不清的采样单元间的关系，以便于进一步分析。例如，在对微小扇头蜱的生境适宜性研究中（唐飞，2015），云南的垂直山地地形导致垂直气候带出现，迎风面和背风面的差异进一步使环境复杂化，研究者难以划分环境类型。因此，在野外进行种群数量调查的同时，研究者还采集了9个变量的气候数据；加上各点的海拔高度，共有10个变量用于刻画小气候特征。通过在29个数据采集点获得的10个变量的数据，用主成分分析进行数据采集点的气候特征比较。采样点在前3个主轴的二维空间中没有表现出明显的聚拢趋势。研究者借助象限将这些采集点分出3组，分别落在第Ⅰ、第Ⅲ和第Ⅳ象限，第Ⅱ象限没有采集点的分布。每个象限为一个气候类型。然后加入植被类型（共5类），对种群数量（个体数）进行克沃检验（8.13节），以分析种群数量在不同气候类型和不同植被类型中分布的差异性。在这项研究中，主成分分析是关键的一步。

当然，一旦完成各变量在3个主轴上的承载量的计算，以后获得类似采样单元时，可以借助这些数据计算新采样单元在前3个主轴上的承载量，从而可以用主成分分析帮助判断新采样单元的归属。

11.2　聚　类　分　析

主成分分析给出的是采集单元间视觉上的关系远近的判断，没有给出这些单元间的距离的客观衡量数据。在许多研究中，这种结果不能满足需要。例如，研究者需要知道一个科中的物种间的亲缘关系，用形态学数据进行主成分分析后得出的结果只表明哪些物种同一组（同组成员可能就是同一个属的种），但同组成员间的关系差异无法衡量。又如，在进行生态学研究时，研究者有时需要将各地环境差异的程度与特定生态学现象的差异程度进行比较，主成分分析就无法满足研究者的需要。如果想知道采样单元间的确切关系距离（异同程度），要求助于聚类分析（cluster analysis）。聚类分析解决的是上述第二个难题。

聚类分析的计算分两步：第一步是计算采样单元的距离；第二步将不同距离的采样单元编排到一个结构体系中，以显示采样单元间的确切关系距离。

1）计算采样单元距离，应分情况进行计算。

对于一个单变量样本，采样单元间的距离即数轴上的点之间的距离，计算起来很简单，两个点的数字相减即可。例如，两个个体的体长，它们之间的关系距离就是体长的差值。随着分子生物学的兴起和广泛应用，人们常常用遗传距离来判断两个个体或者两个物种间的亲缘关系。遗传距离是某个 DNA 片段的碱基（两种嘌呤和两种嘧啶）序列的相似性，因此也属于这类单变量样本。

对于双变量样本，两个采样单元的计算有不同方法。最简单、最常用的是通过欧几里得几何学计算出来的距离，故称其为欧几里得几何距离（Euclidean distance，简称欧氏距离）。假设计算任意两个采样单元 P 和 Q，每个单元有两个观察值（两个变量）x 和 y，它们在由变量 x 和变量 y 组成的二维坐标系里是两个点：$P(x_1, y_1)$ 和 $Q(x_2, y_2)$。通过这两个点可以画出 3 条线，一条 X 轴的平行线，一条 Y 轴的平行线，以及一条连接 P 和 Q 的直线。三条线相交得到一个直角三角形，边分别为 a、b 和 c。如果边 a（勾）$= (y_1 - y_2)$，那么有边 b（股）$= (x_1 - x_2)$，则边 c（弦）的长度可以通过勾股定理求得，公式如下：

$$c = \sqrt{(x_1 - x_2)^2 + (y_1 - y_2)^2}$$

c 是 P 和 Q 的关系距离，它是融合了两个变量 X 和 Y 的距离。在统计学中，变量常常用 X 来代表，并用不同下标来区别不同变量。因此，变量 X 和 Y 可以写成 X_1 和 X_2。相应地，上述公式可以写成

$$c = \sqrt{(x_{11} - x_{12})^2 + (x_{21} - x_{22})^2}$$

式中，下标第一个数字用于区别不同变量；下标第二个数字用于区别不同采样单元。

那么，对于任意两个单元 P 和 Q 的距离，有

$$c_{PQ} = \sqrt{(x_{1P} - x_{1Q})^2 + (x_{2P} - x_{2Q})^2}$$

除了欧氏距离，还有另外两种常见算法。其中之一是曼哈顿距离（Manhattan distance），又称城市街区距离。其计算原理犹如开车在棋盘般的城市街区中行走，从纵向街道上的 P 点到达横向街道上的 Q 点只能沿着街道走勾线 a 和股线 b。由于有建筑物阻挡，无法走最短直线弦线 c，因此两点间的距离 c 不是最短的弦的长度，而是勾的长度与股的长度之和，如下：

$$c_{PQ} = \left| (x_{1P} - x_{1Q}) \right| + \left| (x_{2P} - x_{2Q}) \right|$$

很明显，相同的两个采样单元，曼哈顿距离要比欧氏距离大。

欧氏距离和曼哈顿距离遇到的共同问题：如果一个变量的离散程度比其他变量的离散程度大很多时，它的方差会影响两个采样单元的距离。为了解决这个问题，皮尔逊（Pearson）提出另外一个计算方法，用变量的方差对欧氏距离进行修正，公式如下：

$$c_{PQ} = \sqrt{\frac{(x_{1P} - x_{1Q})^2}{V_1} + \frac{(x_{2P} - x_{2Q})^2}{V_2}}$$

式中，V 为变量的方差。

虽然皮尔逊距离解决了欧氏距离和曼哈顿距离带来的问题，但它自己也带来了其他新问题（本书不详述）。因此，没有完美的计算方法，各种方法均有其利弊，而且计算结果不尽相同。为此，研究者在使用聚类分析时必须说明所用的是哪种距离。

对于多变量样本，首先要进行主成分分析，算出各采样单元在 PC1 和 PC2 上的数据，并以此数据为基础用上述关系式计算任何两个采样单元间的距离。

2）对采样单元进行聚类。最常见的聚类方法是层次聚合聚类方法（agglomerative hierarchical methods），即根据关系距离，从小到大将采样单元排列在一个树状图中。树状图是一个二维坐标系，横坐标用于排列采样单元，纵坐标用于标注关系距离。采样单元间的关系用马蹄形线条连接，马蹄脚线长与采样单元间的关系距离相等。经过这种编排，所有采样单元都处于一个层次结构中，它们的关系通过连线路径一目了然。

聚类过程中会遇到数值选择问题。例如，有 a、b、c 3 个采样单元，其中 a 与 b 的距离为 1.41，c 与 a 距离为 4.00，c 与 b 距离为 3.16。a 与 b 的距离（1.41）最短，可以首先聚为一组。此时的问题：c 与 a 的距离（4.00）不等于 c 与 b 的距离（3.16），进一步聚类时选择 3.16 还是 4.00？一种办法是选择小的数字 3.16，通过这种选择聚出的结果表现的是采样单元间的最短距离，被称为最近邻［nearest neighbours，也称单一连接（single linkage）或者最小距离］聚类。另一种办法是选择 4.00，聚出的结果表现的是采样单元间的最长距离，被称为最远距离［furthest neighbours，也称完全连接（complete linkage）或者最大距离］聚类。我们以例 11.1 表 11.1 中的数据解释最近邻聚类过程。

例 11.1　植物学家要比较 9 块面积相同的草地的群落相似性，在每块草地中测量两个草种的覆盖率，得到表 11.1 中的结果（假设数据）。

表 11.1　每块草地中两个草种的覆盖率（假设数据）

草地	草种 A	草种 B
1	10	20
2	18	8
3	21	10
4	7	2
5	5	13
6	10	24
7	9	23
8	9	13
9	23	24

通过欧氏距离计算，得到采样单元间的欧氏距离，见表 11.2。

表 11.2　采样单元间的欧氏距离数据

采样单元	1	2	3	4	5	6	7	8
2	14.42							
3	14.86	3.60						
4	18.24	12.53	16.12					
5	8.60	13.92	16.27	11.18				
6	4.00	17.88	17.80	22.20	12.08			
7	3.16	17.49	17.69	21.09	10.77	1.41		
8	7.07	10.29	12.36	11.18	4.00	11.04	10.00	
9	13.60	16.76	14.14	27.20	21.09	13.00	14.03	17.80

从表 11.2 可知，关系最近的是采样单元 6 和采样单元 7，为 1.41；其次为采样单元 1 和采样单元 7，为 3.16……按照最小距离聚类，采样单元 6 和采样单元 7 在 1.41 上先聚，得组（6,7）；然后采样单元 1 与组（6,7）在 3.16 上聚；依次继续，直至所有采样单元都被聚进去，得到表 11.3。

表 11.3　聚类后的数据

距离	聚类组
0	1，2，3，4，5，6，7，8，9
1.41	（6，7），1，2，3，4，5，8，9
3.16	（6，7，1），2，3，4，5，8，9
3.60	（6，7，1），（2，3），4，5，8，9
4.00	（6，7，1），（2，3），（5，8），4，9
7.07	（6，7，1，5，8），（2，3），4，9
10.29	（6，7，1，5，8，2，3），4，9
11.18	（6，7，1，5，8，2，3，4），9
13.00	（6，7，1，5，8，2，3，4，9）

从表 11.3 发现,当所有的采样单元都被聚进去时(所有单元都进入了括号中),距离为 13.00,与计算出的距离最大值 27.20(采样单元 4 与采样单元 9 间的距离)相差 14.20。导致这种差异的根源是单元 9 最后聚进去,它与其他采样单元间有 8 个距离,但与采样单元 6 距离最短,为 13.00;依据最小距离聚类法,采样单元 9 与其他采样单元的距离应该选择 13.00。其他各聚类步骤也有相同情况。依据表中的聚类结果,可以作出图 11.1。

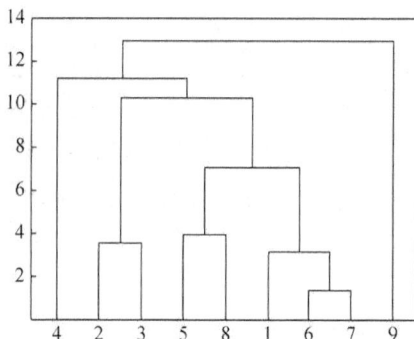

图 11.1　聚类分析结果树状图

图 11.1 中显示,各采样单元间的关系可以通过聚类环节和聚类距离表现出来。例如,采样单元 2 和采样单元 6,首先采样单元 6 与采样单元 7、采样单元 2 与采样单元 3 分别成组(但它们的距离在一级聚类时就不同,采样单元 6 和采样单元 7 是 1.41,采样单元 2 和采样单元 3 是 3.60),然后组(6,7)与采样单元 1 相聚,进一步与组(5,8)聚,最后才与采样单元 2 在 10.29 水平上通过采样单元 8 与采样单元 2 的关系产生联系。

有些研究者喜欢将树状图顺时针旋转 90°,用纵坐标排列采样单元,用横坐标标注关系距离,但操作过程是一样的。

最大距离聚类过程中,由于选择的是较大距离的数据,最后聚出的树状图可能与最近邻聚类结果有差异。因此,研究者在使用聚类分析时,要指明用的是哪种聚类方法。

除了以上两种聚类方法,还有第 3 种形心(centroid)聚类,第 4 种平均数聚类,第 5 种沃德(Ward)聚类,它们各自都要做进一步的计算,以便在最大距离和最小距离之间寻找一个值。方法细节不详述。

由于关系距离的计算有不同方法,聚类时对距离数据的选择也不同,相同的原始数据最后被聚出不同的树状图。生物学研究中,常见的是欧氏最小距离法(计算欧氏距离,用最小距离聚类)。然而,如果计算软件允许进行选择,建议读者选择不同距离计算并进行不同聚类，然后比较不同的树状图，最终选择符合自己在研究中的预期的树状图。到这里，读者不难看出，与主成分分析法一样，聚类分析中的距离数据只为我们提供相对的、视觉上的差异，不能为专业研究中的相关事物提供客观的边界定义。例如，研究者在进行白头叶猴、黑叶猴、菲氏叶猴和滇金丝猴的分析时，得到的结果是白头叶猴与黑叶猴在最低水平上聚类，这两类叶猴在较高水平上与菲氏叶猴聚类，最后在更高水平上与金丝猴聚类。这种结果不能告诉我们白头叶猴就是黑叶猴的一个亚种。这是因为当我们将鲤鱼、麻雀、黄牛与人进行聚类分析时，黄牛与人同属哺乳类，会在最低水平上聚类，然后与属于鸟类的麻雀在较高水平上聚类，最后在更高水平上与亲缘关系最远的鲤鱼聚类。聚类图与猴的结果是一样的，但是人与黄牛肯定不是一个种中的两个亚种。因此，使用聚类分析时，研究者需要依据专业理论进行种或者亚种的判断，聚类分析结果不能直接告诉种和亚种的边界在哪里。

11.3　判　别　分　析

主成分分析的功能在于降维，把多变量降至能够操作的 2～3 个主成分。它既能帮助研究者判断变量间的关系，又能帮助判断采样单元间的关系。就采样单元之间的关系而言，聚类分析能够进一步帮助研究者衡量各单元的关系距离的差异。例如，要研究一个科的物种间的关系，对各物种个体进行形态学测量，再对得到的数据进行主成分分析，从结果中看到各个属之间的空间距离及属内物种。然而，如果想知道物种间的亲缘关系或者演化关系，就要采用聚类分析，从聚类分析结果中看到哪些是亲缘关系相近的类群。这里遗留一个未解的问题：不同属的差异是否是截然的？即它们的差异是否存在统计学上的显著性？判别分析能够解答这个问题。判别分析在生态学中被广泛应用，在人文研究中也可以用判别分析。例如，研究者要比较两种地方文化的异同，首先随机选择一定数量的拥有这两种文化背景的人，对其行为进行观察，采集数据。然后进行判别分析，比较这两个人群的相似程度（两个样本的重叠程度及其差异显著性水平）。

判别分析是基于经验数据进行判断的方法。研究者首先依据自己的经验，将采样单元划分到不同组别中（如相同的环境类型、相同的种或者属、相同的文化背景）；在此基础上，判别分析对研究者的数据进行分析，归纳出数据变异规律，并依据这种规律重新划分组别，检验各采样单元的数据特征，依据其特征将其划分到相应的组别中。最后将人为划分的组别与判别分析划分的组别进行比较，以判断组别间的重叠性（异同性）。

数据变异规律的寻找过程：首先计算各变量在各样本（研究者预设的组别）中的平均数和方差，并进行比较，选取最能刻画样本间差异的变量作为第一判别变量。然后在此基础上，将其余变量逐个加入，计算各样本的方差和协方差，选择判别效果最佳者作为第二判别变量。以此类推，选择所有对判断组别有显著性意义的变量，舍去其余变量，完成判别分析的计算。判别分析为每个样本建立一个多元回归方程，方程的变量是选出的判别变量（discriminant variables，样本间存在显著性差异的变量），每个样本有自己的常数和系数。这些回归方程用于判断各采样单元的归属：如果被检验的采样单元落在第一回归方程所定义的置信区间内，则它属于第一个样本。完成所有采样单元的检验后，判别分析输出最后结果，内容包括判别变量、判别吻合率（研究者的预设组别与检验得到的组别的吻合程度），以及判别结果的显著性水平。判别吻合率的大小受样本量的影响：样本量小的情况下，随机影响较大，吻合率较低。通常，最小样本的样本量（即采样单元数）要等于或者大于变量数。在这种情况下，判别吻合率能较好地反映样本间的关系。

针对不同情况，判别分析中，不同作者提出不同的计算公式。因此，读者在使用统计软件时要注意选择。如果读者的数据属于正态分布型，则该选用费舍尔线性判别函数（Fisher linear discriminant function）；否则，使用逻辑判别（logistic discrimination），因为它对数据分布类型没有要求。不过，逻辑判别虽然让研究者不必考虑数据分布类型，但它的判别能力低于费舍尔线性判别函数，即费舍尔线性判别函数更能发现一些细微的规律性。

11.4 方法选择检索表

1. 研究者想要达到以下目的

2. 研究者想要达到以下目的

参 考 文 献

巴比·艾尔，1987. 社会研究方法[M]. 李银河，译. 成都：四川人民出版社.

刘卓涛，等，2022. 卧龙国家级自然保护区川金丝猴的群落环境分析[J]. 野生动物学报，43（3）：614-622.

唐飞，2015. 云南省微小扇头蜱的生境适宜性评价[D]. 昆明：西南林业大学.

威尔逊 E B，1988. 科学研究方法论[M]. 石大中，鲁素珍，穆秀瑛，等译. 上海：上海科学技术文献出版社.

叶智彰，等，1993. 叶猴生物学[M]. 昆明：云南科技出版社.

周厚熊，等，2021. 四川卧龙国家级自然保护区雪豹地栖动物群落初探[J]. 野生动物学报，42（3）：645-653.

CHERULNIK P D, 1983. Behavioral research: assessing the validity of research findings in psychology[M]. New York: Harper & Row Publishers.

DEPIRRO R, LAURO R, TESTA I, et al., 1982. Decreased insulin receptors but normal glucose metabolism in Duchenne muscular dystrophy[J]. Science, 216(4543): 311-313.

EISLER H, 1981. Applicability of the parallel-clock model to duration discrimination[J]. Perception and Psychophysics, 29(3): 225-233.

FOWLER J, COHEN L, 1998. Practical statistics for field biology[M]. 2nd ed. Chichester: John Wiley & Sons Ltd.

LEPLEY W M, 1934. Serial reactions considered as conditioned reactions[J]. Psychological Monographs, 46(1): 56.

LI Z, ROGERS E, 2005. Habitat quality and range use of white-headed langurs in Fusui, China[J]. Folia Primatology, 76(4): 185-195.

MCLEAN P D, HAKSTIAN A R, 1979. Clinical depression: comparative efficacy of outpatient treatments[J]. Journal of Consulting and Clinical Psychology, 47(5): 818-836.

RICKLEFS R E, 1990. Ecology[M]. 3nd ed. New York: Freeman and Company.

SIEGEL S M, 1954. Certain determinants and correlates of authoritarianism[J]. Genetic and Psychological Monographs, 49(2): 187-229.

SIEGEL S, CASTELLAN, JR N J, 1988. Nonparametrical statistics for the behavioral sciences[M]. 2nd ed. New York: McGraw-Hill International Editions.

STERN P C, 1979. Evaluating social science research[M]. New York: Oxford University Press.

STERNBERG D E, VAN KAMMEN D P, LERNER P L, et al., 1982. Schizophrenia: dopamine β-hydoxylase activity and treatment response[J]. Science, 216(4553): 1423-1425.

附　　录

附表 1　卡方分布关键值

df	零假设成立的概率 p													
	0.99	0.98	0.95	0.90	0.80	0.70	0.50	0.30	0.20	0.10	0.05	0.02	0.01	0.001
1	0.000 16	0.000 63	0.003 9	0.016	0.064	0.15	0.46	1.07	1.64	2.71	3.84	5.41	6.64	10.83
2	0.02	0.04	0.10	0.21	0.45	0.71	1.39	2.41	3.22	4.60	5.99	7.82	9.21	13.82
3	0.12	0.18	0.35	0.58	1.00	1.42	2.37	3.66	4.64	6.25	7.82	9.84	11.34	16.27
4	0.30	0.43	0.71	1.06	1.65	2.20	3.36	4.88	5.99	7.78	9.49	11.67	13.28	18.46
5	0.55	0.75	1.14	1.61	2.34	3.00	4.35	6.06	7.29	9.24	11.07	13.39	15.09	20.52
6	0.87	1.13	1.64	2.20	3.07	3.83	5.35	7.23	8.56	10.64	12.59	15.03	16.81	22.46
7	1.24	1.56	2.17	2.83	3.82	4.67	6.35	8.38	9.80	12.02	14.07	16.62	18.48	24.32
8	1.65	2.03	2.73	3.49	4.59	5.53	7.34	9.52	11.03	13.36	15.51	18.17	20.09	26.12
9	2.09	2.53	3.32	4.17	5.38	6.39	8.34	10.66	12.24	14.68	16.92	19.68	21.67	27.88
10	2.56	3.06	3.94	4.86	6.18	7.27	9.34	11.78	13.44	15.99	18.31	21.16	23.21	29.59
11	3.05	3.61	4.58	5.58	6.99	8.15	10.34	12.90	14.63	17.28	19.68	22.62	24.72	31.26
12	3.57	4.18	5.23	6.30	7.81	9.03	11.34	14.01	15.81	18.55	21.03	24.05	26.22	32.91
13	4.11	4.76	5.89	7.04	8.63	9.93	12.34	15.12	16.98	19.81	22.36	25.47	27.69	34.53
14	4.66	5.37	6.57	7.79	9.47	10.82	13.34	16.22	18.15	21.06	23.68	26.87	29.14	36.12
15	5.23	5.98	7.26	8.55	10.31	11.72	14.34	17.32	19.31	22.31	25.00	28.26	30.58	37.70
16	5.81	6.61	7.96	9.31	11.15	12.62	15.34	18.42	20.46	23.54	26.30	29.63	32.00	39.29
17	6.41	7.26	8.67	10.08	12.00	13.53	16.34	19.51	21.62	24.77	27.59	31.00	33.41	40.75
18	7.02	7.91	9.39	10.86	12.86	14.44	17.34	20.60	22.76	25.99	28.87	32.35	34.80	42.31
19	7.63	8.57	10.12	11.65	13.72	15.35	18.34	21.69	23.90	27.20	30.14	33.69	36.19	43.82
20	8.26	9.24	10.85	12.44	14.58	16.27	19.34	22.78	25.04	28.41	31.41	35.02	37.57	45.32
21	8.90	9.92	11.59	13.24	15.44	17.18	20.34	23.86	26.17	29.62	32.67	36.34	38.93	46.80
22	9.54	10.60	12.34	14.04	16.31	18.10	21.24	24.94	27.30	30.81	33.92	37.66	40.29	48.27
23	10.20	11.29	13.09	14.85	17.19	19.02	22.34	26.02	28.43	32.01	35.17	38.97	41.64	49.73
24	10.86	11.99	13.85	15.66	18.06	19.94	23.34	27.10	29.55	33.20	36.42	40.27	42.98	51.18
25	11.52	12.70	14.61	16.47	18.94	20.87	24.34	28.17	30.68	34.38	37.65	41.57	44.31	52.62
26	12.20	13.41	15.38	17.29	19.82	21.79	25.34	29.25	31.80	35.56	38.88	42.86	45.64	54.05
27	12.88	14.12	16.15	18.11	20.70	22.72	26.34	30.32	32.91	36.74	40.11	44.14	46.96	55.48
28	13.56	14.85	16.93	18.94	21.59	23.65	27.34	31.39	34.03	37.92	41.34	45.42	48.28	56.89
29	14.26	15.57	17.71	19.77	22.48	24.58	28.34	32.46	35.14	39.09	42.56	46.69	49.59	58.30
30	14.95	16.31	18.49	20.60	23.36	25.51	29.34	33.53	36.25	40.26	43.77	47.96	50.89	59.70

附表 2　正态分布上侧概率值

a.

z	0.00	0.01	0.02	0.03	0.04	0.05	0.06	0.07	0.08	0.09
0.0	0.500 0	0.496 0	0.492 0	0.488 0	0.484 0	0.480 1	0.476 1	0.472 1	0.468 1	0.464 1
0.1	0.460 2	0.456 2	0.452 2	0.448 3	0.444 3	0.440 4	0.436 4	0.432 5	0.428 6	0.424 7
0.2	0.420 7	0.416 8	0.412 9	0.409 0	0.405 2	0.401 3	0.397 4	0.393 6	0.389 7	0.385 9
0.3	0.382 1	0.378 3	0.374 5	0.370 7	0.366 9	0.363 2	0.359 4	0.355 7	0.352 0	0.348 3
0.4	0.344 6	0.340 9	0.337 2	0.333 6	0.330 0	0.326 4	0.322 8	0.319 2	0.315 6	0.312 1
0.5	0.308 5	0.305 0	0.301 5	0.298 1	0.294 6	0.291 2	0.287 7	0.284 3	0.281 0	0.277 6
0.6	0.274 3	0.270 9	0.267 6	0.264 3	0.261 1	0.257 8	0.254 6	0.251 4	0.248 3	0.245 1
0.7	0.242 0	0.238 9	0.235 8	0.232 7	0.229 6	0.226 6	0.223 6	0.220 6	0.217 7	0.214 8
0.8	0.211 9	0.209 0	0.206 1	0.203 3	0.200 5	0.197 7	0.194 9	0.192 2	0.189 4	0.186 7
0.9	0.184 1	0.181 4	0.178 8	0.176 2	0.173 6	0.171 1	0.168 5	0.166 0	0.163 5	0.161 1
1.0	0.158 7	0.156 2	0.153 9	0.151 5	0.149 2	0.146 9	0.144 6	0.142 3	0.140 1	0.137 9
1.1	0.135 7	0.133 5	0.131 4	0.129 2	0.127 1	0.125 1	0.123 0	0.121 0	0.119 0	0.117 0
1.2	0.115 1	0.113 1	0.111 2	0.109 3	0.107 5	0.105 6	0.103 8	0.102 0	0.100 3	0.098 5
1.3	0.096 8	0.095 1	0.093 4	0.091 8	0.090 1	0.088 5	0.086 9	0.085 3	0.083 8	0.082 3
1.4	0.080 8	0.079 3	0.077 8	0.076 4	0.074 9	0.073 5	0.072 1	0.070 8	0.069 4	0.068 1
1.5	0.066 8	0.065 5	0.064 3	0.063 0	0.061 8	0.060 6	0.059 4	0.058 2	0.057 1	0.055 9
1.6	0.054 8	0.053 7	0.052 6	0.051 6	0.050 5	0.049 5	0.048 5	0.047 5	0.046 5	0.045 5
1.7	0.044 6	0.043 6	0.042 7	0.041 8	0.040 9	0.040 1	0.039 2	0.038 4	0.037 5	0.036 7
1.8	0.035 9	0.035 1	0.034 4	0.033 6	0.032 9	0.032 2	0.031 4	0.030 7	0.030 1	0.029 4
1.9	0.028 7	0.028 1	0.027 4	0.026 8	0.026 2	0.025 6	0.025 0	0.024 4	0.023 9	0.023 3
2.0	0.022 8	0.022 2	0.021 7	0.021 2	0.020 7	0.020 2	0.019 7	0.019 2	0.018 8	0.018 3
2.1	0.017 9	0.017 4	0.017 0	0.016 6	0.016 2	0.015 8	0.015 4	0.015 0	0.014 6	0.014 3
2.2	0.013 9	0.013 6	0.013 2	0.012 9	0.012 5	0.012 2	0.011 9	0.011 6	0.011 3	0.011 0
2.3	0.010 7	0.010 4	0.010 2	0.009 9	0.009 6	0.009 4	0.009 1	0.008 9	0.008 7	0.008 4
2.4	0.008 2	0.008 0	0.007 8	0.007 5	0.007 3	0.007 1	0.006 9	0.006 8	0.006 6	0.006 4
2.5	0.006 2	0.006 0	0.005 9	0.005 7	0.005 5	0.005 4	0.005 2	0.005 1	0.004 9	0.004 8
2.6	0.004 7	0.004 5	0.004 4	0.004 3	0.004 1	0.004 0	0.003 9	0.003 8	0.003 7	0.003 6
2.7	0.003 5	0.003 4	0.003 3	0.003 2	0.003 1	0.003 0	0.002 9	0.002 8	0.002 7	0.002 6
2.8	0.002 6	0.002 5	0.002 4	0.002 3	0.002 3	0.002 2	0.002 1	0.002 1	0.002 0	0.001 9
2.9	0.001 9	0.001 8	0.001 8	0.001 7	0.001 6	0.001 6	0.001 5	0.001 5	0.001 4	0.001 4
3.0	0.001 3	0.001 3	0.001 3	0.001 2	0.001 2	0.001 1	0.001 1	0.001 1	0.001 0	0.001 0
3.1	0.001 0	0.000 9	0.000 9	0.000 9	0.000 8	0.000 8	0.000 8	0.000 8	0.000 7	0.000 7
3.2	0.000 7									
3.3	0.000 5									

z	0.00	0.01	0.02	0.03	0.04	0.05	0.06	0.07	0.08	0.09
3.4	0.000 3									
3.5	0.000 23									
3.6	0.000 16									
3.7	0.000 11									
3.8	0.000 07									
3.9	0.000 05									
4.0	0.000 03									

b.（正态分布的显著性水平）

双侧 p	0.20	0.10	0.05	0.02	0.01	0.002	0.001	0.000 1	0.000 01	
单侧 p	0.10	0.05	0.025	0.01	0.005	0.001	0.000 5	0.000 05	0.000 005	
z	1.282	1.645	1.960	2.326	2.576	3.090	3.291	3.891	4.417	

注：本表表体数据是零假设下 z 值的单侧检验概率；左侧列是 z 值至小数点后一位，顶行是后二位。例如，如果单侧检验得到 $z \geqslant 0.11$ 或者 $z \leqslant -0.11$，其概率为 $p = 0.456\ 2$。

附表 3　斯皮尔曼秩相关系数临界数据表

n	p（第一行为单侧，第二行为双侧）			
	0.05	0.025	0.01	0.005
	0.10	0.05	0.02	0.01
5	0.900			
6	0.829	0.886	0.943	
7	0.714	0.786	0.893	
8	0.643	0.738	0.833	0.881
9	0.600	0.683	0.783	0.833
10	0.564	0.648	0.745	0.794
11	0.523	0.623	0.736	0.818
12	0.497	0.591	0.703	0.780
13	0.475	0.566	0.673	0.745
14	0.457	0.545	0.646	0.716
15	0.441	0.525	0.623	0.689
16	0.425	0.507	0.601	0.666
17	0.412	0.490	0.582	0.645
18	0.399	0.476	0.564	0.625
19	0.388	0.462	0.549	0.608
20	0.377	0.450	0.534	0.591
21	0.368	0.438	0.521	0.576
22	0.359	0.428	0.508	0.562

n	p（第一行为单侧，第二行为双侧）			
	0.05	0.025	0.01	0.005
	0.10	0.05	0.02	0.01
23	0.351	0.418	0.496	0.549
24	0.343	0.409	0.485	0.537
25	0.336	0.400	0.475	0.526
26	0.329	0.392	0.465	0.515
27	0.323	0.385	0.456	0.505
28	0.317	0.377	0.448	0.496
29	0.311	0.370	0.440	0.487
30	0.305	0.364	0.432	0.478

附表 4　肯德尔偏秩相关系数临界值表

N	p							
	0.250	0.200	0.100	0.050	0.025	0.010	0.005	0.001
3	0.500	1.000	—	—	—	—	—	—
4	0.447	0.500	0.707	0.707	1.000	—	—	—
5	0.333	0.408	0.534	0.667	0.802	0.816	1.000	—
6	0.277	0.327	0.472	0.600	0.667	0.764	0.866	1.000
7	0.233	0.282	0.421	0.527	0.617	0.712	0.761	0.901
8	0.206	0.254	0.382	0.484	0.565	0.648	0.713	0.807
9	0.187	0.230	0.347	0.443	0.515	0.602	0.660	0.757
10	0.170	0.215	0.325	0.413	0.480	0.562	0.614	0.718
11	0.162	0.202	0.305	0.387	0.453	0.530	0.581	0.677
12	0.153	0.190	0.288	0.465	0.430	0.505	0.548	0.643
13	0.145	0.180	0.273	0.347	0.410	0.481	0.527	0.616
14	0.137	0.172	0.260	0.331	0.391	0.458	0.503	0.590
15	0.133	0.166	0.251	0.319	0.377	0.442	0.485	0.570
16	0.125	0.157	0.240	0.305	0.361	0.423	0.466	0.549
17	0.121	0.151	0.231	0.294	0.348	0.410	0.450	0.532
18	0.117	0.147	0.222	0.284	0.336	0.395	0.434	0.514
19	0.114	0.141	0.215	0.275	0.326	0.382	0.421	0.498
20	0.111	0.139	0.210	0.268	0.318	0.374	0.412	0.488
25	0.098	0.122	0.185	0.236	0.279	0.329	0.363	0.430
30	0.088	0.110	0.167	0.213	0.253	0.298	0.329	0.390
35	0.081	0.101	0.153	0.196	0.232	0.274	0.303	0.361
40	0.075	0.094	0.142	0.182	0.216	0.255	0.282	0.335

N	p							
	0.250	0.200	0.100	0.050	0.025	0.010	0.005	0.001
45	0.071	0.088	0.133	0.171	0.203	0.240	0.265	0.316
50	0.067	0.083	0.126	0.161	0.192	0.225	0.250	0.298
60	0.060	0.075	0.114	0.147	0.174	0.206	0.227	0.270
70	0.056	0.070	0.106	0.135	0.160	0.190	0.210	0.251
80	0.052	0.065	0.098	0.126	0.150	0.178	0.197	0.235
90	0.049	0.061	0.092	0.119	0.141	0.167	0.185	0.221

附表5　肯德尔秩相关系数概率表（$N \leqslant 10$）

N	T	P	N	T	P	N	T	P	N	T	P
4	0.000	0.625	7	0.048	0.500	9	0.000	0.540	10	0.022	0.500
	0.333	0.375		0.143	0.386		0.056	0.460		0.067	0.431
	0.667	0.167		0.238	0.281		0.111	0.381		0.111	0.364
	1.000	0.042		0.333	0.191		0.167	0.306		0.156	0.300
				0.429	0.119		0.222	0.238		0.200	0.242
5	0.000	0.592		0.524	0.068		0.278	0.179		0.244	0.190
	0.200	0.408		0.619	0.035		0.333	0.130		0.289	0.146
	0.400	0.242		0.714	0.015		0.389	0.090		0.333	0.108
	0.600	0.117		0.810	0.005		0.444	0.060		0.378	0.078
	0.800	0.042		0.905	0.001		0.500	0.038		0.422	0.054
	1.000	0.008		1.000	0.000		0.556	0.022		0.467	0.036
							0.611	0.012		0.511	0.023
6	0.067	0.500	8	0.000	0.548		0.667	0.006		0.556	0.014
	0.200	0.360		0.071	0.452		0.722	0.003		0.600	0.008
	0.333	0.235		0.143	0.360		0.778	0.001		0.644	0.005
	0.467	0.136		0.214	0.274		0.833	0.000		0.689	0.002
	0.600	0.068		0.286	0.199		0.889	0.000		0.733	0.001
	0.733	0.028		0.357	0.138		0.944	0.000		0.778	0.000
	0.867	0.008		0.429	0.089		1.000	0.000		0.822	0.000
	1.000	0.001		0.500	0.054					0.867	0.000
				0.571	0.031					0.911	0.000
				0.643	0.016					0.956	0.000
				0.714	0.007					1.000	0.000
				0.786	0.003						
				0.857	0.001						
				0.929	0.000						
				1.000	0.000						

附表 6　肯德尔秩相关系数关键值表（$N>10$）

N	p（第一行为单侧，第二行为双侧）				
	0.100	0.050	0.025	0.010	0.005
	0.200	0.100	0.050	0.020	0.010
11	0.345	0.418	0.491	0.564	0.600
12	0.303	0.394	0.455	0.545	0.576
13	0.308	0.359	0.436	0.513	0.564
14	0.275	0.363	0.407	0.473	0.516
15	0.276	0.333	0.390	0.467	0.505
16	0.250	0.317	0.383	0.433	0.483
17	0.250	0.309	0.368	0.426	0.471
18	0.242	0.294	0.346	0.412	0.451
19	0.228	0.287	0.333	0.392	0.439
20	0.221	0.274	0.326	0.379	0.421
21	0.210	0.267	0.314	0.371	0.410
22	0.195	0.253	0.295	0.344	0.378
23	0.202	0.257	0.296	0.352	0.391
24	0.196	0.246	0.290	0.341	0.377
25	0.193	0.240	0.287	0.333	0.367
26	0.188	0.237	0.280	0.329	0.360
27	0.179	0.231	0.271	0.322	0.356
28	0.180	0.228	0.265	0.312	0.344
29	0.172	0.222	0.261	0.310	0.340
30	0.172	0.218	0.255	0.301	0.333

附表 7　肯德尔和谐系数关键值表

k	p	
	N=3	
	0.05	0.01
8	0.376	0.522
9	0.333	0.469
10	0.300	0.425
12	0.250	0.359
14	0.214	0.311
15	0.200	0.291
16	0.187	0.274
18	0.166	0.245
20	0.150	0.221

k	p							
	N = 4		N = 5		N = 6		N = 7	
	0.05	0.01	0.05	0.01	0.05	0.01	0.05	0.01
3	—	—	0.716	0.840	0.660	0.780	0.624	0.737
4	0.619	0.768	0.552	0.683	0.512	0.629	0.484	0.592
5	0.501	0.644	0.449	0.571	0.417	0.524	0.395	0.491
6	0.421	0.553	0.378	0.489	0.351	0.448	0.333	0.419
8	0.318	0.429	0.287	0.379	0.267	0.347	0.253	0.324
10	0.256	0.351	0.231	0.309	0.215	0.282	0.204	0.263
15	0.171	0.240	0.155	0.211	0.145	0.193	0.137	0.179
20	0.129	0.182	0.117	0.160	0.109	0.146	0.103	0.136

附表 8　皮尔逊积矩相关系数表

df	p		df	p	
	0.05	0.01		0.05	0.01
1	0.997	0.999	19	0.433	0.549
2	0.950	0.990	20	0.423	0.537
3	0.878	0.959	21	0.413	0.526
4	0.811	0.917	22	0.404	0.515
5	0.754	0.874	23	0.396	0.505
6	0.707	0.834	24	0.388	0.496
7	0.666	0.798	25	0.381	0.487
8	0.632	0.765	26	0.374	0.479
9	0.602	0.735	27	0.367	0.471
10	0.576	0.708	28	0.361	0.463
11	0.553	0.684	29	0.355	0.456
12	0.532	0.661	30	0.349	0.449
13	0.514	0.641			
14	0.497	0.623	32	0.339	0.436
15	0.482	0.606			
16	0.468	0.590	34	0.329	0.424
17	0.456	0.575	35	0.325	0.418
18	0.444	0.561	36	0.320	0.413

df	p		df	p	
	0.05	0.01		0.05	0.01
38	0.312	0.403	80	0.217	0.283
40	0.304	0.393	85	0.211	0.275
42	0.297	0.384	90	0.205	0.267
44	0.291	0.376	95	0.200	0.260
45	0.288	0.372	100	0.195	0.254
46	0.284	0.368	125	0.174	0.228
48	0.279	0.361	150	0.159	0.208
50	0.273	0.354	175	0.148	0.193
55	0.261	0.338	200	0.138	0.181
60	0.250	0.325	300	0.113	0.148
65	0.241	0.313	400	0.098	0.128
70	0.232	0.302	500	0.088	0.115
75	0.224	0.292	1000	0.062	0.081

附表 9　t 分布关键值

df	单侧检验显著性水平					
	0.10	0.05	0.025	0.01	0.005	0.0005
	双侧检验显著性水平					
	0.20	0.10	0.05	0.02	0.01	0.001
1	3.078	6.314	12.706	31.821	63.657	636.619
2	1.886	2.920	4.303	6.965	9.925	31.598
3	1.638	2.353	3.182	4.541	5.841	12.941
4	1.533	2.132	2.776	3.747	4.604	8.610
5	1.476	2.015	2.571	3.365	4.032	6.859
6	1.440	1.943	2.447	3.143	3.707	5.959
7	1.415	1.895	2.365	2.998	3.499	5.405
8	1.397	1.860	2.306	2.896	3.355	5.041
9	1.383	1.833	2.262	2.821	3.250	4.781
10	1.372	1.812	2.228	2.764	3.169	4.587

续表

df	单侧检验显著性水平					
	0.10	0.05	0.025	0.01	0.005	0.0005
	双侧检验显著性水平					
	0.20	0.10	0.05	0.02	0.01	0.001
11	1.363	1.796	2.201	2.718	3.106	4.437
12	1.356	1.782	2.179	2.681	3.055	4.318
13	1.350	1.771	2.160	2.650	3.012	4.221
14	1.345	1.761	2.145	2.624	2.977	4.140
15	1.341	1.753	2.131	2.602	2.947	4.073
16	1.337	1.746	2.120	2.583	2.921	4.015
17	1.333	1.740	2.110	2.567	2.898	3.965
18	1.330	1.734	2.101	2.552	2.878	3.922
19	1.328	1.729	2.093	2.539	2.861	3.883
20	1.325	1.725	2.086	2.528	2.845	3.850
21	1.323	1.721	2.080	2.518	2.831	3.819
22	1.321	1.717	2.074	2.508	2.819	3.792
23	1.319	1.714	2.069	2.500	2.807	3.767
24	1.318	1.711	2.064	2.492	2.797	3.745
25	1.316	1.708	2.060	2.485	2.787	3.725
26	1.315	1.706	2.056	2.479	2.779	3.707
27	1.314	1.703	2.052	2.473	2.771	3.690
28	1.313	1.701	2.048	2.467	2.763	3.674
29	1.311	1.699	2.045	2.462	2.756	3.659
30	1.310	1.697	2.042	2.457	2.750	3.646
40	1.303	1.684	2.021	2.423	2.704	3.551
60	1.296	1.671	2.000	2.390	2.660	3.460
120	1.289	1.658	1.980	2.358	2.617	3.373
∞	1.282	1.645	1.960	2.326	2.576	3.291

附表 10　费希尔检验概率表（$N \leqslant 15$）

N	S_1	S_2	X	概率			N	S_1	S_2	X	概率		
				观察	另一方向	总和					观察	另一方向	总和
2	1	1	0	0.500	0.500	1.000	3	1	1	0	0.667	0.333	1.000
			1	0.500	0.500	1.000				1	0.333	0.000	0.333

续表

N	S_1	S_2	X	概率			N	S_1	S_2	X	概率		
				观察	另一方向	总和					观察	另一方向	总和
4	1	1	<u>0</u>	0.750	0.250	1.000	7	1	3	0	0.571	0.429	1.000
			1	0.250	0.000	0.250				1	0.429	0.000	0.429
4	1	2	<u>0</u>	0.500	0.500	1.000	7	2	2	0	0.476	0.048	0.524
			1	0.500	0.500	1.000				1	0.524	0.476	1.000
4	2	2	0	0.167	0.167	0.333				2	0.048	0.000	0.048
			1	0.833	0.833	1.000	7	2	3	0	0.286	0.143	0.429
			2	0.167	0.167	0.333				1	0.714	0.286	1.000
5	1	1	0	0.800	0.200	1.000				2	0.143	0.000	0.143
			1	0.200	0.000	0.200	7	3	3	0	0.114	0.029	0.143
5	1	2	0	0.600	0.400	1.000				1	0.629	0.371	1.000
			1	0.400	0.000	0.400				2	0.371	0.114	0.486
5	2	2	0	0.300	0.100	0.400				3	0.029	0.000	0.029
			1	0.700	0.300	1.000	8	1	1	0	0.875	0.125	1.000
			2	0.100	0.000	0.100				1	0.125	0.000	0.125
6	1	1	0	0.833	0.167	1.000	8	1	2	0	0.750	0.250	1.000
			1	0.167	0.000	0.167				1	0.250	0.000	0.250
6	1	2	0	0.667	0.333	1.000	8	1	3	<u>0</u>	0.625	0.375	1.000
			1	0.333	0.000	0.333				1	0.375	0.000	0.375
6	1	3	0	0.500	0.500	1.000	8	1	4	0	0.500	0.500	1.000
			1	0.500	0.500	1.000				1	0.500	0.500	1.000
6	2	2	0	0.400	0.067	0.467	8	2	2	0	0.536	0.464	1.000
			1	0.600	0.400	1.000				1	0.464	0.536	1.000
			2	0.067	0.000	0.067				2	0.036	0.000	0.036
6	2	3	0	0.200	0.200	0.400	8	2	3	0	0.357	0.107	0.464
			1	0.800	0.800	1.000				1	0.643	0.357	1.000
			2	0.200	0.200	0.400				2	0.107	0.000	0.107
6	3	3	0	0.050	0.050	0.100	8	2	4	0	0.214	0.214	0.429
			<u>1</u>	0.500	0.500	1.000				1	0.786	0.786	1.000
			2	0.500	0.500	1.000				2	0.214	0.214	0.429
			3	0.050	0.050	0.100	8	3	3	0	0.179	0.018	0.196
7	1	1	0	0.857	0.143	1.000				1	0.714	0.286	1.000
			1	0.143	0.000	0.143				2	0.286	0.179	0.464
7	1	2	<u>0</u>	0.714	0.286	1.000				3	0.018	0.000	0.018
			1	0.286	0.000	0.286	8	3	4	0	0.071	0.071	0.143

续表

N	S_1	S_2	X	概率 观察	概率 另一方向	概率 总和	N	S_1	S_2	X	概率 观察	概率 另一方向	概率 总和
			1	0.500	0.500	1.000				1	0.357	0.167	0.524
			2	0.500	0.500	1.000				2	0.643	0.357	1.000
			3	0.071	0.071	0.143				3	0.167	0.040	0.206
8	4	4	0	0.014	0.014	0.029				4	0.008	0.000	0.008
			1	0.243	0.243	0.486	10	1	1	0	0.900	0.100	1.000
			2	0.757	0.757	1.000				1	0.100	0.000	0.100
			3	0.243	0.243	0.486	10	1	2	0	0.800	0.200	1.000
			4	0.014	0.014	0.029				1	0.200	0.000	0.200
9	1	1	0	0.889	0.111	1.000	10	1	3	0	0.700	0.300	1.000
			1	0.111	0.000	0.111				1	0.300	0.000	0.300
9	1	2	0	0.778	0.222	1.000	10	1	4	0	0.600	0.400	1.000
			1	0.222	0.000	0.222				1	0.400	0.000	0.400
9	1	3	0	0.667	0.333	1.000	10	1	5	0	0.500	0.500	1.000
			1	0.333	0.000	0.333				1	0.500	0.500	1.000
9	1	4	0	0.556	0.444	1.000	10	2	2	0	0.622	0.378	1.000
			1	0.444	0.000	0.444				1	0.378	0.000	0.378
9	2	2	0	0.583	0.417	1.000				2	0.022	0.000	0.022
			1	0.417	0.000	0.417	10	2	3	0	0.467	0.067	0.533
			2	0.028	0.000	0.028				1	0.533	0.467	1.000
9	2	3	0	0.417	0.083	0.500				2	0.067	0.000	0.067
			1	0.583	0.417	1.000	10	2	4	0	0.333	0.133	0.467
			2	0.083	0.000	0.083				1	0.667	0.333	1.000
9	2	4	0	0.278	0.167	0.444				2	0.133	0.000	0.133
			1	0.722	0.278	1.000	10	2	5	0	0.222	0.222	0.444
			2	0.167	0.000	0.167				1	0.778	0.778	1.000
9	3	3	0	0.238	0.226	0.464				2	0.222	0.222	0.444
			1	0.774	0.774	1.000	10	3	3	0	0.292	0.183	0.475
			2	0.226	0.238	0.464				1	0.708	0.292	1.000
			3	0.012	0.000	0.012				2	0.183	0.000	0.183
9	3	4	0	0.119	0.048	0.167				3	0.008	0.000	0.008
			1	0.595	0.450	1.000	10	3	4	0	0.167	0.033	0.200
			2	0.405	0.119	0.524				1	0.667	0.333	1.000
			3	0.048	0.000	0.048				2	0.333	0.167	0.500
9	4	4	0	0.040	0.008	0.048				3	0.033	0.000	0.033

N	S_1	S_2	X	概率 观察	概率 另一方向	概率 总和	N	S_1	S_2	X	概率 观察	概率 另一方向	概率 总和
10	3	5	0	0.083	0.083	0.167				1	0.491	0.509	1.000
			1	0.500	0.500	1.000				2	0.055	0.000	0.055
			2	0.500	0.500	1.000	11	2	4	0	0.382	0.109	0.491
			3	0.083	0.083	0.167				1	0.618	0.382	1.000
10	4	4	0	0.071	0.005	0.076				2	0.109	0.000	0.109
			1	0.452	0.119	0.571	11	2	5	0	0.273	0.182	0.455
			2	0.548	0.452	1.000				1	0.727	0.273	1.000
			3	0.119	0.071	0.190				2	0.182	0.000	0.182
			4	0.005	0.000	0.005	11	3	3	0	0.339	0.152	0.491
10	4	5	0	0.024	0.024	0.048				1	0.661	0.339	1.000
			1	0.262	0.262	0.524				2	0.152	0.000	0.152
			2	0.738	0.738	1.000				3	0.006	0.000	0.006
			3	0.262	0.262	0.524	11	3	4	0	0.212	0.024	0.236
			4	0.024	0.024	0.048				1	0.721	0.279	1.000
10	5	5	0	0.004	0.004	0.008				2	0.279	0.212	0.491
			1	0.103	0.103	0.206				3	0.024	0.000	0.024
			2	0.500	0.500	1.000	11	3	5	0	0.121	0.061	0.182
			3	0.500	0.500	1.000				1	0.576	0.424	1.000
			4	0.103	0.103	0.206				2	0.424	0.121	0.545
			5	0.004	0.004	0.008				3	0.061	0.000	0.061
11	1	1	0	0.909	0.091	1.000	11	4	4	0	0.106	0.088	0.194
			1	0.091	0.000	0.091				1	0.530	0.470	1.000
11	1	2	0	0.818	0.182	1.000				2	0.470	0.106	0.576
			1	0.182	0.000	0.182				3	0.088	0.000	0.088
11	1	3	0	0.727	0.273	1.000				4	0.003	0.000	0.003
			1	0.273	0.000	0.273	11	4	5	0	0.045	0.015	0.061
11	1	4	0	0.636	0.364	1.000				1	0.348	0.197	0.545
			1	0.364	0.000	0.364				2	0.652	0.348	1.000
11	1	5	0	0.545	0.455	1.000				3	0.197	0.045	0.242
			1	0.455	0.000	0.455				4	0.015	0.000	0.015
11	2	2	0	0.655	0.345	1.000	11	5	5	0	0.013	0.002	0.015
			1	0.345	0.000	0.345				1	0.175	0.067	0.242
			2	0.018	0.000	0.018				2	0.608	0.392	1.000
11	2	3	0	0.509	0.055	0.564				3	0.392	0.175	0.567

N	S_1	S_2	X	概率			N	S_1	S_2	X	概率		
				观察	另一方向	总和					观察	另一方向	总和
			4	0.067	0.013	0.080				1	0.764	0.764	1.000
			5	0.002	0.000	0.002				2	0.236	0.255	0.491
12	1	1	0	0.917	0.083	1.000				3	0.018	0.000	0.018
			1	0.083	0.000	0.083	12	3	5	0	0.159	0.045	0.205
12	1	2	0	0.833	0.167	1.000				1	0.636	0.364	1.000
			1	0.167	0.000	0.167				2	0.364	0.159	0.523
12	1	3	0	0.750	0.250	1.000				3	0.045	0.000	0.045
			1	0.250	0.000	0.250	12	3	6	0	0.091	0.091	0.182
12	1	4	0	0.667	0.333	1.000				1	0.500	0.500	1.000
			1	0.333	0.000	0.333				2	0.500	0.500	1.000
12	1	5	0	0.583	0.417	1.000				3	0.091	0.091	0.182
			1	0.417	0.000	0.417	12	4	4	0	0.141	0.067	0.208
12	1	6	0	0.500	0.500	1.000				1	0.594	0.406	1.000
			1	0.500	0.500	1.000				2	0.406	0.141	0.547
12	2	2	0	0.682	0.318	1.000				3	0.067	0.000	0.067
			1	0.318	0.000	0.318				4	0.002	0.000	0.002
			2	0.015	0.000	0.015	12	4	5	0	0.071	0.010	0.081
12	2	3	0	0.545	0.455	1.000				1	0.424	0.152	0.576
			1	0.455	0.545	1.000				2	0.576	0.424	1.000
			2	0.045	0.000	0.045				3	0.152	0.071	0.222
12	2	4	0	0.424	0.091	0.515				4	0.010	0.000	0.010
			1	0.576	0.424	1.000	12	4	6	0	0.030	0.030	0.061
			2	0.091	0.000	0.091				1	0.273	0.273	0.545
12	2	5	0	0.318	0.152	0.470				2	0.727	0.727	1.000
			1	0.682	0.318	1.000				3	0.273	0.273	0.545
			2	0.152	0.000	0.152				4	0.030	0.030	0.061
12	2	6	0	0.227	0.227	0.455	12	5	5	0	0.027	0.001	0.028
			1	0.773	0.773	1.000				1	0.247	0.045	0.293
			2	0.227	0.227	0.455				2	0.689	0.311	1.000
12	3	3	0	0.382	0.127	0.509				3	0.311	0.247	0.558
			1	0.618	0.382	1.000				4	0.045	0.027	0.072
			2	0.127	0.000	0.127				5	0.001	0.000	0.001
			3	0.005	0.000	0.005	12	5	6	0	0.008	0.008	0.015
12	3	4	0	0.255	0.236	0.491				1	0.121	0.121	0.242

N	S_1	S_2	X	概率			N	S_1	S_2	X	概率		
				观察	另一方向	总和					观察	另一方向	总和
			2	0.500	0.500	1.000				2	0.128	0.000	128
			3	0.500	0.500	1.000	13	2	6	0	0.269	0.192	0.462
			4	0.121	0.121	0.242				1	0.731	0.269	1.000
			5	0.008	0.008	0.015				2	0.192	0.000	0.192
12	6	6	0	0.001	0.001	0.002	13	3	3	0	0.420	0.108	0.528
			1	0.040	0.040	0.080				1	0.580	0.420	1.000
			2	0.284	0.284	0.567				2	0.108	0.000	0.108
			3	0.716	0.716	1.000				3	0.003	0.000	0.003
			4	0.284	0.284	0.567	13	3	4	0	0.294	0.203	0.497
			5	0.040	0.040	0.080				1	0.706	0.294	1.000
			6	0.001	0.001	0.002				2	0.203	0.000	0.203
13	1	1	0	0.923	0.077	1.000				3	0.014	0.000	0.014
			1	0.077	0.000	0.077	13	3	5	0	0.196	0.035	0.231
13	1	2	0	0.846	0.154	1.000				1	0.685	0.315	1.000
			1	0.154	0.000	0.154				2	0.315	0.196	0.510
13	1	3	0	0.769	0.231	1.000				3	0.035	0.000	0.035
			1	0.231	0.000	0.231	13	3	6	0	0.122	0.070	0.192
13	1	4	0	0.692	0.308	1.000				1	0.563	0.437	1.000
			1	0.308	0.000	0.308				2	0.437	0.122	0.559
13	1	5	0	0.615	0.385	1.000				3	0.070	0.000	0.070
			1	0.385	0.000	0.385	13	4	4	0	0.176	0.052	0.228
13	1	6	0	0.538	0.462	1.000				1	0.646	0.354	1.000
			1	0.462	0.000	0.462				2	0.354	0.176	0.530
13	2	2	0	0.705	0.295	1.000				3	0.052	0.000	0.052
			1	0.295	0.000	0.295				4	0.001	0.000	0.001
			2	0.013	0.000	0.013	13	4	5	0	0.098	0.007	0.105
13	2	3	0	0.577	0.423	1.000				1	0.490	0.119	0.608
			1	0.423	0.000	0.423				2	0.510	0.490	1.000
			2	0.038	0.000	0.038				3	0.119	0.098	0.217
13	2	4	0	0.462	0.077	0.538				4	0.007	0.000	0.007
			1	0.538	0.462	1.000	13	4	6	0	0.049	0.021	0.070
			2	0.077	0.000	0.077				1	0.343	0.217	0.559
13	2	5	0	0.359	0.128	0.487				2	0.657	0.343	1.000
			1	0.641	0.359	1.000				3	0.217	0.049	0.266

N	S_1	S_2	X	概率 观察	概率 另一方向	概率 总和	N	S_1	S_2	X	概率 观察	概率 另一方向	概率 总和
			4	0.021	0.000	0.021	14	2	2	0	0.725	0.275	1.000
13	5	5	0	0.044	0.032	0.075				1	0.275	0.000	0.275
			1	0.315	0.249	0.565				2	0.011	0.000	0.011
			2	0.685	0.315	1.000	14	2	3	0	0.604	0.396	1.000
			3	0.249	0.044	0.293				1	0.396	0.000	0.396
			4	0.032	0.000	0.032				2	0.033	0.000	0.033
			5	0.001	0.000	0.001	14	2	4	0	0.495	0.066	0.560
13	5	6	0	0.016	0.005	0.021				1	0.505	0.495	1.000
			1	0.179	0.086	0.266				2	0.066	0.000	0.066
			2	0.587	0.413	1.000	14	2	5	0	0.396	0.110	0.505
			3	0.413	0.179	0.592				1	0.604	0.396	1.000
			4	0.086	0.016	0.103				2	0.110	0.000	0.110
			5	0.005	0.000	0.005	14	2	6	0	0.308	0.165	0.473
13	6	6	0	0.004	0.001	0.005				1	0.692	0.308	1.000
			1	0.078	0.025	0.103				2	0.165	0.000	0.165
			2	0.383	0.209	0.592	14	2	7	0	0.231	0.231	0.462
			3	0.617	0.383	1.000				1	0.769	0.769	1.000
			4	0.209	0.078	0.286				2	0.231	0.231	0.462
			5	0.025	0.004	0.029	14	3	3	0	0.453	0.093	0.547
			6	0.001	0.000	0.001				1	0.547	0.453	1.000
14	1	1	0	0.929	0.071	1.000				2	0.093	0.000	0.093
			1	0.071	0.000	0.071				3	0.003	0.000	0.003
14	1	2	0	0.857	0.143	1.000	14	3	4	0	0.330	0.176	0.505
			1	0.143	0.000	0.143				1	0.670	0.330	1.000
14	1	3	0	0.786	0.214	1.000				2	0.176	0.000	0.176
			1	0.214	0.000	0.214				3	0.011	0.000	0.011
14	1	4	0	0.714	0.286	1.000	14	3	5	0	0.231	0.027	0.258
			1	0.286	0.000	0.286				1	0.725	0.275	1.000
14	1	5	0	0.643	0.357	1.000				2	0.275	0.231	0.505
			1	0.357	0.000	0.357				3	0.027	0.000	0.027
14	1	6	0	0.571	0.429	1.000	14	3	6	0	0.154	0.055	0.209
			1	0.429	0.000	0.429				1	0.615	0.385	1.000
14	1	7	0	0.500	0.500	1.000				2	0.385	0.154	0.538
			1	0.500	0.500	1.000				3	0.055	0.000	0.055

N	S_1	S_2	X	概率观察	概率另一方向	概率总和	N	S_1	S_2	X	概率观察	概率另一方向	概率总和
14	3	7	0	0.096	0.096	0.192				4	0.063	0.028	0.091
			1	0.500	0.500	1.000				5	0.003	0.000	0.003
			2	0.500	0.500	1.000	14	5	7	0	0.010	0.010	0.021
			3	0.096	0.096	0.192				1	0.133	0.133	0.266
14	4	4	0	0.210	0.041	0.251				2	0.500	0.500	1.000
			1	0.689	0.311	1.000				3	0.500	0.500	1.000
			2	0.311	0.210	0.520				4	0.133	0.133	0.266
			3	0.041	0.000	0.041				5	0.010	0.010	0.021
			4	0.001	0.000	0.001	14	6	6	0	0.009	0.000	0.010
14	4	5	0	0.126	0.095	0.221				1	0.121	0.016	0.138
			1	0.545	0.455	1.000				2	0.471	0.156	0.627
			2	0.455	0.126	0.580				3	0.529	0.471	1.000
			3	0.095	0.000	0.095				4	0.156	0.121	0.277
			4	0.005	0.000	0.005				5	0.016	0.009	0.026
14	4	6	0	0.070	0.015	0.085				6	0.000	0.000	0.000
			1	0.406	0.175	0.580	14	6	7	0	0.002	0.002	0.005
			2	0.594	0.406	1.000				1	0.051	0.051	0.103
			3	0.175	0.070	0.245				2	0.296	0.296	0.592
			4	0.015	0.000	0.015				3	0.704	0.704	1.000
14	4	7	0	0.035	0.035	0.070				4	0.296	0.296	0.592
			1	0.280	0.280	0.559				5	0.051	0.051	0.103
			2	0.720	0.720	1.000				6	0.002	0.002	0.005
			3	0.280	0.280	0.559	14	7	7	0	0.000	0.000	0.001
			4	0.035	0.035	0.070				1	0.015	0.015	0.029
14	5	5	0	0.063	0.023	0.086				2	0.143	0.143	0.286
			1	0.378	0.203	0.580				3	0.500	0.500	1.000
			2	0.622	0.378	1.000				4	0.500	0.500	1.000
			3	0.203	0.063	0.266				5	0.143	0.143	0.286
			4	0.023	0.000	0.023				6	0.015	0.015	0.029
			5	0.000	0.000	0.000				7	0.000	0.000	0.001
14	5	6	0	0.028	0.003	0.031	15	1	1	0	0.933	0.067	1.000
			1	0.238	0.063	0.301				1	0.067	0.000	0.067
			2	0.657	0.343	1.000	15	1	2	0	0.867	0.133	1.000
			3	0.343	0.238	0.580				1	0.133	0.000	0.133

续表

N	S_1	S_2	X	观察	另一方向	总和
15	1	3	0	0.800	0.200	1.000
			1	0.200	0.000	0.200
15	1	4	0	0.733	0.267	1.000
			1	0.267	0.000	0.267
15	1	5	0	0.667	0.333	1.000
			1	0.333	0.000	0.333
15	1	6	0	0.600	0.400	1.000
			1	0.400	0.000	0.400
15	1	7	0	0.533	0.467	1.000
			1	0.467	0.000	0.467
15	2	2	0	0.743	0.257	1.000
			1	0.257	0.000	0.257
			2	0.010	0.000	0.010
15	2	3	0	0.629	0.371	1.000
			1	0.371	0.000	0.371
			2	0.029	0.000	0.029
15	2	4	0	0.524	0.057	0.581
			1	0.476	0.524	1.000
			2	0.057	0.000	0.057
15	2	5	0	0.429	0.095	0.524
			1	0.571	0.429	1.000
			2	0.095	0.000	0.095
15	2	6	0	0.343	0.143	0.486
			1	0.657	0.343	1.000
			2	0.143	0.000	0.143
15	2	7	0	0.267	0.200	0.467
			1	0.733	0.267	1.000
			2	0.200	0.000	0.200
15	3	3	0	0.484	0.081	0.565
			1	0.516	0.484	1.000
			2	0.081	0.000	0.081
			3	0.002	0.000	0.002
15	3	4	0	0.363	0.154	0.516
			1	0.637	0.363	1.000
			2	0.154	0.000	0.154
			3	0.009	0.000	0.009
15	3	5	0	0.264	0.242	0.505
			1	0.758	0.758	1.000
			2	0.242	0.264	0.505
			3	0.022	0.000	0.022
15	3	6	0	0.185	0.044	0.229
			1	0.659	0.341	1.000
			2	0.341	0.185	0.525
			3	0.044	0.000	0.044
15	3	7	0	0.123	0.077	0.200
			1	0.554	0.446	1.000
			2	0.446	0.123	0.569
			3	0.077	0.000	0.077
15	4	4	0	0.242	0.033	0.275
			1	0.725	0.275	1.000
			2	0.275	0.242	0.516
			3	0.033	0.000	0.033
			4	0.001	0.000	0.001
15	4	5	0	0.154	0.077	0.231
			1	0.593	0.407	1.000
			2	0.407	0.154	0.560
			3	0.077	0.000	0.077
			4	0.004	0.000	0.004
15	4	6	0	0.092	0.011	0.103
			1	0.462	0.143	0.604
			2	0.538	0.462	1.000
			3	0.143	0.092	0.235
			4	0.011	0.000	0.011
15	4	7	0	0.051	0.026	0.077
			1	0.338	0.231	0.569
			2	0.662	0.338	1.000
			3	0.231	0.051	0.282
			4	0.026	0.000	0.026

N	S_1	S_2	X	概率			N	S_1	S_2	X	概率		
				观察	另一方向	总和					观察	另一方向	总和
15	5	5	0	0.084	0.017	0.101				2	0.545	0.455	1.000
			1	0.434	0.167	0.600				3	0.455	0.168	0.622
			2	0.566	0.434	1.000				4	0.119	0.017	0.136
			3	0.167	0.084	0.251				5	0.011	0.000	0.011
			4	0.017	0.000	0.017				6	0.000	0.000	0.000
			5	0.000	0.000	0.000	15	6	7	0	0.006	0.001	0.007
15	5	6	0	0.042	0.047	0.089				1	0.084	0.035	0.119
			1	0.294	0.287	0.580				2	0.378	0.231	0.608
			2	0.713	0.713	1.000				3	0.622	0.378	1.000
			3	0.287	0.294	0.580				4	0.231	0.084	0.315
			4	0.047	0.042	0.089				5	0.035	0.006	0.041
			5	0.002	0.000	0.002				6	0.001	0.000	0.001
15	5	7	0	0.019	0.007	0.026	15	7	7	0	0.001	0.000	0.001
			1	0.182	0.100	0.282				1	0.032	0.009	0.041
			2	0.573	0.427	1.000				2	0.214	0.100	0.315
			3	0.427	0.182	0.608				3	0.595	0.405	1.000
			4	0.100	0.019	0.119				4	0.405	0.214	0.619
			5	0.007	0.000	0.007				5	0.100	0.032	0.132
15	6	6	0	0.017	0.011	0.028				6	0.009	0.001	0.010
			1	0.168	0.119	0.287				7	0.000	0.000	0.000

注：N 是总样本量，S_1 是最小的边缘总和，S_2 是其次小的边缘总和，X 是对应两个最小总和的方格中的频率。关于该表的使用方法见 7.4 节末。

附表 11　科尔莫戈罗夫-斯米尔诺夫（K-S）单样本检验 D 的关键值

样本量 N	$D = \max \vert F_0(X) - S_N(X) \vert$ 的显著性水平 p				
	0.20	0.15	0.10	0.05	0.01
1	0.900	0.925	0.950	0.975	0.995
2	0.684	0.726	0.776	0.842	0.929
3	0.565	0.597	0.642	0.708	0.828
4	0.494	0.525	0.564	0.624	0.733
5	0.446	0.474	0.510	0.565	0.669
6	0.410	0.436	0.470	0.521	0.618
7	0.381	0.405	0.438	0.486	0.577
8	0.358	0.381	0.411	0.457	0.543

续表

样本量 N	$D = \max\|F_s(X) - S_N(X)\|$ 的显著性水平 p				
	0.20	0.15	0.10	0.05	0.01
9	0.339	0.360	0.388	0.432	0.514
10	0.322	0.342	0.368	0.410	0.490
11	0.307	0.326	0.352	0.391	0.468
12	0.295	0.313	0.338	0.375	0.450
13	0.284	0.302	0.325	0.361	0.433
14	0.274	0.292	0.314	0.349	0.418
15	0.266	0.283	0.304	0.338	0.404
16	0.258	0.274	0.295	0.328	0.392
17	0.250	0.266	0.286	0.318	0.381
18	0.244	0.259	0.278	0.309	0.371
19	0.237	0.252	0.272	0.301	0.363
20	0.231	0.246	0.264	0.294	0.356
25	0.21	0.22	0.24	0.27	0.32
30	0.19	0.20	0.22	0.24	0.29
35	0.18	0.19	0.21	0.23	0.27
大于 35	$\dfrac{1.07}{\sqrt{N}}$	$\dfrac{1.14}{\sqrt{N}}$	$\dfrac{1.22}{\sqrt{N}}$	$\dfrac{1.36}{\sqrt{N}}$	$\dfrac{1.63}{\sqrt{N}}$

附表 12　科尔莫戈罗夫-斯米尔诺夫（K-S）双样本（双侧）检验关键值

n	m																								
	1	2	3	4	5	6	7	8	9	10	11	12	13	14	15	16	17	18	19	20	21	22	23	24	25
1																			19	20	21	22	34	24	25
2					10	12	14	16	18	18	20	22	24	24	26	28	30	32	32	34	36	38	38	40	42
								16	18	20	22	24	26	26	28	30	32	34	36	38	38	40	42	44	46
																			38	40	42	44	46	48	50
3			9	12	15	15	18	21	21	24	27	27	30	33	33	36	36	39	42	42	45	48	48	51	54
					15	18	21	21	24	27	30	30	33	36	36	39	42	45	45	48	51	51	54	57	60
									27	30	33	36	39	42	42	45	48	51	54	57	57	60	63	66	69
4			12	16	16	18	21	24	27	28	29	36	35	38	40	44	44	46	49	52	52	56	57	60	63
				16	20	20	24	28	28	30	33	36	39	42	44	48	48	50	53	60	59	62	64	68	68
						24	28	32	36	36	40	44	48	48	52	56	60	60	64	68	72	72	76	80	84

续表

n	\	1	2	3	4	5	6	7	8	9	10	11	12	13	14	15	16	17	18	19	20	21	22	23	24	25
			10	15	16	20	24	25	27	30	35	35	36	40	42	50	48	50	52	56	60	60	63	65	67	75
5				15	20	25	24	28	30	35	40	39	43	45	46	55	54	55	60	61	65	69	70	72	76	80
						25	*30*	*35*	*35*	*40*	*45*	*45*	*50*	*52*	*56*	*60*	*64*	*68*	*70*	*71*	*80*	*80*	*83*	*87*	*90*	*95*
			12	15	18	24	30	28	30	33	36	38	48	46	48	51	54	56	66	64	66	69	70	73	78	78
6				18	20	24	30	30	34	39	40	43	48	52	54	57	60	62	72	70	72	75	78	80	90	88
					24	*30*	*36*	*36*	*40*	*45*	*48*	*54*	*60*	*60*	*64*	*69*	*72*	*73*	*84*	*83*	*88*	*90*	*92*	*97*	*102*	*107*
			14	18	21	25	28	35	34	36	40	44	46	50	56	56	59	61	65	69	72	77	77	80	84	86
7				21	24	28	30	42	40	42	46	48	53	56	63	62	64	68	72	76	79	91	84	89	92	97
					28	*35*	*36*	*42*	*48*	*49*	*53*	*59*	*60*	*65*	*77*	*75*	*77*	*84*	*87*	*91*	*93*	*105*	*103*	*108*	*112*	*115*
			16	21	24	27	30	34	40	40	44	48	52	54	58	60	72	68	72	74	80	81	84	89	96	95
8			16	21	28	30	34	40	48	46	48	53	60	62	64	67	80	77	80	82	88	89	94	98	104	104
					32	*35*	*40*	*48*	*56*	*55*	*60*	*64*	*68*	*72*	*76*	*81*	*88*	*88*	*94*	*98*	*104*	*107*	*112*	*115*	*128*	*125*
			18	21	27	30	33	36	40	54	50	52	57	59	63	69	69	74	81	80	84	90	91	94	99	101
9			18	24	28	35	39	42	46	54	53	59	63	65	70	75	78	82	90	89	93	99	101	106	111	114
				27	*36*	*40*	*45*	*49*	*55*	*63*	*63*	*70*	*75*	*78*	*84*	*90*	*94*	*99*	*108*	*107*	*111*	*117*	*122*	*126*	*132*	*135*
			18	24	28	35	36	40	44	50	60	57	60	64	68	75	76	79	82	85	100	95	98	101	106	110
10			20	27	30	40	40	46	48	53	70	60	66	70	74	80	84	89	92	94	110	105	108	114	118	125
				30	*36*	*45*	*48*	*53*	*60*	*63*	*80*	*77*	*80*	*84*	*90*	*100*	*100*	*106*	*108*	*113*	*130*	*126*	*130*	*137*	*140*	*150*
			20	27	29	35	38	44	48	52	57	66	64	67	73	76	80	85	88	92	96	101	110	108	111	117
11			22	30	33	39	43	48	53	59	60	77	72	75	82	84	89	93	97	102	107	112	121	119	124	129
				33	*40*	*45*	*54*	*59*	*64*	*70*	*77*	*88*	*86*	*91*	*96*	*102*	*106*	*110*	*118*	*122*	*127*	*134*	*143*	*142*	*150*	*154*
			22	27	36	36	48	46	52	57	60	64	72	71	78	84	88	90	96	99	104	108	110	113	132	120
12			24	30	36	43	48	53	60	63	66	72	84	81	86	93	96	100	108	108	116	120	124	125	144	138
				36	*44*	*50*	*60*	*60*	*68*	*75*	*80*	*86*	*96*	*95*	*104*	*108*	*116*	*119*	*126*	*130*	*140*	*141*	*148*	*149*	*168*	*165*
			24	30	35	40	46	50	54	59	64	67	71	91	78	87	91	96	99	104	108	113	117	120	125	131
13			26	33	39	45	52	56	62	65	70	75	81	91	89	96	101	105	110	114	120	126	130	135	140	145
				39	*48*	*52*	*60*	*65*	*72*	*78*	*84*	*91*	*95*	*117*	*104*	*115*	*121*	*127*	*131*	*138*	*143*	*150*	*156*	*161*	*166*	*172*

续表

m（列 1–25）

n	1	2	3	4	5	6	7	8	9	10	11	12	13	14	15	16	17	18	19	20	21	22	23	24	25
14		24	33	38	42	48	56	58	63	68	73	78	78	98	92	96	100	104	110	114	126	124	127	132	136
		26	36	42	46	54	63	64	70	74	82	86	89	112	98	106	111	116	121	126	140	138	142	146	150
			42	48	56	64	77	76	84	90	96	104	104	126	123	126	134	140	148	152	161	164	170	176	182
15		26	33	40	50	51	56	60	69	75	76	84	87	92	105	101	105	111	114	125	126	130	134	141	145
		28	36	44	55	57	62	67	75	80	84	93	96	98	120	114	116	123	127	135	138	144	149	156	160
			42	52	60	69	75	81	90	100	102	108	115	123	135	133	142	147	152	160	168	173	179	186	195
16		28	36	44	48	54	59	72	69	76	80	88	91	96	101	112	109	116	120	128	130	136	141	152	149
		30	39	48	54	60	64	80	78	84	89	96	101	106	114	128	124	128	133	140	145	150	157	168	167
			45	56	64	72	77	88	94	100	106	116	121	126	133	160	143	154	160	168	173	180	187	200	199
17		30	36	44	50	56	61	68	74	79	85	90	96	100	105	109	136	118	126	132	136	142	146	151	156
		32	42	48	55	62	68	77	82	89	93	100	105	111	116	124	136	133	141	146	151	157	163	168	173
			48	60	68	73	84	88	99	106	110	119	127	134	142	143	170	164	166	175	180	187	196	203	207
18		32	39	46	52	66	65	72	81	82	88	96	99	104	111	116	118	144	133	136	144	148	152	162	162
		34	45	50	60	72	72	80	90	92	97	108	110	116	123	128	133	162	142	152	159	164	170	180	180
			51	60	70	84	87	94	108	108	118	126	131	140	147	154	164	180	176	182	189	196	204	216	216
19	19	32	42	49	56	64	69	74	80	85	92	99	104	110	114	120	126	133	152	144	147	152	159	164	168
		36	45	53	61	70	76	82	89	94	102	108	114	121	127	133	141	142	171	160	163	169	177	183	187
		38	54	64	71	83	91	98	107	113	122	130	138	148	152	160	166	176	190	187	199	204	209	218	224
20	20	34	42	52	60	66	72	80	84	100	96	104	108	114	125	128	132	136	144	160	154	160	164	172	180
		38	48	60	65	72	79	88	93	110	107	116	120	126	135	140	146	152	160	180	173	176	184	192	200
		40	57	68	80	88	93	104	111	130	127	140	143	152	160	168	175	182	187	220	199	212	219	228	235
21	21	36	45	52	60	69	77	81	90	95	101	108	113	126	126	130	136	144	147	154	168	163	171	177	182
		38	51	59	69	75	91	89	99	105	112	120	126	140	138	145	151	159	163	173	189	183	189	198	202
		42	57	72	80	90	105	107	117	126	134	141	150	161	168	173	180	189	199	199	231	223	227	237	244
22	22	38	48	56	63	70	77	84	91	98	110	110	117	124	130	136	142	148	152	160	163	198	173	182	189
		40	51	62	70	78	84	94	101	108	121	124	130	138	144	150	157	164	169	176	183	198	194	204	209
		44	60	72	83	92	103	112	122	130	143	148	156	164	173	180	187	196	204	212	223	242	237	242	250

续表

n	m																								
	1	2	3	4	5	6	7	8	9	10	11	12	13	14	15	16	17	18	19	20	21	22	23	24	25
23	**38**	**48**	**57**	**65**	**73**	**80**	**89**	**94**	**101**	**108**	**113**	**120**	**127**	**134**	**141**	**146**	**152**	**159**	**164**	**171**	**173**	**207**	**183**	**195**	
	42	54	64	72	80	89	98	106	114	119	125	135	142	149	157	163	170	177	184	189	194	230	205	216	
	46	*63*	*76*	*87*	*97*	*108*	*115*	*126*	*137*	*142*	*149*	*161*	*170*	*179*	*187*	*196*	*204*	*209*	*219*	*227*	*237*	*253*	*249*	*262*	
24	**40**	**51**	**60**	**67**	**78**	**84**	**96**	**99**	**106**	**111**	**132**	**125**	**132**	**141**	**152**	**151**	**162**	**164**	**172**	**177**	**182**	**183**	**216**	**204**	
	44	57	68	76	90	92	104	111	118	124	144	140	146	156	168	168	180	183	192	198	204	205	240	225	
	48	*66*	*80*	*90*	*102*	*112*	*128*	*132*	*140*	*150*	*168*	*166*	*176*	*186*	*200*	*203*	*216*	*218*	*228*	*237*	*242*	*249*	*288*	*262*	
25	**42**	**54**	**63**	**75**	**78**	**86**	**95**	**101**	**110**	**117**	**120**	**131**	**136**	**145**	**149**	**156**	**162**	**168**	**180**	**182**	**189**	**195**	**204**	**225**	
	46	60	68	80	88	97	104	114	125	129	138	145	150	157	167	173	180	187	200	202	209	216	225	250	
	50	*69*	*84*	*95*	*107*	*115*	*125*	*135*	*150*	*154*	*165*	*172*	*182*	*195*	*199*	*207*	*216*	*224*	*235*	*244*	*250*	*262*	*262*	*300*	

注：对应每个 n 值，表中数据分上、中、下 3 行，用不同字体（黑体、普通字体和斜体）表示。黑体数据对应的显著性水平 $p=0.10$，普通字体对应 $p=0.05$，斜体对应 $p=0.01$（双侧）。

附表 13　科尔莫戈罗夫-斯米尔诺夫双样本（双侧）检验关键值

显著性水平	在相应显著性水平上拒绝零假设的 $D_{m,n}$ 最小值 $D_{m,n}=\lvert S_m(X)-S_n(X)\rvert$
0.10	$D_{m,n(\min)}=1.22\sqrt{\dfrac{m+n}{mn}}$
0.05	$D_{m,n(\min)}=1.36\sqrt{\dfrac{m+n}{mn}}$
0.025	$D_{m,n(\min)}=1.48\sqrt{\dfrac{m+n}{mn}}$
0.01	$D_{m,n(\min)}=1.63\sqrt{\dfrac{m+n}{mn}}$
0.005	$D_{m,n(\min)}=1.73\sqrt{\dfrac{m+n}{mn}}$
0.001	$D_{m,n(\min)}=1.95\sqrt{\dfrac{m+n}{mn}}$

附表 14　威尔科克森-曼-惠特尼秩和值

$m = 3$

c_u	$n=3$	c_u	$n=4$	c_u	$n=5$	c_u	$n=6$	c_u	$n=7$	c_u	$n=8$	c_u	$n=9$	c_u	$n=10$	c_u	$n=11$	c_u	$n=12$	c_u
6	0.05000	15	0.0286	18	0.0179	21	0.0119	24	0.0083	27	0.0061	30	0.0045	33	0.0035	36	0.0027	39	0.0022	42
7	0.10000	14	0.0571	17	0.0357	20	0.0238	23	0.0167	26	0.0121	29	0.0091	32	0.0070	35	0.0055	38	0.0044	41
8	0.20000	13	0.1143	16	0.0714	19	0.0476	22	0.0333	25	0.0242	28	0.0182	31	0.0140	34	0.0110	37	0.0088	40
9	0.35000	12	0.2000	15	0.1250	18	0.0833	21	0.0583	24	0.0424	27	0.0318	30	0.0245	33	0.0192	36	0.0154	39
10	0.50000	11	0.3143	14	0.1964	17	0.1310	20	0.0917	23	0.0667	26	0.0500	29	0.0385	32	0.0302	35	0.0242	38
11	0.65000	10	0.4286	13	0.2857	16	0.1905	19	0.1333	22	0.0970	25	0.0727	28	0.0559	31	0.0440	34	0.0352	37
12	0.80000	9	0.5714	12	0.3929	15	0.2738	18	0.1917	21	0.1394	24	0.1045	27	0.0804	30	0.0632	33	0.0505	36
13	0.90000	8	0.6857	11	0.5000	14	0.3571	17	0.2583	20	0.1879	23	0.1409	26	0.1084	29	0.0852	32	0.0681	35
14	0.95000	7	0.8000	10	0.6071	13	0.4524	16	0.3333	19	0.2485	22	0.1864	25	0.1434	28	0.1126	31	0.0901	34
15	1.00000	6	0.8857	9	0.7143	12	0.5476	15	0.4167	18	0.3152	21	0.2409	24	0.1853	27	0.1456	30	0.1165	33
16			0.9429	8	0.8036	11	0.6429	14	0.5000	17	0.3879	20	0.3000	23	0.2343	26	0.1841	29	0.1473	32
17			0.9714	7	0.8750	10	0.7262	13	0.5833	16	0.4606	19	0.3636	22	0.2867	25	0.2280	28	0.1824	31
18			1.0000	6	0.9286	9	0.8095	12	0.6667	15	0.5394	18	0.4318	21	0.3462	24	0.2775	27	0.2242	30
19						0.9643	8	0.8690	11	0.7417	14	0.6121	17	0.5000	20	0.4056	23	0.3297	26	0.2681	29
20						0.9821	7	0.9167	10	0.8083	13	0.6848	16	0.5682	19	0.4685	22	0.3846	25	0.3165	28
21						1.000	6	0.9524	9	0.8667	12	0.7515	15	0.6364	18	0.5315	21	0.4423	24	0.3670	27
22								0.9762	8	0.9083	11	0.8121	14	0.7000	17	0.5944	20	0.5000	23	0.4198	26
23								0.9881	7	0.9417	10	0.8606	13	0.7591	16	0.6538	19	0.5577	22	0.4725	25
24								1.0000	6	0.9667	9	0.9030	12	0.8136	15	0.7133	18	0.6154	21	0.5275	24

续表

$m = 4$

c_u	$n=4$	c_u	$n=5$	c_u	$n=6$	c_u	$n=7$	c_u	$n=8$	c_u	$n=9$	c_u	$n=10$	c_u	$n=11$	c_u	$n=12$	c_u
10	0.014 3	26	0.007 9	30	0.004 8	34	0.003 0	38	0.002 0	42	0.001 4	46	0.001 0	50	0.000 7	54	0.000 5	58
11	0.028 6	25	0.015 9	29	0.009 5	33	0.006 1	37	0.004 0	41	0.002 8	45	0.002 0	49	0.001 5	53	0.001 1	57
12	0.057 1	24	0.031 7	28	0.019 0	32	0.012 1	36	0.008 1	40	0.005 6	44	0.004 0	48	0.002 9	52	0.002 2	56
13	0.100 0	23	0.055 6	27	0.033 3	31	0.021 2	35	0.014 1	39	0.009 8	43	0.007 0	47	0.005 1	51	0.003 8	55
14	0.171 4	22	0.095 2	26	0.057 1	30	0.036 4	34	0.024 2	38	0.016 8	42	0.012 0	46	0.008 8	50	0.006 6	54
15	0.242 9	21	0.142 9	25	0.085 7	29	0.054 5	33	0.036 4	37	0.025 2	41	0.018 0	45	0.013 2	49	0.009 9	53
16	0.342 9	20	0.206 3	24	0.128 6	28	0.081 8	32	0.054 5	36	0.037 8	40	0.027 0	44	0.019 8	48	0.014 8	52
17	0.442 9	19	0.277 8	23	0.176 2	27	0.115 2	31	0.076 8	35	0.053 1	39	0.038 0	43	0.027 8	47	0.020 9	51
18	0.557 1	18	0.365 1	22	0.238 1	26	0.157 6	30	0.107 1	34	0.074 1	38	0.052 9	42	0.038 8	46	0.029 1	50
19	0.657 1	17	0.452 4	21	0.304 8	25	0.206 1	29	0.141 4	33	0.099 3	37	0.070 9	41	0.052 0	45	0.039 0	49
20	0.757 1	16	0.547 6	20	0.381 0	24	0.263 6	28	0.183 8	32	0.130 1	36	0.093 9	40	0.068 9	44	0.051 6	48
21	0.828 6	15	0.634 9	19	0.457 1	23	0.324 2	27	0.230 3	31	0.165 0	35	0.119 9	39	0.088 6	43	0.066 5	47
22	0.900 0	14	0.722 2	18	0.542 9	22	0.393 9	26	0.284 8	30	0.207 0	34	0.151 8	38	0.112 8	42	0.085 2	46
23	0.942 9	13	0.793 7	17	0.619 0	21	0.463 6	25	0.341 4	29	0.251 7	33	0.186 8	37	0.139 9	41	0.106 0	45
24	0.971 4	12	0.857 1	16	0.695 2	20	0.536 4	24	0.404 0	28	0.302 1	32	0.226 8	36	0.171 4	40	0.130 8	44
25	0.985 7	11	0.904 8	15	0.761 9	19	0.606 1	23	0.466 7	27	0.355 2	31	0.269 7	35	0.205 7	39	0.158 2	43
26	1.000 0	10	0.944 4	14	0.823 8	18	0.675 8	22	0.533 3	26	0.412 6	30	0.317 7	34	0.244 7	38	0.189 6	42
27			0.968 3	13	0.871 4	17	0.736 4	21	0.596 0	25	0.469 9	29	0.366 6	33	0.285 7	37	0.223 1	41
28			0.984 1	12	0.914 3	16	0.793 9	20	0.658 6	24	0.530 1	28	0.419 6	32	0.330 4	36	0.260 4	40
29			0.992 1	11	0.942 9	15	0.842 4	19	0.715 2	23	0.587 4	27	0.472 5	31	0.376 6	35	0.299 5	39
30			1.000 0	10	0.966 7	14	0.884 8	18	0.769 7	22	0.644 8	26	0.527 5	30	0.425 6	34	0.341 8	38
31					0.981 0	13	0.918 2	17	0.816 2	21	0.697 9	25	0.580 4	29	0.474 7	33	0.385 2	37
32					0.990 5	12	0.945 5	16	0.858 6	20	0.748 3	24	0.633 4	28	0.525 3	32	0.430 8	36
33					0.995 2	11	0.963 6	15	0.892 9	19	0.793 0	23	0.682 3	27	0.574 4	31	0.476 4	35
34					1.000 0	10	0.978 8	14	0.923 2	18	0.835 0	22	0.730 3	26	0.623 4	30	0.523 6	34

$m=5$

c_u	$n=5$	c_u	$n=6$	c_u	$n=7$	c_u	$n=8$	c_u	$n=9$	c_u	$n=10$	c_u
15	0.0040	40	0.0022	45	0.0013	50	0.0008	55	0.0005	60	0.0003	65
16	0.0079	39	0.0043	44	0.0025	49	0.0016	54	0.0010	59	0.0007	64
17	0.0159	38	0.0087	43	0.0051	48	0.0031	53	0.0020	58	0.0013	63
18	0.0278	37	0.0152	42	0.0088	47	0.0054	52	0.0035	57	0.0023	62
19	0.0476	36	0.0260	41	0.0152	46	0.0093	51	0.0060	56	0.0040	61
20	0.0754	35	0.0411	40	0.0240	45	0.0148	50	0.0095	55	0.0063	60
21	0.1111	34	0.0628	39	0.0366	44	0.0225	49	0.0145	54	0.0097	59
22	0.1548	33	0.0887	38	0.0530	43	0.0326	48	0.0210	53	0.0140	58
23	0.2103	32	0.1234	37	0.0745	42	0.0466	47	0.0300	52	0.0200	57
24	0.2738	31	0.1645	36	0.1010	41	0.0637	46	0.0415	51	0.0276	56
25	0.3452	30	0.2143	35	0.1338	40	0.0855	45	0.0559	50	0.0376	55
26	0.4206	29	0.2684	34	0.1717	39	0.1111	44	0.0734	49	0.0496	54
27	0.5000	28	0.3312	33	0.2159	38	0.1422	43	0.0949	48	0.0646	53
28	0.5794	27	0.3961	32	0.2652	37	0.1772	42	0.1199	47	0.0823	52
29	0.6548	26	0.4654	31	0.3194	36	0.2176	41	0.1489	46	0.1032	51
30	0.7262	25	0.5346	30	0.3775	35	0.2618	40	0.1818	45	0.1272	50
31	0.7897	24	0.6039	29	0.4381	34	0.3108	39	0.2188	44	0.1548	49
32	0.8452	23	0.6688	28	0.5000	33	0.3621	38	0.2592	43	0.1855	48
33	0.8889	22	0.7316	27	0.5619	32	0.4165	37	0.3032	42	0.2198	47
34	0.9246	21	0.7857	26	0.6225	31	0.4716	36	0.3497	41	0.2567	46
35	0.9524	20	0.8355	25	0.6806	30	0.5284	35	0.3986	40	0.2970	45
36	0.9722	19	0.8766	24	0.7348	29	0.5835	34	0.4491	39	0.3393	44
37	0.9841	18	0.9113	23	0.7841	28	0.6379	33	0.5000	38	0.3839	43
38	0.9921	17	0.9372	22	0.8283	27	0.6892	32	0.5509	37	0.4296	42
39	0.9960	16	0.9589	21	0.8662	26	0.7382	31	0.6014	36	0.4765	41
40	1.0000	15	0.9740	20	0.8990	25	0.7824	30	0.6503	35	0.5235	40

$m=6$

c_u	$n=6$	c_u	$n=7$	c_u	$n=8$	c_u	$n=9$	c_u	$n=10$	c_u
21	0.0011	57	0.0006	63	0.0003	69	0.0002	75	0.0001	81
22	0.0022	56	0.0012	62	0.0007	68	0.0004	74	0.0002	80
23	0.0043	55	0.0023	61	0.0013	67	0.0008	73	0.0005	79
24	0.0076	54	0.0041	60	0.0023	66	0.0014	72	0.0009	78
25	0.0130	53	0.0070	59	0.0040	65	0.0024	71	0.0015	77
26	0.0206	52	0.0111	58	0.0063	64	0.0038	70	0.0024	76
27	0.0325	51	0.0175	57	0.0100	63	0.0060	69	0.0037	75

				m = 6						
c_u	n = 6	c_u	n = 7	c_u	n = 8	c_u	n = 9	c_u	n = 10	c_u
28	0.046 5	50	0.025 6	56	0.014 7	62	0.008 8	68	0.005 5	74
29	0.066 0	49	0.036 7	55	0.021 3	61	0.012 8	67	0.008 0	73
30	0.089 8	48	0.050 7	54	0.029 6	60	0.018 0	66	0.011 2	72
31	0.120 1	47	0.068 8	53	0.040 6	59	0.024 8	65	0.015 6	71
32	0.154 8	46	0.090 3	52	0.053 9	58	0.033 2	64	0.021 0	70
33	0.197 0	45	0.117 1	51	0.070 9	57	0.044 0	63	0.028 0	69
34	0.242 4	44	0.147 4	50	0.090 6	56	0.056 7	62	0.036 3	68
35	0.294 4	43	0.183 0	49	0.114 2	55	0.072 3	61	0.046 7	67
36	0.349 6	42	0.222 6	48	0.141 2	54	0.090 5	60	0.058 9	66
37	0.409 1	41	0.266 9	47	0.172 5	53	0.111 9	59	0.073 6	65
38	0.468 6	40	0.314 1	46	0.206 8	52	0.136 1	58	0.090 3	64
39	0.531 4	39	0.365 4	45	0.245 4	51	0.163 8	57	0.109 9	63
40	0.590 9	38	0.417 8	44	0.286 4	50	0.194 2	56	0.131 7	62
41	0.650 4	37	0.472 6	43	0.331 0	49	0.228 0	55	0.156 6	61
42	0.705 6	36	0.527 4	42	0.377 3	48	0.264 3	54	0.183 8	60
43	0.757 6	35	0.582 2	41	0.425 9	47	0.303 5	53	0.213 9	59
44	0.803 0	34	0.634 6	40	0.474 9	46	0.344 5	52	0.246 1	58
45	0.845 2	33	0.685 9	39	0.525 1	45	0.387 8	51	0.281 1	57
46	0.879 9	32	0.733 1	38	0.574 1	44	0.432 0	50	0.317 7	56
47	0.910 2	31	0.777 4	37	0.622 7	43	0.477 3	49	0.356 4	55
48	0.934 0	30	0.817 0	36	0.669 0	42	0.522 7	48	0.396 2	54
49	0.953 5	29	0.852 6	35	0.713 6	41	0.568 0	47	0.437 4	53
50	0.967 5	28	0.882 9	34	0.754 6	40	0.612 2	46	0.478 9	52
51	0.979 4	27	0.909 7	33	0.793 2	39	0.655 5	45	0.521 1	51

				m = 7				
c_u	n = 7	c_u	n = 8	c_u	n = 9	c_u	n = 10	c_u
28	0.000 3	77	0.000 2	84	0.000 1	91	0.000 1	98
29	0.000 6	76	0.000 3	83	0.000 2	90	0.000 1	97
30	0.001 2	75	0.000 6	82	0.000 3	89	0.000 2	96
31	0.002 0	74	0.001 1	81	0.000 6	88	0.000 4	95
32	0.003 5	73	0.001 9	80	0.001 0	87	0.000 6	94
33	0.005 5	72	0.003 0	79	0.001 7	86	0.001 0	93
34	0.008 7	71	0.004 7	78	0.002 6	85	0.001 5	92
35	0.013 1	70	0.007 0	77	0.003 9	84	0.002 3	91
36	0.018 9	69	0.010 3	76	0.005 8	83	0.003 4	90

c_u	$n = 7$	c_u	$n = 8$	c_u	$n = 9$	c_u	$n = 10$	c_u
				$m = 7$				
37	0.026 5	68	0.014 5	75	0.008 2	82	0.004 8	89
38	0.036 4	67	0.020 0	74	0.011 5	81	0.006 8	88
39	0.048 7	66	0.027 0	73	0.015 6	80	0.009 3	87
40	0.064 1	65	0.036 1	72	0.020 9	79	0.012 5	86
41	0.082 5	64	0.046 9	71	0.027 4	78	0.016 5	85
42	0.104 3	63	0.060 3	70	0.035 6	77	0.021 5	84
43	0.129 7	62	0.076 0	69	0.045 4	76	0.027 7	83
44	0.158 8	61	0.094 6	68	0.057 1	75	0.035 1	82
45	0.191 4	60	0.115 9	67	0.070 8	74	0.043 9	81
46	0.227 9	59	0.140 5	66	0.086 9	73	0.054 4	80
47	0.267 5	58	0.167 8	65	0.105 2	72	0.066 5	79
48	0.310 0	57	0.198 4	64	0.126 1	71	0.080 6	78
49	0.355 2	56	0.231 7	63	0.149 6	70	0.096 6	77
50	0.402 4	55	0.267 9	62	0.175 5	69	0.114 8	76
51	0.450 8	54	0.306 3	61	0.203 9	68	0.134 9	75
52	0.500 0	53	0.347 2	60	0.234 9	67	0.157 4	74
53	0.549 2	52	0.389 4	59	0.268 0	66	0.181 9	73
54	0.597 6	51	0.433 3	58	0.303 2	65	0.208 7	72
55	0.644 8	50	0.477 5	57	0.340 3	64	0.237 4	71
56	0.690 0	49	0.522 5	56	0.378 8	63	0.268 1	70
57	0.732 5	48	0.566 7	55	0.418 5	62	0.300 4	69
58	0.772 1	47	0.610 6	54	0.459 1	61	0.334 5	68
59	0.808 6	46	0.652 8	53	0.500 0	60	0.369 8	67
60	0.841 2	45	0.693 7	52	0.540 9	59	0.406 3	66
61	0.870 3	44	0.732 1	51	0.581 5	58	0.443 4	65
62	0.895 7	43	0.768 3	50	0.621 2	57	0.481 1	64
63	0.917 5	42	0.801 6	49	0.659 7	56	0.518 9	63

c_u	$n = 8$	c_u	$n = 9$	c_u	$n = 10$	c_u
			$m = 8$			
36	0.000 1	100	0.000 0	108	0.000 0	116
37	0.000 2	99	0.000 1	107	0.000 0	115
38	0.000 3	98	0.000 2	106	0.000 1	114
39	0.000 5	97	0.000 3	105	0.000 2	113
40	0.000 9	96	0.000 5	104	0.000 3	112
41	0.001 5	95	0.000 8	103	0.000 4	111
42	0.002 3	94	0.001 2	102	0.000 7	110

			$m = 8$			
c_u	$n = 8$	c_u	$n = 9$	c_u	$n = 10$	c_u
43	0.003 5	93	0.001 9	101	0.001 0	109
44	0.005 2	92	0.002 8	100	0.001 5	108
45	0.007 4	91	0.003 9	99	0.002 2	107
46	0.010 3	90	0.005 6	98	0.003 1	106
47	0.014 1	89	0.007 6	97	0.004 3	105
48	0.019 0	88	0.010 3	96	0.005 8	104
49	0.024 9	87	0.013 7	95	0.007 8	103
50	0.032 5	86	0.018 0	94	0.010 3	102
51	0.041 5	85	0.023 2	93	0.013 3	101
52	0.052 4	84	0.029 6	92	0.017 1	100
53	0.065 2	83	0.037 2	91	0.021 7	99
54	0.080 3	82	0.046 4	90	0.027 3	98
55	0.097 4	81	0.057 0	89	0.033 8	97
56	0.117 2	80	0.069 4	88	0.041 6	96
57	0.139 3	79	0.083 6	87	0.050 6	95
58	0.164 1	78	0.099 8	86	0.061 0	94
59	0.191 1	77	0.117 9	85	0.072 9	93
60	0.220 9	76	0.138 3	84	0.086 4	92
61	0.252 7	75	0.160 6	83	0.101 5	91
62	0.286 9	74	0.185 2	82	0.118 5	90
63	0.322 7	73	0.211 7	81	0.137 1	89
64	0.360 5	72	0.240 4	80	0.157 7	88
65	0.399 2	71	0.270 7	79	0.180 0	87
66	0.439 2	70	0.302 9	78	0.204 1	86
67	0.479 6	69	0.336 5	77	0.229 9	85
68	0.520 4	68	0.371 5	76	0.257 4	84
69	0.560 8	67	0.407 4	75	0.286 3	83
70	0.600 8	66	0.444 2	74	0.316 7	82
71	0.639 5	65	0.481 3	73	0.348 2	81
72	0.677 3	64	0.518 7	72	0.380 9	80
73	0.713 1	63	0.555 8	71	0.414 3	79
74	0.747 3	62	0.592 6	70	0.448 4	78
75	0.779 1	61	0.628 5	69	0.482 7	77
76	0.808 9	60	0.663 5	68	0.517 3	76

续表

m=9										m=10					
c_u	n=9	c_u	n=10	c_u	c_u	n=9	c_u	n=10	c_u	c_u	n=10	c_u	c_u	n=10	c_u
45	0.000 0	126	0.000 0	135	68	0.068 0	103	0.039 4	112	55	0.000 0	155	81	0.037 6	129
46	0.000 0	125	0.000 0	134	69	0.080 7	102	0.047 4	111	56	0.000 0	154	82	0.044 6	128
47	0.000 1	124	0.000 0	133	70	0.095 1	101	0.056 4	110	57	0.000 0	153	83	0.052 6	127
48	0.000 1	123	0.000 1	132	71	0.111 2	100	0.066 7	109	58	0.000 0	152	84	0.061 5	126
49	0.000 2	122	0.000 1	131	72	0.129 0	99	0.078 2	108	59	0.000 1	151	85	0.071 6	125
50	0.000 4	121	0.000 2	130	73	0.148 7	98	0.091 2	107	60	0.000 1	150	86	0.082 7	124
51	0.000 6	120	0.000 3	129	74	0.170 1	97	0.105 5	106	61	0.000 2	149	87	0.095 2	123
52	0.000 9	119	0.000 5	128	75	0.193 3	96	0.121 4	105	62	0.000 2	148	88	0.108 8	122
53	0.001 4	118	0.000 7	127	76	0.218 1	95	0.138 8	104	63	0.000 4	147	89	0.123 7	121
54	0.002 0	117	0.001 1	126	77	0.244 7	94	0.157 7	103	64	0.000 5	146	90	0.139 9	120
55	0.002 8	116	0.001 5	125	78	0.272 9	93	0.178 1	102	65	0.000 8	145	91	0.157 5	119
56	0.003 9	115	0.002 1	124	79	0.302 4	92	0.200 1	101	66	0.001 0	144	92	0.176 3	118
57	0.005 3	114	0.002 8	123	80	0.333 2	91	0.223 5	100	67	0.001 4	143	93	0.196 5	117
58	0.007 1	113	0.003 8	122	81	0.365 2	90	0.248 3	99	68	0.001 9	142	94	0.217 9	116
59	0.009 4	112	0.005 1	121	82	0.398 1	89	0.274 5	98	69	0.002 6	141	95	0.240 6	115
60	0.012 2	111	0.006 6	120	83	0.431 7	88	0.301 9	97	70	0.003 4	140	96	0.264 4	114
61	0.015 7	110	0.008 6	119	84	0.465 7	87	0.330 4	96	71	0.004 5	139	97	0.289 4	113
62	0.020 0	109	0.011 0	118	85	0.500 0	86	0.359 8	95	72	0.005 7	138	98	0.315 3	112
63	0.025 2	108	0.014 0	117	86	0.534 3	85	0.390 1	94	73	0.007 3	137	99	0.342 1	111
64	0.031 3	107	0.017 5	116	87	0.568 3	84	0.421 1	93	74	0.009 3	136	100	0.369 7	110
65	0.038 5	106	0.021 7	115	88	0.601 9	83	0.452 4	92	75	0.011 6	135	101	0.398 0	109
66	0.047 0	105	0.026 7	114	89	0.634 8	82	0.484 1	91	76	0.014 4	134	102	0.426 7	108
67	0.056 7	104	0.032 6	113	90	0.666 8	81	0.515 9	90	77	0.017 7	133	103	0.455 9	107
										78	0.021 6	132	104	0.485 3	106
										79	0.026 2	131	105	0.514 7	105
										80	0.031 5	130			

注：本表提供 $W_x \leqslant c_L$ 及 $W_x \geqslant c_u$ 的概率。W_x 是较小样本的等级总和。

附表 15　二项式检验中 k 值出现的概率表（单侧）

N	\\ k	0	1	2	3	4	5	6	7	8	9	10	11	12	13	14	15	16	17
4		0.062	0.312	0.688	0.938	1.0													
5		0.031	0.188	0.500	0.812	0.969	1.0												
6		0.016	0.109	0.344	0.656	0.891	0.984	1.0											
7		0.008	0.062	0.227	0.500	0.773	0.938	0.992	1.0										
8		0.004	0.035	0.145	0.363	0.637	0.855	0.965	0.996	1.0									
9		0.002	0.020	0.090	0.254	0.500	0.746	0.910	0.980	0.998	1.0								
10		0.001	0.011	0.055	0.172	0.377	0.623	0.828	0.945	0.989	0.999	1.0							
11			0.006	0.033	0.113	0.274	0.500	0.726	0.887	0.967	0.994	0.999+	1.0						
12			0.003	0.019	0.073	0.194	0.387	0.613	0.806	0.927	0.981	0.997	0.999+	1.0					
13			0.002	0.011	0.046	0.133	0.291	0.500	0.709	0.867	0.954	0.989	0.998	0.999+	1.0				
14			0.001	0.006	0.029	0.090	0.212	0.395	0.605	0.788	0.910	0.971	0.994	0.999	0.999+	1.0			
15				0.004	0.018	0.059	0.151	0.304	0.500	0.696	0.849	0.941	0.982	0.996	0.999+	0.999+	1.0		
16				0.002	0.011	0.038	0.105	0.227	0.402	0.598	0.773	0.895	0.962	0.989	0.998	0.999+	0.999+	1.0	
17				0.001	0.006	0.025	0.072	0.166	0.315	0.500	0.685	0.834	0.928	0.975	0.994	0.999	0.999+	0.999+	1.0
18				0.001	0.004	0.015	0.048	0.119	0.240	0.407	0.593	0.760	0.881	0.952	0.985	0.996	0.999	0.999+	0.999+
19					0.002	0.010	0.032	0.084	0.180	0.324	0.500	0.676	0.820	0.916	0.968	0.990	0.998	0.999+	0.999+
20					0.001	0.006	0.021	0.058	0.132	0.252	0.412	0.588	0.748	0.868	0.942	0.979	0.994	0.999	0.999+
21					0.001	0.004	0.013	0.039	0.095	0.192	0.332	0.500	0.668	0.808	0.905	0.961	0.987	0.996	0.999
22						0.002	0.008	0.026	0.067	0.143	0.262	0.416	0.584	0.738	0.857	0.933	0.974	0.992	0.998
23						0.001	0.005	0.017	0.047	0.105	0.202	0.339	0.500	0.661	0.798	0.895	0.953	0.983	0.995
24						0.001	0.003	0.011	0.032	0.076	0.154	0.271	0.419	0.581	0.729	0.846	0.924	0.968	0.989
25							0.002	0.007	0.022	0.054	0.115	0.212	0.345	0.500	0.655	0.788	0.885	0.946	0.978

续表

N	0	1	2	3	4	5	6	7	8	9	10	11	12	13	14	15	16	17
26						0.001	0.005	0.014	0.038	0.084	0.163	0.279	0.423	0.577	0.721	0.837	0.916	0.962
27						0.001	0.003	0.010	0.026	0.061	0.124	0.221	0.351	0.500	0.649	0.779	0.876	0.939
28							0.002	0.006	0.018	0.044	0.092	0.172	0.286	0.425	0.575	0.714	0.828	0.908
29							0.001	0.004	0.012	0.031	0.068	0.132	0.229	0.356	0.500	0.644	0.771	0.868
30							0.001	0.003	0.008	0.021	0.049	0.100	0.181	0.292	0.428	0.572	0.708	0.819
31								0.002	0.005	0.015	0.035	0.075	0.141	0.237	0.360	0.500	0.640	0.763
32								0.001	0.004	0.010	0.025	0.055	0.108	0.189	0.298	0.430	0.570	0.702
33								0.001	0.002	0.007	0.018	0.040	0.081	0.148	0.243	0.364	0.500	0.636
34									0.001	0.005	0.012	0.029	0.061	0.115	0.196	0.304	0.432	0.568
35									0.001	0.003	0.008	0.020	0.045	0.088	0.155	0.250	0.368	0.500

注：① 本表省略小于 0.000 5 的数值。

② 表中部分数据为 0.999+，"+"号表示在小数点后第 4 位的数字是 1～9 中的某个数字，本表从略。

③ 本表数据是单侧检验的概率，如果读者进行的是双侧检验，应将表中查到的数字乘以 2 后作为研究结果。

附表 16　威尔科克森符号秩检验关键值

样本量 N	显著性水平 p（第一行为单侧检验，第二行为双侧检验）			
	0.05	0.025	0.01	0.001
	0.10	0.05	0.02	0.002
5	T≤0			
6	2	0		
7	3	2	0	
8	5	3	1	
9	8	5	3	
10	10	8	5	0
11	13	10	7	1
12	17	13	9	2
13	21	17	12	4
14	25	21	15	6
15	30	25	19	8
16	35	29	23	11
17	41	34	27	14
18	47	40	32	18
19	53	46	37	21
20	60	52	43	26
21	67	58	49	30
22	75	65	55	35
23	83	73	62	40
24	91	81	69	45
25	100	89	76	51
26	110	98	84	58
27	119	107	92	64
28	130	116	101	71
29	140	126	110	78
30	151	137	120	86
31	163	147	130	94
32	175	159	140	103
33	187	170	151	112

附表 17　曼-惠特尼 U 检验关键值（双侧检验，p = 0.05）

n_1	n_2																		
	2	3	4	5	6	7	8	9	10	11	12	13	14	15	16	17	18	19	20
2							0	0	0	0	1	1	1	1	1	2	2	2	2
3				0	1	1	2	2	3	3	4	4	5	5	6	6	7	7	8

续表

n_1	n_2 2	3	4	5	6	7	8	9	10	11	12	13	14	15	16	17	18	19	20
4			0	1	2	3	4	4	5	6	7	8	9	10	11	11	12	13	13
5		0	1	2	3	5	6	7	8	9	11	12	13	14	15	17	18	19	20
6		1	2	3	5	6	8	10	11	13	14	16	17	19	21	22	24	25	27
7		1	3	5	6	8	10	12	14	16	18	20	22	24	26	28	30	32	34
8	0	2	4	6	8	10	13	15	17	19	22	24	26	29	31	34	36	38	41
9	0	2	4	7	10	12	15	17	20	23	26	28	31	34	37	39	42	45	48
10	0	3	5	8	11	14	17	20	23	26	29	33	36	39	42	45	48	52	55
11	0	3	6	9	13	16	19	23	26	30	33	37	40	44	47	51	55	58	62
12	1	4	7	11	14	18	22	26	29	33	37	41	45	49	53	57	61	65	69
13	1	4	8	12	16	20	24	28	33	37	41	45	50	54	59	63	67	72	76
14	1	5	9	13	17	22	26	31	36	40	45	50	55	59	64	67	74	78	83
15	1	5	10	14	19	24	29	34	39	44	49	54	59	64	70	75	80	85	90
16	1	6	11	15	21	26	31	37	42	47	53	59	64	70	75	81	86	92	98
17	2	6	11	17	22	28	34	39	45	51	57	63	67	75	81	87	93	99	105
18	2	7	12	18	24	30	36	42	48	55	61	67	74	80	86	93	99	106	112
19	2	7	13	19	25	32	38	45	52	58	65	72	78	85	92	99	106	113	119
20	2	8	13	20	27	34	41	48	55	62	69	76	83	90	98	105	112	119	127

注：n_1 和 n_2 是各样本的观察数（样本量）。

附表18　罗伯斯特秩检验（单侧）关键值

p	n 3	4	5	6	7	8	9	10	11	12	m
0.10	**2.347**	**1.732**	**1.632**	**1.897**	**1.644**	**1.500**	**1.575**	**1.611**	**1.638**	**1.616**	
0.05	∞^*	3.273	2.324	2.912	2.605	2.777	2.353	2.553	2.369	2.449	
0.025		∞^*	**4.195**	**5.116**	**6.037**	**4.082**	**3.566**	**3.651**	**3.503**	**3.406**	3
0.01			∞^*	∞^*	∞^*	6.957	7.876	8.795	5.831	5.000	
		1.586	**1.500**	**1.434**	**1.428**	**1.371**	**1.434**	**1.466**	**1.448**	**1.455**	
		2.502	2.160	2.247	2.104	2.162	2.057	2.000	2.067	2.096	
		4.483	**3.265**	**3.021**	**3.295**	**2.868**	**2.683**	**2.951**	**2.776**	**2.847**	4
		∞^*	∞^*	6.899	4.786	4.252	4.423	4.276	4.017	3.904	
			1.447	**1.362**	**1.308**	**1.378**	**1.361**	**1.361**	**1.340**	**1.369**	
			2.063	1.936	1.954	1.919	1.893	1.900	1.891	1.923	
			2.859	**2.622**	**2.465**	**2.556**	**2.536**	**2.496**	**2.497**	**2.479**	5
			7.187	3.913	4.246	3.730	3.388	3.443	3.435	3.444	

续表

p	n										m
	3	4	5	6	7	8	9	10	11	12	
				1.335	**1.326**	**1.327**	**1.338**	**1.339**	**1.320**	**1.330**	6
				1.860	1.816	1.796	1.845	1.829	1.833	1.835	
				2.502	**2.500**	**2.443**	**2.349**	**2.339**	**2.337**	**2.349**	
				3.712	3.519	3.230	3.224	3.164	3.161	3.151	
					1.333	**1.310**	**1.320**	**1.313**	**1.302**	**1.318**	7
					1.804	1.807	1.790	1.776	1.769	1.787	
					2.331	**2.263**	**2.287**	**2.248**	**2.240**	**2.239**	
					3.195	3.088	2.967	3.002	2.979	2.929	
						1.295	**1.283**	**1.284**	**1.290**	**1.293**	8
						1.766	1.765	1.756	1.746	1.759	
						2.251	**2.236**	**2.209**	**2.205**	**2.198**	
						2.954	2.925	2.880	2.856	2.845	
							1.294	**1.304**	**1.288**	**1.299**	9
							1.744	1.742	1.744	1.737	
							2.206	**2.181**	**2.172**	**2.172**	
							2.857	2.802	2.798	2.770	
								1.295	**1.284**	**1.284**	10
								1.723	1.726	1.720	
								2.161	**2.152**	**2.144**	
								2.770	2.733	2.718	
									1.289	**1.290**	11
									1.716	1.708	
									2.138	**2.127**	
									2.705	2.683	
										1.283	12
										1.708	
										2.117	
										2.661	

　　注：对于各 m 值，表中提供 4 行数据，自上而下分别代表显著性 $p=0.10$（黑体）, $p=0.05$（普通字体）、$p=0.025$（黑体）以及 $p=0.01$（普通字体）所对应的关键值。

附表 19　科尔莫戈罗夫-斯米尔诺夫双样本单侧检验关键值

n	m	3	4	5	6	7	8	9	10	11	12	13	14	15	16	17	18	19	20	21	22	23	24	25
3		**9**	**10**	**11**	**15**	**15**	**16**	**21**	**19**	**22**	**24**	**25**	**26**	**30**	**30**	**32**	**36**	**36**	**37**	**42**	**40**	**43**	**45**	**46**
		9	10	13	15	16	19	21	22	25	27	28	31	33	34	35	39	40	41	45	46	47	51	52
		—	*—*	*—*	*—*	*19*	*22*	*27*	*28*	*31*	*33*	*34*	*37*	*42*	*43*	*43*	*48*	*49*	*52*	*54*	*55*	*58*	*63*	*64*
4		**10**	**16**	**13**	**16**	**18**	**24**	**21**	**24**	**26**	**32**	**29**	**32**	**34**	**40**	**37**	**40**	**41**	**48**	**45**	**48**	**49**	**56**	**53**
		10	16	16	18	21	24	25	28	29	36	33	38	38	44	44	46	49	52	52	56	57	60	61
		**	**	*17*	*22*	*25*	*32*	*29*	*34*	*37*	*40*	*41*	*46*	*46*	*52*	*53*	*56*	*57*	*64*	*64*	*66*	*69*	*76*	*73*
5		**11**	**13**	**20**	**19**	**21**	**23**	**26**	**30**	**30**	**32**	**35**	**37**	**45**	**41**	**44**	**46**	**47**	**55**	**51**	**54**	**56**	**58**	**65**
		13	16	20	21	24	26	28	35	35	36	40	42	50	46	49	51	56	60	60	62	65	67	75
		**	*17*	*25*	*26*	*29*	*33*	*36*	*40*	*41*	*46*	*48*	*51*	*60*	*56*	*61*	*63*	*67*	*75*	*75*	*76*	*81*	*82*	*90*
6		**15**	**16**	**19**	**24**	**24**	**26**	**30**	**32**	**33**	**42**	**37**	**42**	**45**	**48**	**49**	**54**	**54**	**56**	**60**	**62**	**63**	**72**	**67**
		15	18	21	30	25	30	33	36	38	48	43	48	51	54	56	66	61	66	69	70	73	78	78
		**	*22*	*26*	*36*	*31*	*38*	*42*	*44*	*49*	*54*	*54*	*60*	*63*	*66*	*68*	*78*	*77*	*80*	*84*	*88*	*91*	*96*	*96*
7		**15**	**18**	**21**	**24**	**35**	**28**	**32**	**34**	**38**	**40**	**44**	**49**	**48**	**51**	**54**	**56**	**59**	**61**	**70**	**68**	**70**	**72**	**74**
		16	21	24	25	35	34	36	40	43	45	50	56	56	58	61	64	68	72	77	77	79	83	85
		19	*25*	*29*	*31*	*42*	*42*	*46*	*50*	*53*	*57*	*59*	*70*	*70*	*71*	*75*	*81*	*85*	*87*	*98*	*97*	*99*	*103*	*106*
8		**16**	**24**	**23**	**26**	**28**	**40**	**33**	**40**	**41**	**48**	**47**	**50**	**52**	**64**	**57**	**62**	**64**	**72**	**71**	**74**	**76**	**88**	**81**
		19	24	26	30	34	40	40	44	48	52	53	58	60	72	65	72	73	80	81	84	89	96	95
		22	*32*	*33*	*38*	*42*	*48*	*49*	*56*	*59*	*64*	*66*	*72*	*75*	*88*	*81*	*88*	*91*	*100*	*100*	*106*	*107*	*120*	*118*
9		**21**	**21**	**26**	**30**	**32**	**33**	**45**	**43**	**45**	**51**	**51**	**54**	**60**	**61**	**65**	**72**	**70**	**73**	**78**	**79**	**82**	**87**	**88**
		21	25	28	33	36	40	54	46	51	57	57	63	69	68	74	81	80	83	90	91	94	99	101
		27	*29*	*36*	*42*	*46*	*49*	*63*	*61*	*62*	*69*	*73*	*77*	*84*	*86*	*92*	*99*	*99*	*103*	*111*	*111*	*117*	*123*	*124*
10		**19**	**24**	**30**	**32**	**34**	**40**	**43**	**50**	**48**	**52**	**55**	**60**	**65**	**66**	**69**	**72**	**74**	**90**	**80**	**86**	**88**	**92**	**100**
		22	28	35	36	40	44	46	60	57	60	62	68	75	76	77	82	85	100	91	98	101	106	110
		28	*34*	*40*	*44*	*50*	*56*	*61*	*70*	*69*	*74*	*78*	*84*	*90*	*94*	*97*	*104*	*104*	*120*	*118*	*120*	*125*	*130*	*140*

续表

n	3	4	5	6	7	8	9	10	11	12	13	14	15	16	17	18	19	20	21	22	23	24	25
11	**22**	**26**	**30**	**33**	**38**	**41**	**45**	**48**	**66**	**54**	**59**	**63**	**66**	**69**	**72**	**76**	**79**	**84**	**85**	**99**	**95**	**98**	**100**
	25	29	35	38	43	48	51	57	66	64	67	72	76	80	83	87	92	95	101	110	108	111	116
	31	*37*	*41*	*49*	*53*	*59*	*62*	*69*	*88*	*77*	*85*	*89*	*95*	*100*	*104*	*108*	*114*	*117*	*124*	*143*	*132*	*138*	*143*
12	**24**	**32**	**32**	**42**	**40**	**48**	**51**	**52**	**54**	**72**	**61**	**68**	**72**	**76**	**77**	**84**	**85**	**92**	**93**	**98**	**100**	**108**	**106**
	27	36	36	48	45	52	57	60	64	72	71	78	84	88	89	96	98	104	108	110	113	132	120
	33	*40*	*46*	*54*	*57*	*64*	*69*	*74*	*77*	*96*	*92*	*94*	*102*	*108*	*111*	*120*	*121*	*128*	*132*	*138*	*138*	*156*	*153*
13	**25**	**29**	**35**	**37**	**44**	**47**	**51**	**55**	**59**	**61**	**78**	**72**	**75**	**79**	**81**	**87**	**89**	**95**	**97**	**100**	**105**	**109**	**111**
	28	33	40	43	50	53	57	62	67	71	91	78	86	90	94	98	102	108	112	117	120	124	131
	34	*41*	*48*	*54*	*59*	*66*	*73*	*78*	*85*	*92*	*104*	*102*	*106*	*112*	*118*	*121*	*127*	*135*	*138*	*143*	*150*	*154*	*160*
14	**26**	**32**	**37**	**42**	**49**	**50**	**54**	**60**	**63**	**68**	**72**	**84**	**80**	**84**	**87**	**92**	**94**	**100**	**112**	**108**	**110**	**116**	**119**
	31	38	42	48	56	58	63	68	72	78	78	98	92	96	99	104	108	114	126	124	127	132	136
	37	*46*	*51*	*60*	*70*	*72*	*77*	*84*	*89*	*94*	*102*	*112*	*111*	*120*	*124*	*130*	*135*	*142*	*154*	*152*	*157*	*164*	*169*
15	**30**	**34**	**45**	**45**	**48**	**52**	**60**	**65**	**66**	**72**	**75**	**80**	**90**	**87**	**91**	**99**	**100**	**110**	**111**	**111**	**117**	**123**	**130**
	33	38	50	51	56	60	69	75	76	84	86	92	105	101	105	111	113	125	126	130	134	141	145
	42	*46*	*60*	*63*	*70*	*75*	*84*	*90*	*95*	*102*	*106*	*111*	*135*	*120*	*130*	*138*	*142*	*150*	*156*	*160*	*165*	*174*	*180*
16	**30**	**40**	**41**	**48**	**51**	**64**	**61**	**66**	**69**	**76**	**79**	**84**	**87**	**112**	**94**	**100**	**104**	**112**	**114**	**118**	**122**	**136**	**130**
	34	44	46	54	58	72	68	76	80	88	90	96	101	112	109	116	120	128	130	136	140	152	148
	43	*52*	*56*	*66*	*71*	*88*	*86*	*94*	*100*	*108*	*112*	*120*	*120*	*144*	*139*	*142*	*149*	*156*	*162*	*168*	*174*	*184*	*185*
17	**32**	**37**	**44**	**49**	**54**	**57**	**65**	**69**	**72**	**77**	**81**	**87**	**91**	**94**	**119**	**102**	**108**	**113**	**118**	**122**	**128**	**132**	**137**
	35	44	49	56	61	65	74	77	83	89	94	99	105	109	136	118	125	130	135	141	146	150	156
	43	*53*	*61*	*68*	*75*	*81*	*92*	*97*	*104*	*111*	*118*	*124*	*130*	*139*	*153*	*150*	*157*	*162*	*168*	*175*	*181*	*187*	*192*
18	**36**	**40**	**46**	**54**	**56**	**62**	**72**	**72**	**76**	**84**	**87**	**92**	**99**	**100**	**102**	**126**	**116**	**120**	**126**	**128**	**133**	**144**	**142**
	39	46	51	66	64	72	81	82	87	96	98	104	111	116	118	144	127	136	144	148	151	162	161
	48	*56*	*63*	*78*	*81*	*88*	*99*	*104*	*108*	*120*	*121*	*130*	*138*	*142*	*150*	*180*	*160*	*170*	*177*	*184*	*189*	*198*	*201*

续表

n		3	4	5	6	7	8	9	10	11	12	13	14	15	16	17	18	19	20	21	22	23	24	25
															m									
19	**上**	**36**	**41**	**47**	**54**	**59**	**64**	**70**	**74**	**79**	**85**	**89**	**94**	**100**	**104**	**108**	**116**	**133**	**125**	**128**	**132**	**137**	**142**	**148**
	中	40	49	56	61	68	73	80	85	92	98	102	108	113	120	125	127	152	144	147	151	159	162	168
	下	*49*	*57*	*67*	*77*	*85*	*91*	*99*	*104*	*114*	*121*	*127*	*135*	*142*	*149*	*157*	*160*	*190*	*171*	*183*	*189*	*197*	*204*	*211*
20	**上**	**37**	**48**	**55**	**56**	**61**	**72**	**73**	**90**	**84**	**92**	**95**	**100**	**110**	**112**	**113**	**120**	**125**	**140**	**134**	**138**	**143**	**152**	**155**
	中	41	52	60	66	72	80	83	100	95	104	108	114	125	128	130	136	144	160	154	160	163	172	180
	下	*52*	*64*	*75*	*80*	*87*	*100*	*103*	*120*	*117*	*128*	*135*	*142*	*150*	*156*	*162*	*170*	*171*	*200*	*193*	*196*	*203*	*212*	*220*
21	**上**	**42**	**45**	**51**	**60**	**70**	**71**	**78**	**80**	**85**	**93**	**97**	**112**	**111**	**114**	**118**	**126**	**128**	**134**	**147**	**142**	**147**	**156**	**158**
	中	45	52	60	69	77	81	90	91	101	108	112	126	126	130	135	144	147	154	168	163	170	177	182
	下	*54*	*64*	*75*	*84*	*98*	*100*	*111*	*118*	*124*	*132*	*138*	*154*	*156*	*162*	*168*	*177*	*183*	*193*	*210*	*205*	*212*	*222*	*225*
22	**上**	**40**	**48**	**54**	**62**	**68**	**74**	**79**	**86**	**99**	**98**	**100**	**108**	**111**	**118**	**122**	**128**	**132**	**138**	**142**	**176**	**151**	**158**	**163**
	中	46	56	62	70	77	84	91	98	110	110	117	124	130	136	141	148	151	160	163	198	173	182	188
	下	*55*	*66*	*76*	*88*	*97*	*106*	*111*	*120*	*143*	*138*	*143*	*152*	*160*	*168*	*175*	*184*	*189*	*196*	*205*	*242*	*217*	*228*	*234*
23	**上**	**43**	**49**	**56**	**63**	**70**	**76**	**82**	**88**	**95**	**100**	**105**	**110**	**117**	**122**	**128**	**133**	**137**	**143**	**147**	**151**	**184**	**160**	**169**
	中	47	57	65	73	79	89	94	101	108	113	120	127	134	140	146	151	159	163	170	173	207	183	194
	下	*58*	*69*	*81*	*91*	*99*	*107*	*117*	*125*	*132*	*138*	*150*	*157*	*165*	*174*	*181*	*189*	*197*	*203*	*212*	*217*	*253*	*228*	*242*
24	**上**	**45**	**53**	**58**	**67**	**72**	**81**	**88**	**92**	**98**	**106**	**109**	**116**	**123**	**130**	**136**	**144**	**148**	**152**	**156**	**158**	**160**	**192**	**178**
	中	51	60	67	78	83	96	99	106	111	120	124	132	141	148	150	162	162	172	177	182	183	216	204
	下	*63*	*76*	*82*	*96*	*103*	*120*	*123*	*130*	*138*	*156*	*154*	*164*	*174*	*184*	*187*	*198*	*204*	*212*	*222*	*228*	*228*	*264*	*254*
25	**上**	**46**	**53**	**65**	**67**	**74**	**81**	**88**	**100**	**100**	**106**	**111**	**119**	**130**	**130**	**137**	**142**	**148**	**155**	**158**	**163**	**169**	**178**	**200**
	中	52	61	75	78	85	95	101	110	116	120	131	136	145	148	156	161	168	180	182	188	194	204	225
	下	*64*	*73*	*90*	*96*	*106*	*118*	*124*	*140*	*143*	*153*	*160*	*169*	*180*	*185*	*192*	*201*	*211*	*220*	*225*	*234*	*242*	*254*	*275*

注：表中各 *n* 值对应的上、中、下 3 行数据中，上行（黑体）是显著水平 *p*=0.10 对应的关键值，中行（普通字体）是 *p*=0.05 对应的关键值，下行（斜体）是 *p*=0.01 对应的关键值。

附表 20　弗里德曼秩次双向方差分析关键值

k	N	$p \leqslant 0.10$	$p \leqslant 0.05$	$p \leqslant 0.01$
3	3	6.00	6.00	—
	4	6.00	6.50	8.00
	5	5.20	6.40	8.40
	6	5.33	7.00	9.00
	7	5.43	7.14	8.86
	8	5.25	6.25	9.00
	9	5.56	6.22	8.67
	10	5.00	6.20	9.60
	11	4.91	6.54	8.91
	12	5.17	6.17	8.67
	13	4.77	6.00	9.39
	∞	4.61	5.99	9.21
4	2	6.00	6.00	—
	3	6.60	7.40	8.60
	4	6.30	7.80	9.60
	5	6.36	7.80	9.96
	6	6.40	7.60	10.00
	7	6.26	7.80	10.37
	8	6.30	7.50	10.35
	∞	6.25	7.82	11.34
5	3	7.47	8.53	10.13
	4	7.60	8.80	11.00
	5	7.68	8.96	11.52
	∞	7.78	9.49	13.28

附表 21　多组比较的关键值 z

#c	α（第一行为双侧，第二行为单侧）					
	0.30	0.25	0.20	0.15	0.10	0.05
	0.15	0.125	0.10	0.075	0.05	0.025
1	1.036	1.150	1.282	1.440	1.645	1.960
2	1.440	1.534	1.645	1.780	1.960	2.241
3	1.645	1.732	1.834	1.960	2.128	2.394
4	1.780	1.863	1.960	2.080	2.241	2.498
5	1.881	1.960	2.054	2.170	2.326	2.576
6	1.960	2.037	2.128	2.241	2.394	2.638
7	2.026	2.100	2.189	2.300	2.450	2.690
8	2.080	2.154	2.241	2.350	2.498	2.734
9	2.128	2.200	2.287	2.394	2.539	2.773
10	2.170	2.241	2.326	2.432	2.576	2.807
11	2.208	2.278	2.362	2.467	2.608	2.838
12	2.241	2.301	2.394	2.498	2.638	2.866
15	2.326	2.394	2.475	2.576	2.713	2.935
21	2.450	2.515	2.593	2.690	2.823	3.038
28	2.552	2.615	2.690	2.785	2.913	3.125

注：#c 是比较组数。对于本表#c 以外的值，可以在附表 2 中查找到。

附表 22　佩奇检验关键值

n	k=3			k=4			k=5			k=6			k=7			k=8			k=9			k=10		
α	0.05	0.01	0.001	0.05	0.01	0.001	0.05	0.01	0.001	0.05	0.01	0.001	0.05	0.01	0.001	0.05	0.01	0.001	0.05	0.01	0.001	0.05	0.01	0.001
2	28			58	60		103	106	109	166	173	178	252	261	269	362	376	388	500	520	544	670	696	726
3	41	42		84	87	89	150	155	160	244	252	260	370	382	394	532	549	567	736	761	790	987	1 019	1 056
4	54	55	56	111	114	117	197	204	210	321	331	341	487	501	516	701	722	743	971	999	1 032	1 301	1 339	1 382
5	66	68	70	137	141	145	244	251	259	397	409	420	603	620	637	869	893	917	1 204	1 236	1 273	1 614	1 656	1 704
6	79	81	83	163	167	172	291	299	307	474	486	499	719	737	757	1 037	1 063	1 090	1 436	1 472	1 512	1 927	1 972	2 025
7	91	93	96	189	193	198	338	346	355	550	563	577	835	855	876	1 204	1 232	1 262	1 668	1 706	1 750	2 238	2 288	2 344
8	104	106	109	214	220	225	384	393	403	625	640	655	950	972	994	1 371	1 401	1 433	1 900	1 940	1 987	2 549	2 602	2 662
9	116	119	121	240	246	252	431	441	451	701	717	733	1 065	1 088	1 113	1 537	1 569	1 603	2 131	2 174	2 223	2 859	2 915	2 980
10	128	131	134	266	272	278	477	487	499	777	793	811	1 180	1 205	1 230	1 703	1 736	1 773	2 361	2 407	2 459	3 169	3 228	3 296
11	141	144	147	292	298	305	523	534	546	852	869	888	1 295	1 321	1 348	1 868	1 905	1 943	2 592	2 639	2 694	3 478	3 541	3 612
12	153	156	160	317	324	331	570	581	593	928	946	965	1 410	1 437	1 465	2 035	2 072	2 112	2 822	2 872	2 929	3 788	3 852	3 927
13	165	169	172																					
14	178	181	185																					
15	190	194	197																					
16	202	206	210																					
17	215	218	223																					
18	227	231	235																					
19	239	243	248																					
20	251	256	260																					

附表 23　克鲁斯卡尔-沃利斯单向方差分析关键值

样本量			显著性水平 p				
n_1	n_2	n_3	0.10	0.05	0.01	0.005	0.001
2	2	2	4.25				
3	2	1	4.29				
3	2	2	4.71	4.71			
3	3	1	4.57	5.14			
3	3	2	4.56	5.36			
3	3	3	4.62	5.60	7.20	7.20	
4	2	1	4.50				
4	2	2	4.46	5.33			
4	3	1	4.06	5.21			
4	3	2	4.51	5.44	6.44	7.00	
4	3	3	4.71	5.73	6.75	7.32	8.02
4	4	1	4.17	4.97	6.67		
4	4	2	4.55	5.45	7.04	7.28	
4	4	3	4.55	5.60	7.14	7.59	8.32
4	4	4	4.65	5.69	7.66	8.00	8.65
5	2	1	4.20	5.00			
5	2	2	4.36	5.16	6.53		
5	3	1	4.02	4.96			
5	3	2	4.65	5.25	6.82	7.18	
5	3	3	4.53	5.65	7.08	7.51	8.24
5	4	1	3.99	4.99	6.95	7.36	
5	4	2	4.54	5.27	7.12	7.57	8.11
5	4	3	4.55	5.63	7.44	7.91	8.50
5	4	4	4.62	5.62	7.76	8.14	9.00
5	5	1	4.11	5.13	7.31	7.75	
5	5	2	4.62	5.34	7.27	8.13	8.68
5	5	3	4.54	5.71	7.54	8.24	9.06
5	5	4	4.53	5.64	7.77	8.37	9.32
5	5	5	4.56	5.78	7.98	8.72	9.68
大样本			4.61	5.99	9.21	10.60	13.82

附表 24　荣基尔检验关键值

a. $k=3$

各样本的样本量			p			
			0.10	0.05	0.01	0.005
2	2	2	10	11	12	—

各样本的样本量			p			
			0.10	0.05	0.01	0.005
2	2	3	13	14	15	16
2	2	4	16	17	19	20
2	2	5	18	20	22	23
2	2	6	21	23	25	27
2	2	7	24	26	29	30
2	2	8	27	29	32	33
2	3	3	16	18	19	20
2	3	4	20	21	23	25
2	3	5	23	25	27	29
2	3	6	26	28	31	33
2	3	7	30	32	35	37
2	3	8	33	35	39	41
2	4	4	24	25	28	29
2	4	5	27	29	33	34
2	4	6	31	34	37	39
2	4	7	35	38	42	44
2	4	8	39	42	46	49
2	5	5	32	34	38	40
2	5	6	36	39	43	45
2	5	7	41	44	48	51
2	5	8	45	48	53	56
2	6	6	42	44	49	51
2	6	7	47	50	55	57
2	6	8	52	55	61	64
2	7	7	52	56	61	64
2	7	8	58	62	68	71
2	8	8	64	68	75	78
3	3	3	20	22	24	25
3	3	4	24	26	29	30
3	3	5	28	30	33	35
3	3	6	32	34	38	40
3	3	7	36	38	42	44
3	3	8	40	42	47	49
3	4	4	29	31	34	36
3	4	5	33	35	39	41

267

续表

各样本的样本量			p			
			0.10	0.05	0.01	0.005
3	4	6	38	40	44	46
3	4	7	42	45	49	52
3	4	8	47	50	55	57
3	5	5	38	41	45	47
3	5	6	43	46	51	53
3	5	7	48	51	57	59
3	5	8	53	57	63	65
3	6	6	49	52	57	60
3	6	7	54	58	64	67
3	6	8	60	64	70	73
3	7	7	61	64	71	74
3	7	8	67	71	78	81
3	8	8	74	78	86	89
4	4	4	34	36	40	42
4	4	5	39	41	45	48
4	4	6	44	47	51	54
4	4	7	49	52	57	60
4	4	8	54	57	63	66
4	5	5	44	47	52	55
4	5	6	50	53	58	61
4	5	7	56	59	65	68
4	5	8	61	65	71	75
4	6	6	56	60	66	69
4	6	7	62	66	73	76
4	6	8	68	73	80	83
4	7	7	69	73	81	84
4	7	8	76	80	88	92
4	8	8	83	88	97	100
5	5	5	50	54	59	62
5	5	6	57	60	66	69
5	5	7	63	67	73	76
5	5	8	69	73	80	84
5	6	6	63	67	74	77
5	6	7	70	74	82	85
5	6	8	77	81	89	93

各样本的样本量			p			
			0.10	0.05	0.01	0.005
5	7	7	77	82	90	94
5	7	8	85	89	98	102
5	8	8	92	98	107	111
6	6	6	71	75	82	86
6	6	7	78	82	91	94
6	6	8	85	90	99	103
6	7	7	86	91	100	103
6	7	8	94	99	109	113
6	8	8	102	108	118	122
7	7	7	94	99	109	113
7	7	8	102	108	119	123
7	8	8	111	117	129	133
8	8	8	121	127	139	144

b. $k>3$

各样本的样本量						p			
						0.10	0.05	0.01	0.005
		2	2	2	2	18	19	21	22
	2	2	2	2	2	28	30	33	34
2	2	2	2	2	2	40	43	46	49
		3	3	3	3	37	39	43	45
	3	3	3	3	3	58	62	68	70
3	3	3	3	3	3	85	89	97	101
		4	4	4	4	63	66	72	76
	4	4	4	4	4	100	105	115	119
4	4	4	4	4	4	146	153	166	171
		5	5	5	5	95	100	109	113
	5	5	5	5	5	152	159	173	178
5	5	5	5	5	5	223	233	251	258
		6	6	6	6	134	140	153	158
	6	6	6	6	6	215	225	243	250
6	6	6	6	6	6	316	329	353	362

附表 25 显著性水平为 0.05 的双侧检验 F 分布统计关键值

v_2 \ v_1	1	2	3	4	5	6	7	8	9	10	12	15	20	24	30	40	60	120	∞
1	647.8	799.5	864.2	899.6	921.8	937.1	948.2	956.7	963.3	968.6	976.7	984.9	993.1	997.2	1 001	1 006	1 010	1 014	1 018
2	38.51	39.00	39.17	39.25	39.30	39.33	39.36	39.37	39.39	39.40	39.41	39.43	39.45	39.46	39.46	39.47	39.48	39.49	39.50
3	17.44	16.04	15.44	15.10	14.88	14.73	14.62	14.54	14.47	14.42	14.34	14.25	14.17	14.12	14.08	14.04	13.99	13.95	13.90
4	12.22	10.65	9.98	9.60	9.36	9.20	9.07	8.98	8.90	8.84	8.75	8.66	8.56	8.51	8.46	8.41	8.36	8.31	8.26
5	10.01	8.43	7.76	7.39	7.15	6.98	6.85	6.76	6.68	6.62	6.52	6.43	6.33	6.28	6.23	6.18	6.12	6.07	6.02
6	8.81	7.26	6.60	6.23	5.99	5.82	5.70	5.60	5.52	5.46	5.37	5.27	5.17	5.12	5.07	5.01	4.96	4.90	4.85
7	8.07	6.54	5.89	5.52	5.29	5.12	4.99	4.90	4.82	4.76	4.67	4.57	4.47	4.42	4.36	4.31	4.25	4.20	4.14
8	7.57	6.06	5.42	5.05	4.82	4.65	4.53	4.43	4.36	4.30	4.20	4.10	4.00	3.95	3.89	3.84	3.78	3.73	3.67
9	7.21	5.71	5.08	4.72	4.48	4.32	4.20	4.10	4.03	3.96	3.87	3.77	3.67	3.61	3.56	3.51	3.45	3.39	3.33
10	6.94	5.46	4.83	4.47	4.24	4.07	3.95	3.85	3.78	3.72	3.62	3.52	3.42	3.37	3.31	3.26	3.20	3.14	3.08
11	6.72	5.26	4.63	4.28	4.04	3.88	3.76	3.66	3.59	3.53	3.43	3.33	3.23	3.17	3.12	3.06	3.00	2.94	2.88
12	6.55	5.10	4.47	4.12	3.89	3.73	3.61	3.51	3.44	3.37	3.28	3.18	3.07	3.02	2.96	2.91	2.85	2.79	2.72
13	6.41	4.97	4.35	4.00	3.77	3.60	3.48	3.39	3.31	3.25	3.15	3.05	2.95	2.89	2.84	2.78	2.72	2.66	2.60
14	6.30	4.86	4.24	3.89	3.66	3.50	3.38	3.29	3.21	3.15	3.05	2.95	2.84	2.79	2.73	2.67	2.61	2.55	2.49
15	6.20	4.77	4.15	3.80	3.58	3.41	3.29	3.20	3.12	3.06	2.96	2.86	2.76	2.70	2.64	2.59	2.52	2.46	2.40
16	6.12	4.69	4.08	3.73	3.50	3.34	3.22	3.12	3.05	2.99	2.89	2.79	2.68	2.63	2.57	2.51	2.45	2.38	2.32
17	6.04	4.62	4.01	3.66	3.44	3.28	3.16	3.06	2.98	2.92	2.82	2.72	2.62	2.56	2.50	2.44	2.38	2.32	2.25
18	5.98	4.56	3.95	3.61	3.38	3.22	3.10	3.01	2.93	2.87	2.77	2.67	2.56	2.50	2.44	2.38	2.32	2.26	2.19
19	5.92	4.51	3.90	3.56	3.33	3.17	3.05	2.96	2.88	2.82	2.72	2.62	2.51	2.45	2.39	2.33	2.27	2.20	2.13
20	5.87	4.46	3.86	3.51	3.29	3.13	3.01	2.91	2.84	2.77	2.68	2.57	2.46	2.41	2.35	2.29	2.22	2.16	2.09
21	5.83	4.42	3.82	3.48	3.25	3.09	2.97	2.87	2.80	2.73	2.64	2.53	2.42	2.37	2.31	2.25	2.18	2.11	2.04
22	5.79	4.38	3.78	3.44	3.22	3.05	2.93	2.84	2.76	2.70	2.60	2.50	2.39	2.33	2.27	2.21	2.14	2.08	2.00

续表

v_2	v_1																		
	1	2	3	4	5	6	7	8	9	10	12	15	20	24	30	40	60	120	∞
23	5.75	4.35	3.75	3.41	3.18	3.02	2.90	2.81	2.73	2.67	2.57	2.47	2.36	2.30	2.24	2.18	2.11	2.04	1.97
24	5.72	4.32	3.72	3.38	3.15	2.99	2.87	2.78	2.70	2.64	2.54	2.44	2.33	2.27	2.21	2.15	2.08	2.01	1.94
25	5.69	4.29	3.69	3.35	3.13	2.97	2.85	2.75	2.68	2.61	2.51	2.41	2.30	2.24	2.18	2.12	2.05	1.98	1.91
26	5.66	4.27	3.67	3.33	3.10	2.94	2.82	2.73	2.65	2.59	2.49	2.39	2.28	2.22	2.16	2.09	2.03	1.95	1.88
27	5.63	4.24	3.65	3.31	3.08	2.92	2.80	2.71	2.63	2.57	2.47	2.36	2.25	2.19	2.13	2.07	2.00	1.93	1.85
28	5.61	4.22	3.63	3.29	3.06	2.90	2.78	2.69	2.61	2.55	2.45	2.34	2.23	2.17	2.11	2.05	1.98	1.91	1.83
29	5.59	4.20	3.61	3.27	3.04	2.88	2.76	2.67	2.59	2.53	2.43	2.32	2.21	2.15	2.09	2.03	1.96	1.89	1.81
30	5.57	4.18	3.59	3.25	3.03	2.87	2.75	2.65	2.57	2.51	2.41	2.31	2.20	2.14	2.07	2.01	1.94	1.87	1.79
40	5.42	4.05	3.46	3.13	2.90	2.74	2.62	2.53	2.45	2.39	2.29	2.18	2.07	2.01	1.94	1.88	1.80	1.72	1.64
60	5.29	3.93	3.34	3.01	2.79	2.63	2.51	2.41	2.33	2.27	2.17	2.06	1.94	1.88	1.82	1.74	1.67	1.58	1.48
120	5.15	3.80	3.23	2.89	2.67	2.52	2.39	2.30	2.22	2.16	2.05	1.94	1.82	1.76	1.69	1.61	1.53	1.43	1.31
∞	5.02	3.69	3.12	2.79	2.57	2.41	2.29	2.19	2.11	2.05	1.94	1.83	1.71	1.64	1.57	1.48	1.39	1.27	1.00

注: v_1 和 v_2 分别为较大方差和较小方差的自由度。

附表 26　F_{max} 在 $p = 0.05$ 显著性水平上的关键值

v	a										
	2	3	4	5	6	7	8	9	10	11	12
2	39.0	87.5	142	202	266	333	403	475	550	626	704
3	15.4	27.8	39.2	50.7	62.0	72.9	83.5	93.9	104	114	124
4	9.60	15.5	20.6	25.2	29.5	33.6	37.5	41.1	44.6	48.0	51.4
5	7.15	10.8	13.7	16.3	18.7	20.8	22.9	24.7	26.5	28.2	29.9
6	5.82	8.38	10.4	12.1	13.7	15.0	16.3	17.5	18.6	19.7	20.7
7	4.99	6.94	8.44	9.70	10.8	11.8	12.7	13.5	14.3	15.1	15.8
8	4.43	6.00	7.18	8.12	9.03	9.78	10.5	11.1	11.7	12.2	12.7
9	4.03	5.34	6.31	7.11	7.80	8.41	8.95	9.45	9.91	10.3	10.7
10	3.72	4.85	5.67	6.34	6.92	7.42	7.87	8.28	8.66	9.01	9.34
12	3.28	4.16	4.79	5.30	5.72	6.09	6.42	6.72	7.00	7.25	7.48
15	2.86	3.54	4.01	4.37	4.68	4.95	5.19	5.40	5.59	5.77	5.93
20	2.46	2.95	3.29	3.54	3.76	3.94	4.10	4.24	4.37	4.49	4.59
30	2.07	2.40	2.61	2.78	2.91	3.02	3.12	3.21	3.29	3.36	3.39
60	1.67	1.85	1.96	2.04	2.11	2.17	2.22	2.26	2.30	2.33	2.36

注：① a 为样本数；v 为每个样本的自由度。

　　② 此表用于方差分析前进行的数据变异同质性检验。

附表 27　F 分布

a. 显著性水平 $p=0.05$

$\nu_2 \backslash \nu_1$	1	2	3	4	5	6	7	8	9	10	12	15	20	24	30	40	60	120	∞
1	161.45	199.50	215.71	224.58	230.16	233.99	236.77	238.88	240.54	241.88	243.91	245.95	248.01	249.05	250.10	251.14	252.20	253.25	254.31
2	18.513	19.000	19.164	19.247	19.296	19.330	19.353	19.371	19.385	19.396	19.413	19.429	19.446	19.454	19.462	19.471	19.479	19.487	19.496
3	10.128	9.552 1	9.276 6	9.117 2	9.013 5	8.940 6	8.886 7	8.845 2	8.832 3	8.785 5	8.744 6	8.702 9	8.660 2	8.638 5	8.616 6	8.594 4	8.572 0	8.559 4	8.526 4
4	7.708 6	6.944 3	6.591 4	6.388 2	6.256 1	6.163 1	6.094 2	6.041 0	5.993 8	5.964 4	5.911 7	5.857 8	5.802 5	5.774 4	5.745 9	5.717 0	5.687 7	5.638 1	5.628 1
5	6.607 9	5.786 1	5.409 5	5.192 2	5.050 3	4.950 3	4.875 9	4.818 3	4.772 5	4.735 1	4.677 7	4.618 8	4.558 1	4.527 2	4.495 7	4.463 8	4.431 4	4.308 5	4.365 0
6	5.987 4	5.143 3	4.757 1	4.533 7	4.387 4	4.283 9	4.206 7	4.146 8	4.099 0	4.060 0	3.999 9	3.938 1	3.874 1	3.841 5	3.808 2	3.774 3	3.739 8	3.704 7	3.668 9
7	5.591 4	4.737 4	4.346 8	4.120 3	3.971 5	3.866 0	3.787 0	3.725 7	3.676 7	3.636 5	3.574 7	3.510 7	3.444 5	3.410 5	3.375 8	3.340 4	3.304 3	3.267 4	3.229 8
8	5.317 7	4.459 0	4.066 2	3.837 8	3.687 5	3.580 6	3.500 5	3.438 1	3.388 1	3.347 2	3.283 9	3.218 4	3.150 3	3.115 2	3.079 4	3.042 8	3.005 3	2.966 9	2.927 6
9	5.117 4	4.256 5	3.862 5	3.633 1	3.481 7	3.373 8	3.292 7	3.229 6	3.178 9	3.137 3	3.072 9	3.006 1	2.936 5	2.900 5	2.863 7	2.825 9	2.787 2	2.747 5	2.706 7
10	4.964 6	4.102 8	3.708 3	3.478 0	3.325 8	3.217 2	3.135 5	3.071 7	3.020 4	2.978 2	2.913 0	2.845 0	2.774 0	2.737 2	2.699 6	2.660 9	2.621 1	2.580 1	2.537 9
11	4.844 3	3.982 3	3.587 4	3.356 7	3.203 9	3.094 6	3.012 3	2.948 0	2.896 2	2.853 6	2.787 6	2.718 6	2.646 4	2.609 0	2.570 5	2.530 9	2.490 1	2.448 0	2.404 5
12	4.747 2	3.885 3	3.490 3	3.259 2	3.105 9	2.996 1	2.913 4	2.848 6	2.796 4	2.753 4	2.686 6	2.616 9	2.543 6	2.505 5	2.466 3	2.425 9	2.384 2	2.341 0	2.296 2
13	4.667 2	3.805 6	3.410 5	3.179 1	3.025 4	2.915 3	2.832 1	2.766 9	2.714 4	2.671 0	2.603 7	2.533 1	2.458 9	2.420 2	2.380 3	2.339 2	2.296 6	2.252 4	2.206 4
14	4.600 1	3.738 9	3.343 9	3.112 2	2.958 2	2.847 7	2.764 2	2.698 7	2.645 8	2.602 2	2.534 2	2.463 0	2.387 9	2.348 7	2.308 2	2.266 4	2.222 9	2.177 8	2.130 7
15	4.543 1	3.682 3	3.287 4	3.055 6	2.901 3	2.790 5	2.706 6	2.640 8	2.587 6	2.543 7	2.475 3	2.403 4	2.327 5	2.287 8	2.246 8	2.204 3	2.160 1	2.114 1	2.065 8
16	4.494 0	3.633 7	3.238 9	3.006 9	2.852 4	2.741 3	2.657 2	2.591 1	2.537 7	2.493 5	2.424 7	2.352 2	2.275 6	2.235 4	2.193 8	2.150 7	2.105 8	2.058 9	2.009 6
17	4.451 3	3.591 5	3.196 8	2.964 7	2.810 0	2.698 7	2.614 3	2.548 0	2.494 3	2.449 9	2.380 7	2.307 7	2.230 4	2.189 8	2.147 7	2.104 0	2.058 4	2.010 7	1.960 4
18	4.413 9	3.554 6	3.159 9	2.927 7	2.772 9	2.661 3	2.576 7	2.510 2	2.456 3	2.411 7	2.342 1	2.268 6	2.190 6	2.149 7	2.107 1	2.062 9	2.016 6	1.968 1	1.916 8
19	4.380 7	3.521 9	3.127 4	2.895 1	2.740 1	2.628 3	2.543 5	2.476 8	2.422 7	2.377 9	2.308 0	2.234 1	2.155 5	2.114 1	2.071 2	2.026 4	1.979 5	1.930 2	1.878 0
20	4.351 2	3.492 8	3.098 4	2.866 1	2.710 9	2.599 0	2.514 0	2.447 1	2.392 8	2.347 9	2.277 6	2.203 3	2.124 2	2.082 5	2.039 1	1.993 8	1.946 4	1.896 3	1.843 2
21	4.324 8	3.466 8	3.072 5	2.840 1	2.684 8	2.572 7	2.487 6	2.420 5	2.366 0	2.321 0	2.250 4	2.175 7	2.096 0	2.054 0	2.010 2	1.964 5	1.916 5	1.865 7	1.811 7
22	4.300 9	3.443 4	3.049 1	2.816 7	2.661 3	2.549 1	2.463 8	2.396 5	2.321 9	2.296 7	2.225 8	2.150 8	2.070 7	2.028 3	1.984 2	1.938 0	1.889 4	1.838 0	1.783 1
23	4.279 3	3.422 1	3.028 0	2.795 5	2.640 0	2.527 7	2.442 2	2.374 8	2.320 1	2.274 7	2.203 6	2.128 2	2.047 6	2.005 0	1.960 5	1.913 9	1.864 8	1.812 8	1.757 0

续表

v_2	v_1																		
	1	2	3	4	5	6	7	8	9	10	12	15	20	24	30	40	60	120	∞
24	4.259 7	3.402 8	3.008 8	2.776 3	2.620 7	2.508 2	2.422 6	2.355 1	2.300 2	2.254 7	2.183 4	2.107 7	2.026 7	1.983 8	1.939 0	1.892 0	1.842 4	1.789 6	1.733 0
25	4.241 7	3.385 2	2.991 2	2.758 7	2.603 0	2.490 4	2.404 1	2.337 1	2.282 1	2.236 5	2.164 9	2.088 9	2.007 5	1.964 3	1.919 2	1.871 7	1.821 7	1.768 4	1.711 0
26	4.225 2	3.369 0	2.975 2	2.742 6	2.586 8	2.474 1	2.388 3	2.320 5	2.265 5	2.219 7	2.147 9	2.071 6	1.989 8	1.946 4	1.901 0	1.853 3	1.802 7	1.748 8	1.690 6
27	4.210 0	3.354 1	2.960 4	2.727 8	2.571 9	2.459 1	2.373 2	2.305 3	2.250 1	2.204 3	2.132 3	2.055 8	1.973 6	1.929 9	1.884 2	1.836 1	1.785 1	1.730 6	1.671 7
28	4.196 0	3.340 4	2.946 7	2.714 1	2.558 1	2.445 3	2.359 3	2.291 3	2.236 0	2.190 0	2.117 9	2.041 1	1.958 6	1.914 7	1.868 7	1.820 3	1.768 9	1.713 8	1.654 1
29	4.183 0	3.327 7	2.934 0	2.701 4	2.545 4	2.432 4	2.346 3	2.278 3	2.232 9	2.176 8	2.104 5	2.027 5	1.944 6	1.900 5	1.854 3	1.805 5	1.753 7	1.698 1	1.637 6
30	4.170 9	3.315 8	2.922 3	2.689 6	2.533 6	2.420 5	2.334 3	2.266 2	2.250 7	2.164 6	2.092 1	2.014 8	1.931 7	1.887 4	1.840 9	1.791 8	1.739 6	1.683 5	1.622 3
40	4.084 7	3.231 7	2.838 7	2.606 0	2.449 5	2.335 9	2.249 0	2.180 2	2.124 0	2.077 0	2.003 5	1.924 5	1.838 9	1.792 9	1.744 4	1.692 8	1.637 3	1.576 6	1.508 9
60	4.001 2	3.150 4	2.758 1	2.525 2	2.368 3	2.254 1	2.166 5	2.097 0	2.040 1	1.992 6	1.917 4	1.836 4	1.748 0	1.700 1	1.649 1	1.594 3	1.534 3	1.467 3	1.389 3
120	3.920 1	3.071 8	2.680 2	2.447 2	2.289 9	2.175 0	2.086 8	2.016 4	1.968 8	1.910 5	1.833 7	1.750 5	1.658 7	1.608 4	1.554 3	1.495 2	1.429 0	1.351 9	1.253 9
∞	3.841 5	2.995 7	2.604 9	2.371 9	2.214 1	2.098 6	2.009 6	1.938 4	1.879 9	1.830 7	1.752 2	1.666 4	1.570 5	1.517 3	1.459 1	1.394 0	1.318 0	1.021 4	1.000 0

b. 显著性水平 $p=0.01$

v_2	v_1																		
	1	2	3	4	5	6	7	8	9	10	12	15	20	24	30	40	60	120	∞
1	4 052.2	4 999.5	5 403.4	5 624.6	5 763.6	5 859.0	5 928.4	5 981.1	6 022.5	6 055.8	6 106.3	6 157.3	6 208.7	6 234.6	6 260.6	6 286.8	6 313.0	6 339.4	6 365.9
2	98.503	99.000	99.166	99.249	99.299	99.333	99.356	99.374	99.388	99.399	99.416	99.433	99.449	99.458	99.466	99.474	99.482	99.491	99.499
3	34.116	30.817	29.457	28.710	28.237	27.911	27.672	27.489	27.345	27.229	27.052	26.872	26.690	26.598	26.505	26.411	26.316	26.221	26.125
4	21.198	18.000	16.694	15.977	15.522	15.207	14.976	14.799	14.659	14.546	14.374	14.198	14.020	13.929	13.838	13.745	13.652	13.558	13.463
5	16.258	13.274	12.060	11.392	10.967	10.672	10.456	10.289	10.158	10.051	9.888 3	9.722 2	9.552 6	9.466 5	9.379 3	9.291 2	9.202 0	9.111 8	9.020 4
6	13.745	10.925	9.779 5	9.148 3	8.745 9	8.466 1	8.260 0	8.101 7	7.976 1	7.874 1	7.718 3	7.559 0	7.395 8	7.312 7	7.228 5	7.143 2	7.056 7	6.969 0	6.880 0
7	12.246	9.546 6	8.451 3	7.846 6	7.460 4	7.191 4	6.992 8	6.840 0	6.718 8	6.620 1	6.469 1	6.314 3	6.155 4	6.074 3	5.992 0	5.908 4	5.823 6	5.737 3	5.649 5
8	11.259	8.649 1	7.591 0	7.006 1	6.631 8	6.370 7	6.177 6	6.028 9	5.910 6	5.814 3	5.666 7	5.515 1	5.359 1	5.279 3	5.198 1	5.115 6	5.031 6	4.946 1	4.858 8
9	10.561	8.021 5	6.991 9	6.422 1	6.056 9	5.801 8	5.612 9	5.467 1	5.351 1	5.256 5	5.111 4	4.962 1	4.808 0	4.729 0	4.648 6	4.566 6	4.483 1	4.397 8	4.310 5
10	10.044	7.559 4	6.552 3	5.994 3	5.636 3	5.385 8	5.200 1	5.056 7	4.942 4	4.849 1	4.705 9	4.558 1	4.405 4	4.326 9	4.246 9	4.165 3	4.081 9	3.996 5	3.909 0

续表

v_1

v_2	1	2	3	4	5	6	7	8	9	10	12	15	20	24	30	40	60	120	∞
11	9.646 0	7.205 9	6.216 7	5.668 3	5.316 0	5.069 2	4.886 1	4.744 5	4.631 5	4.539 3	4.397 4	4.250 9	4.099 0	4.020 9	3.941 1	3.859 6	3.776 1	3.690 4	3.602 4
12	9.330 2	6.926 6	5.952 5	5.412 0	5.064 1	4.820 6	4.639 5	4.499 4	4.387 5	4.296 1	4.155 3	4.009 6	3.858 4	3.780 5	3.700 8	3.619 2	3.535 5	3.449 4	3.360 8
13	9.073 8	6.701 0	5.739 4	5.205 3	4.861 6	4.620 4	4.441 0	4.302 1	4.191 1	4.100 3	3.960 3	3.815 4	3.664 6	3.586 8	3.507 0	3.425 3	3.341 3	3.254 8	3.165 4
14	8.861 6	6.514 9	5.563 9	5.035 4	4.695 0	4.455 8	4.277 9	4.139 9	4.029 7	3.939 4	3.800 1	3.655 7	3.505 2	3.427 4	3.347 6	3.265 6	3.181 3	3.094 2	3.004 0
15	8.683 1	6.358 9	5.417 0	4.893 2	4.555 6	4.318 0	4.141 5	4.004 5	3.894 8	3.804 9	3.666 2	3.522 2	3.371 9	3.294 0	3.214 1	3.131 9	3.047 1	2.959 5	2.868 4
16	8.531 0	6.226 2	5.292 2	4.772 6	4.437 4	4.201 6	4.025 9	3.889 6	3.780 6	3.690 9	3.552 7	3.408 9	3.258 7	3.180 8	3.100 7	3.018 2	2.933 0	2.844 7	2.752 8
17	8.399 7	6.112 1	5.185 0	4.669 0	4.335 9	4.101 5	3.926 7	3.791 0	3.682 5	3.593 1	3.455 2	3.311 7	3.161 5	3.083 5	3.003 2	2.920 5	2.834 8	2.745 9	2.653 0
18	8.285 4	6.012 9	5.091 9	4.579 0	4.247 9	4.014 6	3.840 6	3.705 4	3.597 1	3.508 2	3.370 6	3.227 3	3.077 1	2.999 0	2.918 5	2.835 4	2.749 3	2.659 7	2.566 0
19	8.184 9	5.925 9	5.010 3	4.500 3	4.170 8	3.938 6	3.765 3	3.630 5	3.522 5	3.433 8	3.296 5	3.153 2	3.003 1	2.924 9	2.844 2	2.760 6	2.674 2	2.583 9	2.489 3
20	8.096 0	5.848 9	4.938 2	4.430 7	4.102 7	3.871 4	3.698 7	3.564 4	3.456 7	3.368 2	3.231 1	3.088 0	2.937 7	2.859 4	2.778 5	2.694 7	2.607 7	2.516 8	2.421 2
21	8.016 6	5.780 4	4.874 0	4.368 8	4.042 1	3.811 7	3.639 6	3.505 6	3.398 1	3.309 8	3.173 0	3.030 0	2.879 6	2.801 0	2.720 0	2.635 9	2.548 4	2.456 6	2.360 3
22	7.945 4	5.719 0	4.816 6	4.313 4	3.988 0	3.758 3	3.586 7	3.453 0	3.345 8	3.257 6	3.120 9	2.977 9	2.827 4	2.748 8	2.667 5	2.583 1	2.495 1	2.402 9	2.305 5
23	7.881 1	5.663 7	4.764 9	4.263 6	3.939 2	3.710 2	3.539 0	3.405 7	3.298 6	3.210 6	3.074 0	2.931 1	2.780 5	2.701 7	2.620 2	2.535 5	2.447 1	2.354 2	2.258 5
24	7.822 9	5.613 6	4.718 1	4.218 4	3.895 1	3.666 7	3.495 9	3.362 9	3.256 0	3.168 1	3.031 6	2.888 7	2.738 0	2.659 1	2.577 3	2.492 3	2.403 5	2.310 0	2.210 7
25	7.769 8	5.568 0	4.675 5	4.177 4	3.855 0	3.627 2	3.456 8	3.323 9	3.217 2	3.129 4	2.993 1	2.850 2	2.699 3	2.620 3	2.538 3	2.453 0	2.363 7	2.269 6	2.169 4
26	7.721 3	5.526 3	4.636 6	4.140 0	3.818 3	3.591 1	3.421 0	3.288 4	3.181 8	3.094 1	2.957 7	2.815 0	2.664 0	2.584 8	2.502 6	2.417 0	2.327 3	2.232 5	2.131 5
27	7.676 7	5.488 1	4.600 9	4.105 6	3.784 6	3.558 0	3.388 2	3.255 8	3.149 4	3.061 8	2.925 6	2.782 7	2.631 6	2.552 2	2.469 9	2.384 2	2.293 8	2.198 5	2.096 5
28	7.635 6	5.452 9	4.568 1	4.074 4	3.753 9	3.527 6	3.358 1	3.225 9	3.119 5	3.032 0	2.895 9	2.753 0	2.601 7	2.522 3	2.439 7	2.353 5	2.262 9	2.167 0	2.064 2
29	7.597 7	5.420 4	4.537 8	4.044 9	3.725 4	3.499 5	3.330 3	3.198 2	3.092 0	3.004 5	2.868 5	2.725 6	2.574 2	2.494 6	2.411 8	2.325 3	2.234 4	2.137 9	2.034 2
30	7.562 5	5.390 3	4.509 7	4.017 9	3.699 0	3.473 5	3.304 5	3.172 6	3.066 5	2.979 1	2.843 1	2.700 2	2.548 7	2.468 8	2.386 0	2.299 2	2.207 9	2.110 8	2.006 2
40	7.314 1	5.178 5	4.312 6	3.828 3	3.513 8	3.291 0	3.123 8	2.993 0	2.887 6	2.800 5	2.664 8	2.521 6	2.368 9	2.288 0	2.203 4	2.114 2	2.019 4	1.917 2	1.804 7
60	7.077 1	4.977 4	4.125 9	3.649 0	3.338 9	3.118 7	2.953 0	2.823 3	2.718 5	2.631 8	2.496 1	2.352 3	2.197 8	2.115 4	2.028 5	1.936 0	1.836 3	1.726 3	1.600 6
120	6.850 9	4.786 5	3.949 1	3.479 5	3.173 5	2.955 9	2.791 8	2.662 9	2.558 6	2.472 1	2.336 3	2.191 5	2.034 6	1.950 0	1.860 0	1.762 8	1.655 7	1.533 0	1.380 5
∞	6.634 9	4.605 2	3.781 6	3.319 2	3.017 3	2.802 0	2.639 3	2.511 3	2.407 3	2.320 9	2.184 7	2.038 5	1.878 3	1.790 8	1.696 4	1.592 3	1.473 0	1.324 6	1.000 0

注：① v_1 为较大方差的自由度；v_2 为较小方差的自由度。
② a 表数据用于方差分析。

附表 28　图奇检验（在显著性水平 $p=0.05$ 上的长值）

a

v	2	3	4	5	6	7	8	9	10	11	12	13	14	15	16	17	18	19	20
1	17.97	26.98	32.82	37.08	40.41	43.12	45.40	47.36	49.07	50.59	51.96	53.20	54.33	55.36	56.32	57.22	58.04	58.83	59.56
2	6.08	8.33	9.80	10.88	11.74	12.44	13.03	13.54	13.99	14.39	14.75	15.08	15.38	15.65	15.91	16.14	16.37	16.57	16.77
3	4.50	5.91	6.82	7.50	8.04	8.48	8.85	9.18	9.46	9.72	9.95	10.15	10.35	10.52	10.69	10.84	10.98	11.11	11.24
4	3.93	5.04	5.76	6.29	6.71	7.05	7.35	7.60	7.83	8.03	8.21	8.37	8.52	8.66	8.79	8.91	9.03	9.13	9.23
5	3.64	4.60	5.22	5.67	6.03	6.33	6.58	6.80	6.99	7.17	7.32	7.47	7.60	7.72	7.83	7.93	8.03	8.12	8.21
6	3.46	4.34	4.90	5.30	5.63	5.90	6.12	6.32	6.49	6.65	6.79	6.92	7.03	7.14	7.24	7.34	7.43	7.51	7.59
7	3.34	4.16	4.68	5.06	5.36	5.61	5.82	6.00	6.16	6.30	6.43	6.55	6.66	6.76	6.85	6.94	7.02	7.10	7.17
8	3.26	4.04	4.53	4.89	5.17	5.40	5.60	5.77	5.92	6.05	6.18	6.29	6.39	6.48	6.57	6.65	6.73	6.80	6.87
9	3.20	3.95	4.41	4.76	5.02	5.24	5.43	5.59	5.74	5.87	5.98	6.09	6.19	6.28	6.36	6.44	6.51	6.58	6.64
10	3.15	3.88	4.33	4.65	4.91	5.12	5.30	5.46	5.60	5.72	5.83	5.93	6.03	6.11	6.19	6.27	6.34	6.40	6.47
11	3.11	3.82	4.26	4.57	4.82	5.03	5.20	5.35	5.49	5.61	5.71	5.81	5.90	5.98	6.06	6.13	6.20	6.27	6.33
12	3.08	3.77	4.20	4.51	4.75	4.95	5.12	5.27	5.39	5.51	5.61	5.71	5.80	5.88	5.95	6.02	6.09	6.15	6.21
13	3.06	3.73	4.15	4.45	4.69	4.88	5.05	5.19	5.32	5.43	5.53	5.63	5.71	5.79	5.86	5.93	5.99	6.05	6.11
14	3.03	3.70	4.11	4.41	4.64	4.83	4.99	5.13	5.25	5.36	5.46	5.55	5.64	5.71	5.79	5.85	5.91	5.97	6.03
15	3.01	3.67	4.08	4.37	4.59	4.78	4.94	5.08	5.20	5.31	5.40	5.49	5.57	5.65	5.72	5.78	5.85	5.90	5.96
16	3.00	3.65	4.05	4.33	4.56	4.74	4.90	5.03	5.15	5.26	5.35	5.44	5.52	5.59	5.66	5.73	5.79	5.84	5.90
17	2.98	3.63	4.02	4.30	4.52	4.70	4.86	4.99	5.11	5.21	5.31	5.39	5.47	5.54	5.61	5.67	5.73	5.79	5.84

续表

v	\multicolumn{19}{c|}{a}																		
	2	3	4	5	6	7	8	9	10	11	12	13	14	15	16	17	18	19	20
18	2.97	3.61	4.00	4.28	4.49	4.67	4.82	4.96	5.07	5.17	5.27	5.35	5.43	5.50	5.57	5.63	5.69	5.74	5.79
19	2.96	3.59	3.98	4.25	4.47	4.65	4.79	4.92	5.04	5.14	5.23	5.31	5.39	5.46	5.53	5.59	5.65	5.70	5.75
20	2.95	3.58	3.96	4.23	4.45	4.62	4.77	4.90	5.01	5.11	5.20	5.28	5.36	5.43	5.49	5.55	5.61	5.66	5.71
24	2.92	3.53	3.90	4.17	4.37	4.54	4.68	4.81	4.92	5.01	5.10	5.18	5.25	5.32	5.38	5.44	5.49	5.55	5.59
30	2.89	3.49	3.85	4.10	4.30	4.46	4.60	4.72	4.82	4.92	5.00	5.08	5.15	5.21	5.27	5.33	5.38	5.43	5.47
40	2.86	3.44	3.79	4.04	4.23	4.39	4.52	4.63	4.73	4.82	4.90	4.98	5.04	5.11	5.16	5.22	5.27	5.31	5.36
60	2.83	3.40	3.74	3.98	4.16	4.31	4.44	4.55	4.65	4.73	4.81	4.88	4.94	5.00	5.06	5.11	5.15	5.20	5.24
120	2.80	3.36	3.68	3.92	4.10	4.24	4.36	4.47	4.56	4.64	4.71	4.78	4.84	4.90	4.95	5.00	5.04	5.09	5.13
∞	2.77	3.31	3.63	3.86	4.03	4.17	4.29	4.39	4.47	4.55	4.62	4.68	4.74	4.80	4.85	4.89	4.93	4.97	5.01

注：$p = 0.05$；a 为所比较的平均数数目；v 为 F 检验中分母的自由度。

索　引

中文术语索引

英文术语索引

阅 读 记 录

阅 读 记 录

阅 读 记 录